L'intégralité de votre livre* accessible en ligne

avec une simple connexion Internet !

W0304257

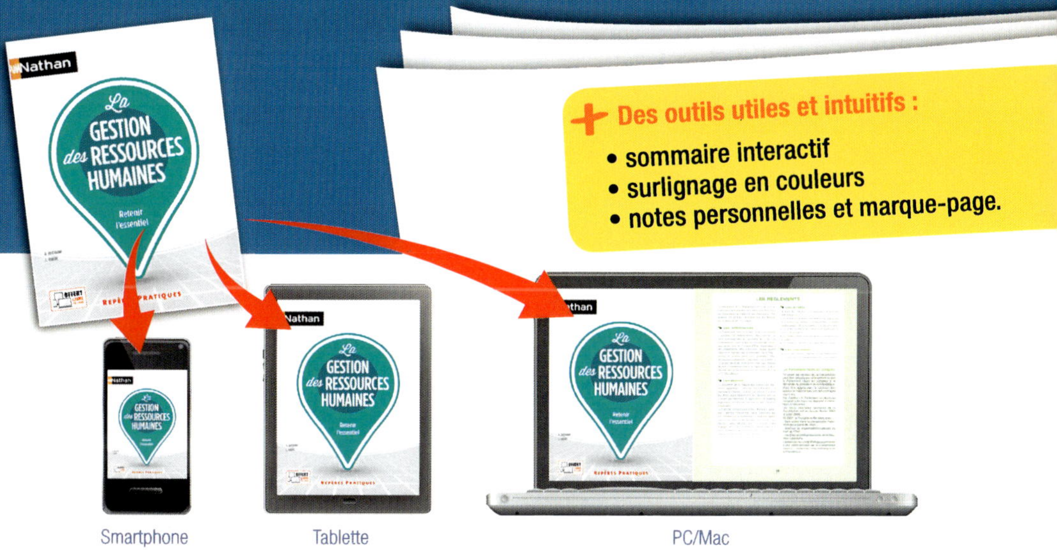

Pour ACTIVER votre livre en ligne

- Rendez-vous sur www.nathan.fr/livre-en-ligne .
- Créez un compte **Nathan** en suivant les indications en ligne.
- Cliquez sur « Activer un livre », saisissez votre clé d'activation personnelle puis le mot du livre qui vous sera demandé.

Votre clé d'activation personnelle :

0IPN9W-3MZ-B24G

Pour toute CONNEXION ULTÉRIEURE

Connectez-vous sur www.nathan.fr/livre-en-ligne avec vos identifiants **Nathan**.

IMPORTANT

Votre clé d'activation est unique et personnelle : une fois utilisée, elle ne sera plus valide. Elle offre un accès de 24 mois à compter de la date d'activation. Elle est réservée à un seul utilisateur et ne peut être partagée.

Configuration minimale requise : Internet Explorer 8, Mozilla Firefox 3.4, Chrome, Safari, Opera toutes versions.

Retrouvez les conditions générales d'utilisation sur www.nathan.fr/livre-en-ligne.

*Service disponible à partir du 30 septembre 2020.

Repères Pratiques La gestion des ressources humaines 978-2-09-167169-7

Nathan

REPÈRES PRATIQUES

La GESTION des RESSOURCES HUMAINES

David DUCHAMP
Loris GUERY

Les auteurs remercient Séverine Koehl pour son aide précieuse dans la mise à jour de l'ouvrage.

Nathan

Sommaire

MODE D'EMPLOI

Divisé en six parties, l'ouvrage s'organise par doubles pages
Chaque double page fait le point sur une notion

À gauche
Une page synthèse apporte toutes les informations pour comprendre la notion abordée dans la double page.

À droite
Une page explication développe un point particulier qui illustre et complète la page de gauche.

Le menu aide à repérer les six parties du livre.

L'introduction cerne le sujet.

Le titre de la page de droite met en lumière unpoint particulier.

Le titre annonce le thème de la double page.

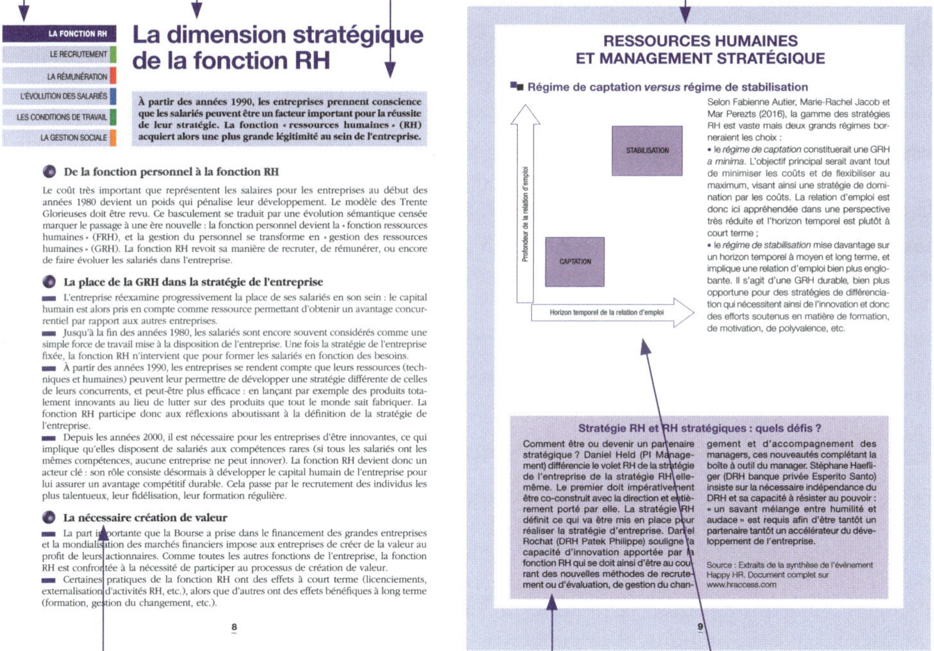

LA FONCTION RH
LE RECRUTEMENT
LA RÉMUNÉRATION
L'ÉVOLUTION DES SALARIÉS
LES CONDITIONS DE TRAVAIL
LA GESTION SOCIALE

La dimension stratégique de la fonction RH

À partir des années 1990, les entreprises prennent conscience que les salariés peuvent être un facteur important pour la réussite de leur stratégie. La fonction « ressources humaines » (RH) acquiert alors une plus grande légitimité au sein de l'entreprise.

De la fonction personnel à la fonction RH

Le coût très important que représentent les salaires pour les entreprises au début des années 1980 devient un poids qui pénalise leur développement. Le modèle des Trente Glorieuses doit être revu. Ce basculement se traduit par une évolution sémantique censée marquer le passage à une ère nouvelle : la fonction personnel devient la « fonction ressources humaines » (FRH), et la gestion du personnel se transforme en « gestion des ressources humaines » (GRH). La fonction RH revoit sa manière de recruter, de rémunérer, ou encore de faire évoluer les salariés dans l'entreprise.

La place de la GRH dans la stratégie de l'entreprise

- L'entreprise réexamine progressivement la place de ses salariés en son sein : le capital humain est alors pris en compte comme ressource permettant d'obtenir un avantage concurrentiel par rapport aux autres entreprises.
- Jusqu'à la fin des années 1980, les salariés sont encore souvent considérés comme une simple force de travail mise à la disposition de l'entreprise. Une fois la stratégie de l'entreprise fixée, la fonction RH n'intervient que pour former les salariés en fonction des besoins.
- À partir des années 1990, les entreprises se rendent compte que leurs ressources (techniques et humaines) peuvent leur permettre de développer une stratégie différente de celles de leurs concurrents, et peut-être plus efficace : en lançant par exemple des produits totalement innovants au lieu de lutter sur des produits que tout le monde sait fabriquer. La fonction RH participe donc aux réflexions aboutissant à la définition de la stratégie de l'entreprise.
- Depuis les années 2000, il est nécessaire pour les entreprises d'être innovantes, ce qui implique qu'elles disposent de salariés aux compétences rares (si tous les salariés ont les mêmes compétences, aucune entreprise ne peut innover). La fonction RH devient donc un acteur clé : son rôle consiste désormais à développer le capital humain de l'entreprise pour lui assurer un avantage compétitif durable. Cela passe par le recrutement des individus les plus talentueux, leur fidélisation, leur formation régulière.

La nécessaire création de valeur

- La part importante que la Bourse a prise dans le financement des grandes entreprises et la mondialisation des marchés financiers impose aux entreprises de créer de la valeur au profit de leurs actionnaires. Comme toutes les autres fonctions de l'entreprise, la fonction RH est confrontée à la nécessité de participer au processus de création de valeur.
- Certaines pratiques de la fonction RH ont des effets à court terme (licenciements, externalisation d'activités RH, etc.), alors que d'autres ont des effets bénéfiques à long terme (formation, gestion du changement, etc.).

8

RESSOURCES HUMAINES ET MANAGEMENT STRATÉGIQUE

Régime de captation *versus* régime de stabilisation

Selon Fabienne Autier, Marie-Rachel Jacob et Mar Perezts (2016), la gamme des stratégies RH est vaste mais deux grands régimes borneraient les choix :
- le *régime de captation* constituerait une GRH *a minima*. L'objectif principal serait avant tout de minimiser les coûts et de flexibiliser au maximum, visant ainsi une stratégie de domination par les coûts. La relation d'emploi est donc ici appréhendée dans une perspective très réduite et l'horizon temporel est plutôt à court terme ;
- le *régime de stabilisation* mise davantage sur un horizon temporel à moyen et long terme, et implique une relation d'emploi bien plus englobante. Il s'agit d'une GRH durable, bien plus opportune pour des stratégies de différenciation qui nécessitent ainsi de l'innovation et donc des efforts soutenus en matière de formation, de motivation, de polyvalence, etc.

Stratégie RH et RH stratégiques : quels défis ?

Comment être ou devenir un partenaire stratégique ? Daniel Held (PI Management) différencie le volet RH de la stratégie de l'entreprise de la stratégie RH elle-même. Le premier doit impérativement être co-construit avec la direction et entièrement porté par elle. La stratégie RH définit ce qui va être mis en place pour réaliser la stratégie d'entreprise. Daniel Rochat (DRH Patek Philippe) souligne la capacité d'innovation apportée par la fonction RH qui se doit ainsi d'être au courant des nouvelles méthodes de recrutement ou d'évaluation, de gestion du changement et d'accompagnement des managers, ces nouveautés complétant la boîte à outil du manager. Stéphane Haefliger (DRH banque privée Esperito Santo) insiste sur la nécessaire indépendance du DRH et sa capacité à résister au pouvoir : « un savant mélange entre humilité et audace » est requis afin d'être tantôt un partenaire tantôt un accélérateur du développement de l'entreprise.

Source : Extraits de la synthèse de l'événement Happy HR. Document complet sur www.hraccess.com

9

Les sous-titres permettent de saisir l'essentiel en un seul coup d'œil.

L'encadré fait ressortir l'information, révèle une anecdote particulière.

Les schémas synthétisent l'information.

L'apparition de la fonction personnel

La révolution industrielle a engendré la création des premières usines. Il a donc fallu recruter la main-d'œuvre et assurer l'ordre du travail ouvrier. Cette tâche, d'abord effectuée par les directeurs et contremaîtres, est prise en charge par les services du personnel à partir de la fin du XIXe siècle.

Contremaîtres et directeurs d'usine (1820-1880)

Du XVIIIe siècle jusqu'au début du XIXe siècle, le système économique se structure autour des marchands et des ouvriers. Les marchands ont leur commerce en ville ; pour produire les biens qu'ils vendent, ils louent le plus souvent les services de paysans qui complètent ainsi leurs revenus quand ils ne travaillent pas aux champs. À partir de 1820-1830, avec la révolution industrielle, ce système décline. L'apparition de nouvelles techniques et sources d'énergie entraîne l'émergence de concentrations industrielles et urbaines : du fait du coût élevé du transport, les usines sont construites à proximité des gisements de charbon. Les directeurs d'usine s'emploient à attirer les ouvriers, à les retenir et à les discipliner. Outre la mise en place d'un système paternaliste dans les grandes entreprises, ils s'aident du règlement intérieur et du livret ouvrier pour assurer l'ordre dans les usines.

Instauré en 1803 et supprimé en 1890, le livret suit l'ouvrier durant toute sa vie professionnelle. Rempli par le directeur, il permet de repérer les bons ouvriers et contribue à limiter la mobilité jugée suspecte des individus.

Le règlement intérieur se généralise à partir des années 1860, avec pour objectif de soumettre la main-d'œuvre aux exigences de l'entreprise. Il définit les comportements à adopter et les sanctions encourues.

Selon la taille de l'entreprise, le recrutement et la discipline, qui constituent les prémices des attributions de la fonction personnel, sont assurés par le directeur de l'usine ou le contremaître.

Les premiers services du personnel (1880-1900)

Les tout premiers services du personnel apparaissent dans les grandes usines à partir de 1880. Leur rôle se limite au recrutement et à l'affectation des ouvriers. Suite aux grèves de 1906, le poste de responsable de recrutement est créé dans un grand nombre d'usines, avec pour mission principale de ne pas embaucher d'ouvriers politiquement engagés. Après la Première Guerre mondiale, la pénurie de main-d'œuvre et les difficultés à embaucher et fidéliser les salariés entraînent la généralisation des services du personnel dans toutes les grandes entreprises. Ces services du personnel commencent à s'intéresser aux relations sociales avec les salariés et les syndicats lors de l'arrivée au pouvoir du Front populaire en 1936. Renault se dote ainsi, en juillet 1936, d'une « direction de la main-d'œuvre et des relations syndicales », dont les activités englobent l'application des conventions collectives et le dialogue avec les organisations syndicales. C'est principalement après la Seconde Guerre mondiale que les services du personnel s'étoffent et se diversifient pour devenir des « fonctions personnel ».

LE PATERNALISME

Un objectif de stabilité sociale

La nécessité pour les dirigeants de grandes entreprises d'attirer et de conserver une main-d'œuvre nombreuse s'est traduite, à partir du milieu du XIXe siècle, par la mise en place du système paternaliste. Celui-ci a pour objectif de garantir un ordre social au-delà des murs de l'usine, et cherche à concilier la logique du profit et l'amélioration de la condition matérielle et morale des ouvriers.

Afin de garantir la stabilité sociale et de conserver des ouvriers capables d'assurer une bonne productivité, l'employeur prend en charge l'ensemble des activités sociales du personnel, quasiment de la naissance à la mort. Ces mesures en faveur de la condition des ouvriers s'accompagnent de dispositifs dissuasifs et répressifs pour faire en sorte que personne ne remette en cause l'ordre social établi et le respect des valeurs patronales. Ainsi l'ouvrier qui bénéficie des avantages des caisses de secours en serait-il privé s'il créait des troubles (boisson, bagarres, etc.). De même, l'adultère peut conduire au licenciement. Le comportement dans l'usine est soumis aux mêmes contraintes : toute contestation ou velléité de révolte risque de faire perdre à l'ouvrier les avantages qu'il a acquis.

Cité ouvrière de Génibois et cantine des usines De Wendel à Jœuf, vers 1919.

Le paternalisme de De Wendel

L'exemple de l'entreprise sidérurgiste De Wendel en Lorraine est typique d'une politique paternaliste. Les mesures prises en faveur des ouvriers sont extrêmement diverses :

- salaire récompensant la fidélité à l'entreprise institué en 1836 : prime d'un mois de salaire supplémentaire par an pour 5 ans de fonction, de 2 mois pour 10 ans et de 3 mois pour 15 ans ;
- pension de retraite égale à la moitié du plus haut salaire auquel l'ouvrier est parvenu après 30 ans de service (instaurée en 1856) ; pension réversible pour moitié à la veuve ;
- construction de cités ouvrières pour loger les familles ; charbon gratuit pour la consommation courante ; jardins et poulaillers ; dortoirs et cantines pour les ouvriers célibataires ;
- création d'économats d'usine vendant des produits de première nécessité à prix réduit ;
- cantines et restaurants à prix réduits ;
- construction de jardins d'enfants, d'écoles maternelles et primaires dans les cités ouvrières ; ateliers d'apprentissage et cours de perfectionnement postscolaires ;
- mise en place de services de santé et sociaux : consultations prénatales, maternité, distribution de lait stérilisé, de layettes et de vêtements d'enfants, centres d'hygiène sociale, services de médecine du travail, assistantes sociales, etc. ;
- construction de parcs de sports, stades, gymnases, colonies de vacances, clubs sportifs, salles de spectacles, bibliothèques, conservatoires de musique.

La fonction personnel des Trente Glorieuses

Pour fonctionner au maximum de leurs capacités à la suite du second conflit mondial, les entreprises se dotent de structures rationnelles, y compris pour gérer le personnel. La fonction personnel elle-même s'organise sur un mode centralisé et taylorien.

Fordisme et taylorisme

À partir de 1945, l'économie française entre dans une phase de croissance qui durera trente ans. Ces Trente Glorieuses sont celles du fordisme. La taylorisation du travail industriel, son automatisation et la croissance économique permettent aux entreprises de dégager d'importants gains de productivité, qui sont ensuite partagés avec les salariés.

La croissance économique est soutenue par le développement du secteur industriel, organisé pour produire en masse des biens standardisés. Les entreprises y disposent d'un grand nombre de salariés, en contrat à durée indéterminée, fortement syndiqués. Leur rémunération et leur évolution sont déterminées par leur diplôme, leur ancienneté (leur vie professionnelle se déroule souvent au sein de la même entreprise) et la carrière à laquelle ils peuvent prétendre.

La rationalisation de la fonction personnel

Trois éléments caractérisent la fonction personnel pendant la période des Trente Glorieuses :
- *La centralisation* permet d'uniformiser la gestion du personnel à travers l'ensemble de l'entreprise (par exemple en s'assurant que deux salariés accomplissant le même travail dans deux ateliers différents touchent bien le même salaire), de favoriser la coordination du dialogue social et de respecter la réglementation sociale.
- *La taylorisation* s'applique à la fonction personnel dont les activités sont elles aussi parcellisées. Ses différents services se spécialisent chacun dans un domaine précis, comme le recrutement, la formation ou la rémunération. Les effets pervers sont la progression de ses effectifs et un alourdissement bureaucratique.
- *La professionnalisation des responsables de la gestion du personnel* s'organise avec les premières associations professionnelles de membres de la fonction personnel (création de l'ANDCP : Association nationale des directeurs et cadres de la fonction personnel en 1947) et les formations spécialisées en gestion du personnel.

La fin du modèle des Trente Glorieuses

Les Trente Glorieuses s'achèvent progressivement avec les chocs pétroliers (1973, 1979) et l'arrivée de la concurrence japonaise dans les années 1980. L'organisation du travail n'est plus adaptée au nouvel environnement concurrentiel caractérisé par des productions variées, par la qualité et le renouvellement de l'offre. Le travail à la chaîne, routinier et aliénant, évolue également à partir des années 1970 : dans le cadre d'une amélioration de la qualité de vie au travail, il s'agit désormais d'élargir les tâches (rassembler pour un même poste de travail un ensemble de tâches élémentaires) et de les enrichir (impliquer le salarié dans la conception de son travail, son exécution et son contrôle).

L'ORGANISATION DU TRAVAIL PENDANT LES TRENTE GLORIEUSES

Le taylorisme

Constatant l'inefficacité du fonctionnement des entreprises à son époque, F.W. Taylor (1856-1915), ingénieur américain, cherche à établir les principes d'une Organisation scientifique du travail (OST) en quatre points :

• *La division verticale du travail*. Au sein de l'entreprise, un département composé d'ingénieurs est chargé de concevoir la meilleure manière de réaliser le travail de production. Il y a ainsi une distinction claire entre ceux qui conçoivent le travail (les « cols blancs ») et ceux qui l'exécutent (les « cols bleus »). Les ouvriers n'ont de ce fait aucune autonomie. Taylor va jusqu'à prescrire aux ouvriers de ne surtout pas penser.

• *La division horizontale du travail*. Le processus de production, tel qu'il est défini par les ingénieurs, est décomposé en une succession de tâches simples. Chaque ouvrier a une et une seule tâche à réaliser, dans un temps limité : il y a spécialisation des tâches.

• *Le salaire au rendement*. Le système de rémunération est composé de deux éléments : un salaire fixe qui correspond au volume de production « normal » que doit réaliser l'ouvrier (établi en fonction du temps imputé à sa tâche) ; un salaire variable en fonction du nombre de pièces supplémentaires produites, ce qui doit inciter les ouvriers à travailler davantage.

• *Le contrôle du travail*. Un contrôle étroit est opéré sur chaque ouvrier par plusieurs contremaîtres s'occupant chacun de l'une des différentes facettes du travail de l'ouvrier (par exemple le respect des procédures, la qualité des pièces produites, l'entretien des machines).

Le fordisme

Industriel américain créateur des voitures portant son nom, H. Ford (1863-1947) est le continuateur de la pensée de Taylor. Son idée principale est que le travail, une fois décomposé en tâches simples et précisément définies, peut être mécanisé grâce à une chaîne de production. Ford applique trois innovations majeures dans ses usines :

• *Le travail à la chaîne*. Dans les ateliers, les pièces circulent grâce à un convoyeur qui assure une production continue. Les pièces passent ainsi devant les ouvriers qui accomplissent chacun leur tâche. C'est désormais la chaîne qui leur dicte la cadence du travail.

• *La standardisation des produits*. Chez Ford, les pièces utilisées pour fabriquer les voitures sont standardisées, c'est-à-dire qu'elles sont similaires de l'une à l'autre (par exemple, toutes les boîtes de vitesse seront strictement pareilles). L'usine fabrique donc des voitures identiques à partir de pièces identiques. Cette standardisation permet d'améliorer la productivité et, au final, de vendre le produit ainsi créé à un prix inférieur à la concurrence. De cette standardisation découle la fameuse phrase de Ford : « Tout le monde aura une voiture de la couleur qu'il souhaite, pourvu qu'elle soit noire. »

• *La rémunération à « Five dollars a day »*. Afin de fidéliser ses ouvriers, Ford leur offre un salaire quotidien de cinq dollars par jour, soit presque le double des salaires habituels. À travers cette augmentation du pouvoir d'achat, Ford vise également l'objectif de permettre aux ouvriers d'acheter les voitures qu'ils produisent. Il pose ainsi les bases d'une production de masse stimulée par une consommation de masse.

Encore actuellement, les principes du taylorisme et du fordisme se retrouvent dans certains secteurs d'activité comme les *fast-food* ou les centres d'appels.

La dimension stratégique de la fonction RH

À partir des années 1990, les entreprises prennent conscience que les salariés peuvent être un facteur important pour la réussite de leur stratégie. La fonction « ressources humaines » (RH) acquiert alors une plus grande légitimité au sein de l'entreprise.

De la fonction personnel à la fonction RH

Le coût très important que représentent les salaires pour les entreprises au début des années 1980 devient un poids qui pénalise leur développement. Le modèle des Trente Glorieuses doit être revu. Ce basculement se traduit par une évolution sémantique censée marquer le passage à une ère nouvelle : la fonction personnel devient la « fonction ressources humaines » (FRH), et la gestion du personnel se transforme en « gestion des ressources humaines » (GRH). La fonction RH revoit sa manière de recruter, de rémunérer, ou encore de faire évoluer les salariés dans l'entreprise.

La place de la GRH dans la stratégie de l'entreprise

- L'entreprise réexamine progressivement la place de ses salariés en son sein : le capital humain est alors pris en compte comme ressource permettant d'obtenir un avantage concurrentiel par rapport aux autres entreprises.
- Jusqu'à la fin des années 1980, les salariés sont encore souvent considérés comme une simple force de travail mise à la disposition de l'entreprise. Une fois la stratégie de l'entreprise fixée, la fonction RH n'intervient que pour former les salariés en fonction des besoins.
- À partir des années 1990, les entreprises se rendent compte que leurs ressources (techniques et humaines) peuvent leur permettre de développer une stratégie différente de celles de leurs concurrents, et peut-être plus efficace : en lançant par exemple des produits totalement innovants au lieu de lutter sur des produits que tout le monde sait fabriquer. La fonction RH participe donc aux réflexions aboutissant à la définition de la stratégie de l'entreprise.
- Depuis les années 2000, il est nécessaire pour les entreprises d'être innovantes, ce qui implique qu'elles disposent de salariés aux compétences rares (si tous les salariés ont les mêmes compétences, aucune entreprise ne peut innover). La fonction RH devient donc un acteur clé : son rôle consiste désormais à développer le capital humain de l'entreprise pour lui assurer un avantage compétitif durable. Cela passe par le recrutement des individus les plus talentueux, leur fidélisation, leur formation régulière.

La nécessaire création de valeur

- La part importante que la Bourse a prise dans le financement des grandes entreprises et la mondialisation des marchés financiers impose aux entreprises de créer de la valeur au profit de leurs actionnaires. Comme toutes les autres fonctions de l'entreprise, la fonction RH est confrontée à la nécessité de participer au processus de création de valeur.
- Certaines pratiques de la fonction RH ont des effets à court terme (licenciements, externalisation d'activités RH, etc.), alors que d'autres ont des effets bénéfiques à long terme (formation, gestion du changement, etc.).

RESSOURCES HUMAINES ET MANAGEMENT STRATÉGIQUE

Régime de captation *versus* régime de stabilisation

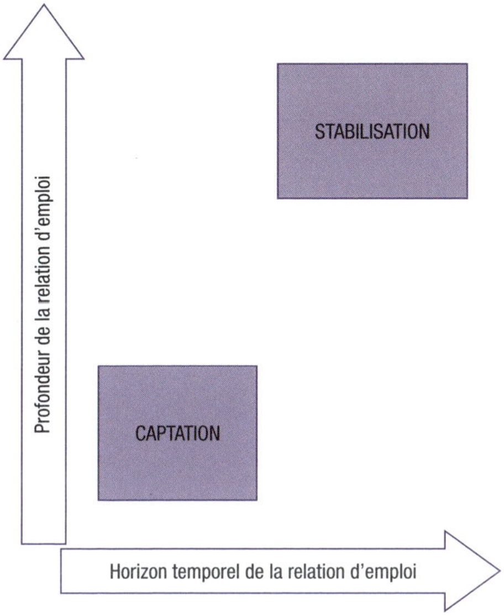

Selon Fabienne Autier, Marie-Rachel Jacob et Mar Perezts (2016), la gamme des stratégies RH est vaste mais deux grands régimes borneraient les choix :

- le *régime de captation* constituerait une GRH *a minima*. L'objectif principal serait avant tout de minimiser les coûts et de flexibiliser au maximum, visant ainsi une stratégie de domination par les coûts. La relation d'emploi est donc ici appréhendée dans une perspective très réduite et l'horizon temporel est plutôt à court terme ;
- le *régime de stabilisation* mise davantage sur un horizon temporel à moyen et long terme, et implique une relation d'emploi bien plus englobante. Il s'agit d'une GRH durable, bien plus opportune pour des stratégies de différenciation qui nécessitent ainsi de l'innovation et donc des efforts soutenus en matière de formation, de motivation, de polyvalence, etc.

Stratégie RH et RH stratégiques : quels défis ?

Comment être ou devenir un partenaire stratégique ? Daniel Held (PI Management) différencie le volet RH de la stratégie de l'entreprise de la stratégie RH elle-même. Le premier doit impérativement être co-construit avec la direction et entièrement porté par elle. La stratégie RH définit ce qui va être mis en place pour réaliser la stratégie d'entreprise. Daniel Rochat (DRH Patek Philippe) souligne la capacité d'innovation apportée par la fonction RH qui se doit ainsi d'être au courant des nouvelles méthodes de recrutement ou d'évaluation, de gestion du changement et d'accompagnement des managers, ces nouveautés complétant la boîte à outil du manager. Stéphane Haefliger (DRH banque privée Esperito Santo) insiste sur la nécessaire indépendance du DRH et sa capacité à résister au pouvoir : « un savant mélange entre humilité et audace » est requis afin d'être tantôt un partenaire tantôt un accélérateur du développement de l'entreprise.

Source : Extraits de la synthèse de l'événement Happy HR. Document complet sur www.hraccess.com

Le cadre juridique de la GRH

La GRH ne peut s'envisager sans la prise en compte explicite et le respect du cadre juridique. Les sources sont internationales et nationales. Elles résultent aussi d'accords et de conventions entre syndicats patronaux et salariaux.

Les sources internationales et nationales

- *Les normes de l'Organisation internationale du travail.* L'OIT édicte des recommandations, qui n'ont pas de caractère contraignant sur les États membres, et des conventions, qui ont un caractère contraignant dès lors que les États les ratifient.
- *Les travaux du Conseil de l'Europe.* Ils sont matérialisés dans différents textes qui s'intègrent au cadre légal : la Charte sociale européenne, le Code européen de Sécurité sociale, la Convention européenne de sauvegarde des droits de l'homme et des libertés fondamentales.
- *Le droit communautaire du travail.* Il est édicté dans divers textes : la Charte communautaire des droits fondamentaux, le droit dérivé découlant du traité de Maastricht (création du comité d'entreprise européen, par exemple), la jurisprudence de la Cour de justice de l'Union européenne, la Charte européenne des droits fondamentaux.
- *Le préambule de la Constitution française.* Il affirme le droit au travail, la non-discrimination, le droit de grève, le droit syndical, le droit à la négociation collective, le droit en matière de protection sociale.
- *Les sources étatiques françaises.* Ce sont les lois, les règlements et les décrets. Le Code du travail recense tous les textes relatifs aux relations entre employeurs et salariés.

Les sources professionnelles

- Les conventions collectives sont des accords signés entre un employeur (ou un groupement d'employeurs) et une ou plusieurs organisations syndicales représentatives de salariés. Leur objectif est de fixer les conditions d'emploi et de travail ainsi que les garanties sociales qui s'appliquent dans l'entreprise. Les conventions peuvent être négociées au niveau national : on parle alors de « convention de branche » lorsque la convention est signée par des employeurs du même secteur d'activité et d'« accord interprofessionnel » lorsqu'elle est signée par des employeurs qui exercent des activités différentes. Elles peuvent être également négociées au niveau de l'entreprise. À l'inverse de la convention collective, l'accord collectif couvre seulement certaines dimensions de la relation de travail (aménagement du temps de travail, rémunération, etc.). Un accord d'entreprise est, quant à lui, spécifique à une entreprise et concerne généralement quelques dimensions spécifiques de la relation de travail.
- Les évolutions législatives récentes cherchent à favoriser le dialogue social au niveau des entreprises et tendent à remettre en cause la « hiérarchie des normes ». Certains domaines de compétences (comme les salaires minima, l'égalité professionnelle hommes/femmes) restent du domaine de compétences des branches professionnelles. Pour les autres thèmes (comme l'organisation du temps de travail), les accords d'entreprise pourront prévoir des conditions moins favorables aux salariés que ce qui est prévu au niveau de la branche (tout en continuant à respecter le minimum prévu par la loi).

LA FLEXIBILITÉ DU TRAVAIL : UN ENJEU INTERNATIONAL

Flexibilité interne et flexibilité externe

La fonction RH joue un rôle important dans l'adaptation des structures de l'entreprise à la mondialisation. Afin de maintenir la compétitivité, elle peut recourir à la flexibilité du travail.

La flexibilité se définit comme la capacité de l'entreprise à s'adapter aux changements non anticipés de l'environnement.

- La *flexibilité interne* recouvre la flexibilité fonctionnelle (le travail réalisé par les salariés varie en fonction des besoins), la flexibilité quantitative interne (variation de la durée du travail) et la flexibilité des rémunérations. Il s'agit de la forme principale de flexibilité utilisée dans les entreprises nordiques.
- La *flexibilité externe* comprend la flexibilité quantitative externe (variation des effectifs en fonction des besoins) et l'externalisation de certaines activités. Il s'agit de la forme de flexibilité privilégiée par les entreprises britanniques et dont les entreprises françaises se sont inspirées au cours des deux dernières décennies.

Vers davantage de « flexisécurité » ?

Le concept de « flexisécurité » (contraction des termes « flexibilité » et « sécurité ») est associé à des expériences pionnières dans les années 1990 aux Pays-Bas et au Danemark. L'objectif prioritaire des lois et des dispositifs organisationnels et RH en découlant vise à réduire la dualité croissante du marché du travail entre des salariés bien sécurisés dans des marchés primaires et d'autres beaucoup plus insécurisés dans des marchés secondaires. Dans les pratiques danoises, cette « flexisécurité » s'est notamment traduite par trois dispositifs fortement interdépendants : des règles de licenciement plus souples, une politique ambitieuse en matière de formation professionnelle et une indemnisation plutôt généreuse du chômage, mais un renforcement des exigences et du contrôle en matière de disponibilité et de motivation des chômeurs. Depuis 2006, la Commission Européenne incite les États membres à mettre en œuvre des politiques de flexisécurité afin de créer plus d'emplois et de meilleure qualité.

En France, la loi relative à la sécurisation de l'emploi adoptée en 2013, la loi Travail ou loi El Khomri en 2016, puis les ordonnances réformant le code du travail (« ordonnances Macron ») en 2017 sont présentées comme relevant de la flexisécurité.

La flexibilité dans la grande distribution

Dans le secteur de la grande distribution, la flexibilité est à la fois quantitative (temps de travail) et qualitative (polyvalence). La flexibilité du temps de travail permet aux supermarchés d'aligner les effectifs présents sur les heures d'affluence de la clientèle. Les enjeux se situent surtout au niveau des caisses, où les effectifs sont majoritairement féminins. Pour cette population, dont le temps de travail moyen est de 26,5 heures, la convention collective prévoit que le temps de travail ne peut être inférieur à 3 heures consécutives. La coupure entre deux périodes de travail est au maximum de 3 heures. La polyvalence permet de répondre au souhait des hôtes et hôtesses de caisse de travailler plus longtemps. Ils peuvent alors également travailler en rayon ou à l'accueil. Cette polyvalence, qui nécessite une politique de formation ambitieuse, est aujourd'hui particulièrement cruciale face à l'augmentation croissante du nombre de caisses automatiques.

La DRH et son équipe

Le métier de DRH a aujourd'hui une dimension beaucoup plus stratégique qu'auparavant. La personne responsable de la direction des ressources humaines peut, selon l'entreprise, compter sur les expertises complémentaires de différents collaborateurs.

Le DRH

On évoque généralement le terme « directeur (ou directrice) des ressources humaines », mais les intitulés de la fonction sont variés et potentiellement riches de sens quant à la politique RH qui sera mise en place : « DRH », « chef du personnel », « responsable du capital humain », etc. Ils ne véhiculent pas tous les mêmes images. Par exemple, il est difficile d'imaginer une DRH à la pointe de la digitalisation et de l'innovation collaborative dans une entreprise qui conserve l'appellation « chef du personnel ».

Au-delà de l'intitulé, le DRH a normalement pour mission d'être un partenaire de la direction générale pour l'élaboration et la mise en place de la stratégie en activant le levier humain. Cette mission générale nécessite la maîtrise combinée de compétences administratives et managériales. Le DRH ne peut donc pas se contenter d'être un technicien ; il doit connaître et s'approprier la stratégie et la culture de l'entreprise.

Parmi les compétences transversales qu'il doit maîtriser, on cite, le plus souvent : le charisme, le potentiel de négociateur, la capacité d'écoute et de dialogue, la diplomatie, l'inventivité, l'intuition, le sang-froid, le respect de l'autre, la discrétion ou encore la capacité à relativiser et à « encaisser les coups ».

Il n'existe pas de profil type du DRH, mais il apparaît que nombre d'entre eux sont issus de filières juridiques ou d'un troisième cycle en gestion des ressources humaines (GRH). En France, on accorde une importance toute particulière au diplôme et à l'expérience lors du recrutement des DRH.

Les collaborateurs RH

La fonction RH regroupe – selon la taille de l'entreprise, son secteur, son histoire, etc. – différents métiers autour du responsable du service, chacun correspondant à des expertises plus pointues associées aux différents processus et sous-processus RH. On peut ainsi trouver, assez généralement, les spécialités suivantes :

- responsable Paie et administration du personnel ;
- juriste en droit social exerçant une mission d'assistance et de conseil ;
- responsable Recrutement ;
- responsable Formation mettant en pratique les politiques retenues en matière de gestion des compétences ;
- responsable Relations sociales en charge d'éventuelles négociations avec les différentes instances représentatives du personnel.

Au-delà des professionnels RH faisant partie du service en lui-même, il convient de noter que les managers sont de plus en plus considérés comme les premiers RH d'une entreprise.

FORMATIONS ET RÉCOMPENSES RH

Exemples de formations RH

Les diplômes les plus recherchés à niveau bac+5 sont souvent dans les domaines de la finance ou de l'audit. Même si le secteur des ressources humaines recrute comparativement peu, les diplômes spécialisés en gestion des ressources humaines sont un atout fort pour s'insérer dans la profession.
L'agence Eduniversal a établi en 2020 un classement des formations à niveau bac+5 :

Institut Magellan	– Human Resource Management in International Companies – International Human Resources and Compensation & Benefits Management – Gestion des Ressources Humaines et de la Mobilité Internationale
Université Paris-Dauphine	Master Management des Ressources Humaines
Université Paris II Panthéon-Assas – CIFFOP	Master 2 Gestion des Ressources Humaines et Relations du Travail
Sciences Po – École de management et de l'innovation	Master Organisations et Management des Ressources Humaines
IAE Gustave Eiffel	Master 2 GRH dans les multinationales
ISFOGEP-ESSEC	Manager des Ressources Humaines et Relations Sociales

Prix et distinctions RH

À travers le monde, il existe déjà de nombreux prix visant à distinguer des professionnels et des entreprises, voire des initiatives en matière de GRH. On retrouve ainsi quasiment dans chaque pays la nomination d'un « DRH de l'année ». Aux États-Unis, les fameux « Stevies » sont remis par l'American Business Awards. En France, les distinctions RH certainement les plus prestigieuses furent créées en 1997 par Cadremploi, Morgan Philips et le Figaro Décideurs : le Prix du « DRH de l'année » vise à valoriser la profession en mettant en avant l'importance de la fonction et la contribution stratégique des DRH au développement de l'entreprise. Olivier Blum, DRH de Schneider Electric est le lauréat 2019. Le jury a particulièrement apprécié le volontarisme et le pragmatisme de la fonction RH dans le plan de transformation de l'entreprise, ce qui s'est traduit notamment par l'instauration de nouveaux piliers culturels et une nouvelle forme de leadership. Le prix de « l'Innovation RH » récompense quant à lui les plus beaux projets RH mis en œuvre dans des entreprises installées en France. En 2019, Exterion Media France en fut le lauréat, pour la mise en place d'un « passeport digital » au service de la transformation de l'entreprise. Ce passeport visait à une implication importante des collaborateurs et s'est notamment traduit par la mise en place d'un imposant volet formation et des séances de mise en pratique. Ce dispositif a obtenu l'adhésion de 93 % des collaborateurs.

Les missions de l'équipe RH

Une fois la stratégie de l'entreprise définie (avec une implication plus ou moins forte du DRH), il faut mettre l'entreprise en ordre de marche pour assurer sa réussite. L'équipe RH y participe en réalisant deux grandes missions.

L'administration du personnel

Le respect des dispositions légales, réglementaires et contractuelles induit des missions simples, à caractère administratif, visant à assurer un suivi individuel des salariés : mettre à jour toutes les informations les concernant (état civil, poste occupé, statut), établir leurs feuilles de paie, traiter leurs demandes de congés, suivre leurs formations. L'ensemble de ces activités factuelles fait désormais l'objet d'une forte informatisation.

La gestion des ressources humaines

La gestion des ressources humaines prend la forme d'activités complexes, dynamiques et liées les unes aux autres, dont le but est « d'aligner » les ressources humaines sur la stratégie de l'entreprise. On distingue deux niveaux de réalisation de ces activités.

- *Les politiques de ressources humaines.* Elles correspondent aux grandes orientations de l'entreprise en matière de gestion des ressources humaines. Elles découlent de la définition de la stratégie de l'entreprise et ont pour objectif de faire en sorte que les ressources humaines permettent d'accomplir cette stratégie avec succès. Les entreprises ne pouvant plus aujourd'hui viser des stratégies sur le long terme, les politiques RH ont elles aussi un horizon temporel relativement court (les entreprises envisagent en général les objectifs pour l'année à venir).

- *Les pratiques de ressources humaines.* Elles sont la mise en œuvre concrète des politiques RH. Elles correspondent à l'ensemble des décisions et des actions quotidiennes relatives à la gestion des salariés mobilisés dans le cadre de l'activité productive de l'entreprise. Tous les domaines de la gestion des ressources humaines sont concernés :

• *La gestion de l'emploi* : faut-il recruter ou non ? Quels sont les besoins de l'entreprise ? Est-on à l'inverse en situation de sureffectif ? Comment le gérer ?

• *La gestion des rémunérations* : faut-il privilégier un salaire fixe ou un salaire variable ? des primes individuelles ou des primes d'équipe ? À qui les accorder ? Comment évaluer la performance ?

• *La gestion des compétences et la formation* : quelles sont les compétences dont dispose l'entreprise ? Quels seront les besoins futurs ? Quels axes de formation privilégier ? Quels sont les salariés concernés ?

• *La gestion des carrières* : comment disposer des bonnes personnes aux bons endroits ? Quelles perspectives d'évolution proposer aux salariés ? Comment favoriser le développement des hauts potentiels ?

• *Les conditions de travail* : comment obtenir la meilleure productivité possible dans des conditions de sécurité optimales pour les salariés ?

• *La gestion des relations sociales* : comment associer les partenaires sociaux à la stratégie de l'entreprise ? Comment désamorcer les conflits dans les équipes ?

LES APPORTS DE DAVE ULRICH

Dave Ulrich est considéré comme l'un des leaders les plus influents en matière de GRH. Professeur à la Ross School of Business de l'université du Michigan, partner de RBL Group, il intervient comme consultant dans de nombreuses entreprises et a écrit plus de 200 articles ainsi qu'une trentaine d'ouvrages.
Ci-dessous sont présentés les principaux apports complémentaires de ses trois ouvrages les plus connus.
Dans *Human Resource Champions, The Next Agenda for Adding Value and Delivering Results*, publié en 1999, Ulrich propose une première typologie des rôles RH qui a assurément contribué à assoir la légitimité de la fonction et des professionnels RH.

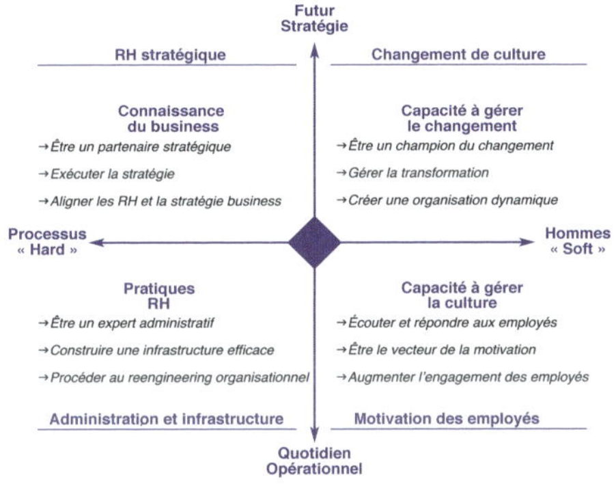

En 2010, il a publié avec Wayne Brockbank *HR Value Proposition*. Afin de contribuer à la création de valeur, le DRH doit dorénavant de plus en plus, selon les auteurs, prendre en compte de façon simultanée les attentes parfois contradictoires des différentes parties prenantes : le personnel, les actionnaires, les clients, les fournisseurs, les ONG, les riverains, etc. La problématique du « Marketing RH » devient de plus en plus cruciale avec de nouveaux challenges à relever : satisfaction des préoccupations éthiques et environnementales, guerre des talents entre concurrents.
Depuis, l'auteur a régulièrement actualisé sa typologie, au regard de l'évolution des enjeux des entreprises. Dans sa modélisation la plus récente (ci-dessous), il place la GRH dans une posture de gestionnaire de paradoxes, devant privilégier une approche cohérente et performante face à des problématiques stratégiques, de rémunération, de motivation, de culture d'entreprise, de changement, tout en étant capable d'utiliser les ressources des nouvelles technologies, notamment celles issues du Big Data. Par ailleurs, la GRH se doit d'être activiste au service des valeurs du développement durable et de la responsabilité sociale.

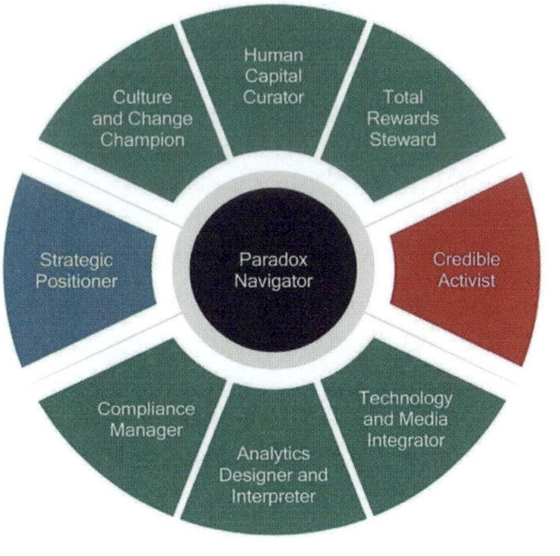

La performance RH

La GRH n'échappe évidemment pas à la nécessité de prouver sa performance. Si une approche centrée sur la fonction et ses sous-processus existe, la performance RH doit également s'entendre en relation avec les objectifs stratégiques et autres processus de l'entreprise (financiers, technologiques, logistiques...). Une approche plus globale est alors indispensable.

La diversité des approches théoriques de la performance RH

▬ Selon le vieil adage, on ne gère bien que ce que l'on peut mesurer. La GRH n'y échappe donc pas. Non sans ironie, certains spécialistes estiment même que pour pouvoir compter davantage auprès des autres directions de l'entreprise, la DRH doit certainement savoir compter un peu mieux. De l'imposant corpus théorique, il ressort que de nombreuses approches sont envisageables, tant le concept de performance lui-même peut faire l'objet de définitions variées.

▬ Il serait en fait possible de distinguer trois niveaux d'analyse de la performance RH.

• *La performance administrative*. Ce premier niveau d'analyse dresse un état des lieux des pratiques et des résultats relatifs aux activités quotidiennes proposées par le service RH aux différentes parties prenantes de l'entreprise.

• *La performance opérationnelle*. Ce niveau un peu plus global analyse, en premier lieu, les pratiques et les résultats relatifs aux activités d'anticipation et de soutien des services RH à destination des différents échelons managériaux et *business partners*.

• *La performance stratégique*. Ce niveau le plus global vise à décrire les pratiques et les résultats de la contribution de la GRH à la performance globale de l'entreprise. Certaines tentatives se sont inscrites dans le prolongement des travaux fondateurs du prix Nobel Gary Becker sur le concept de capital humain. Capitaux financiers, structurels, humains, immatériels et intellectuels constitueraient autant d'indicateurs fortement reliés de la performance mais aussi de la valeur d'une entreprise.

La diversité des pratiques constatées

▬ Les pratiques en matière de GRH sont fortement influencées par les spécificités de chaque entreprise (taille, secteur, etc.). Il convient donc de privilégier une approche contingente.

▬ De nombreux organismes tentent de proposer des synthèses en matière de pratiques de mesure de la performance RH. Parmi les sources les plus connues, on peut notamment citer les résultats de l'enquête Markess International, les baromètres proposés par Deloitte Conseil, (« Tendances RH »), la Cegos ou encore Aon Hewitt. Sans surprise, ces enquêtes soulignent la diversité des pratiques. Une courte majorité des entreprises considère la performance RH comme satisfaisante. Par ailleurs, il semble qu'il existe encore des questionnements sur la nécessité même et la faisabilité de la mesure *via* des indicateurs. De nombreuses entreprises avouent ne pas baser leurs décisions RH sur des indicateurs chiffrés, mais privilégier les intuitions ou encore les résultats d'enquêtes de satisfaction, de sessions de *benchmarking*, etc.

▬ Lorsque les entreprises souhaitent mesurer leur performance RH, les premiers indicateurs sont les suivants : le taux de réalisation des entretiens annuels, le nombre d'heures de formation par collaborateur, le ratio ETP (équivalent temps plein) géré / ETP service RH, le taux de *turnover*.

MARKETING RH

La problématique de la gestion des talents semble être à l'origine du marketing RH. Ces talents devenant difficiles à attirer ou à identifier et à retenir, il est apparu opportun de tenter d'appliquer certaines méthodes et outils du marketing à la situation particulière de la GRH. L'idée est de renforcer l'attractivité de l'entreprise, la séduction des hauts potentiels et, plus globalement, d'améliorer la motivation et la fidélisation des collaborateurs clés en redoublant d'efforts pour connaître et anticiper le marché de l'emploi lié au projet de l'entreprise, à son environnement (avec, notamment, l'identification des concurrents sur les mêmes candidats).
À partir de là, à l'image des fameux 4P du marketing, il s'agit d'élaborer un positionnement pertinent de l'offre RH autour de plusieurs piliers :

- les prestations RH (quels sont les programmes d'intégration, de formation, d'évolution... ?) ;
- les prix RH (quels sont les coûts de ces prestations ?) ;
- la politique de distribution RH (par qui ces prestations sont-elles distribuées ? Les services RH, les managers, les collaborateurs, les pairs, les mentors... ?) ;
- la publicité RH (quels sont les leviers de la communication RH pour l'ensemble des prestations ? Communication interne, externe, institutionnelle, digitale... ?).

Le marketing RH est donc un levier important de la fonction RH, notamment au regard des différents enjeux suivants : le recrutement et la fidélisation des profils adéquats, l'engagement des collaborateurs et la nécessité de la confiance partagée, le savoir-faire et le faire-savoir, l'attractivité de l'entreprise et, *in fine,* la performance RH. Parmi les pratiques jugées exemplaires, on relève notamment la simplification des aides technologiques, l'accès à de nombreux contenus *online*, la multiplication des événements avec des contenus fortement humanisants et différenciants, favorisant le développement personnel et professionnel.

La marque employeur

Généralement associé aux réflexions relatives au marketing RH, le concept de marque employeur fait l'objet d'une attention toute particulière.
La marque employeur est en quelque sorte la signature sociale d'une organisation : elle synthétise son identité, ses valeurs, ses engagements... et les promesses doivent être tenues. En la matière, suite à l'avènement des médias sociaux, l'hypocrisie est difficilement tenable longtemps. La conviction est un moteur initial mais elle doit vite être relayée par des actions concrètes.
La marque employeur n'est pas (seulement) la marque recruteur ! Certes, la question de la valorisation de l'entreprise sur les sites de recrutement est importante, mais la marque employeur se doit d'être une approche beaucoup plus globale, stratégique et portée directement par les responsables RH, qui doivent compter sur le soutien sans faille de la direction de l'entreprise.
Les objectifs de performance s'entendent, en premier lieu, par la cohérence entre les discours et les actes. Parmi les entreprises régulièrement citées en exemple en matière de marque employeur et marque recruteur, on trouve Spotify, AirBnB, Netflix ou, pour la France, Vinci, Saint-Gobain, Deloitte, Innocent.

La montée en puissance du digital RH

Si l'observation, les entretiens et, plus globalement, le dialogue restent des outils traditionnels incontournables des professionnels RH, les solutions informatiques (e-rh) occupent désormais une place prépondérante. Leur mise en place a un impact sur les missions assignées aux services RH et aux professionnels.

La révolution des ERP et ASP

L'informatisation de la fonction RH a débuté dans les années 1970, notamment *via* la mise en place de logiciels de paie. D'autres solutions informatiques ont ensuite été développées, mais l'adoption quelque peu anarchique de différentes solutions informatiques a pu conduire à des problèmes de redondance, des difficultés de mise à jour, des incohérences…, empêchant ainsi d'avoir une vision globale des ressources humaines et un pilotage stratégique de la fonction.

Un ERP (*Enterprise Resource Planning* – le terme PGI pour « progiciel de gestion intégré » est aussi utilisé en France) permet d'uniformiser et de centraliser l'information par l'utilisation d'une base de données unique en matière de données RH. Les grands éditeurs d'ERP (comme SAP ou ORACLE) proposent différents modules correspondant aux principales fonctions RH : recrutement, formation, évaluation, masse salariale, etc. Le coût des ERP est généralement assez élevé mais l'entreprise est propriétaire de la solution, même si la maintenance du système peut nécessiter l'intervention d'experts extérieurs.

Les solutions ASP (Application Service Provider, fournisseur d'applications hébergées), SaaS (Software as a Service) ou On-Demand sont des alternatives aux ERP. Elles offrent les mêmes services mais la solution informatique est hébergée chez le prestataire. Le coût initial est donc moindre, mais il existe d'autres risques, notamment ceux liés à la confidentialité des données ou à la disparition du prestataire.

Une révision des missions et des compétences des professionnels RH

La mise en place de PGI s'accompagne généralement d'une refonte des missions assignées à la fonction RH, dans le but notamment de réduire les coûts :
- allégement, voire disparition, de la RH de proximité ;
- création de centres d'appels RH ou de centres de services partagés. De tels centres remplacent la RH de proximité et répondent directement aux questions des salariés. On y trouve généralement des professionnels fortement spécialisés dans chacune des problématiques RH : recrutement, paie, formation, etc. ;
- externalisation de certaines activités (l'activité « paie » est souvent la première concernée).

La mise en place de ces solutions informatiques nécessite, par ailleurs, une évolution des compétences des professionnels RH, la fonction RH devant désormais adopter une « orientation service », à savoir suivre les indicateurs RH au service de la direction générale. Il s'agira alors, notamment, de proposer des outils innovants aux collaborateurs et aux managers. Pour ce faire, les professionnels RH ne doivent pas seulement maîtriser les outils informatiques et le cadre juridique. Ils doivent aussi s'approprier la stratégie de l'entreprise, sa culture, son environnement, et être conscients de certains risques liés à la mise en place des PGI (perte de repères, perte de socialisation, surcharge des managers, etc.).

L'ÉMERGENCE DES « *PEOPLE ANALYTICS* »

L'expression « *People Analytics* » correspond à l'utilisation du *Big Data* dans les RH. Il s'agit de recourir aux techniques et outils les plus poussés de l'analyse de données pour prédire des situations et améliorer *in fine* la qualité des décisions relatives aux différentes composantes du processus RH (recrutement, évaluation, rémunération, etc.). L'objectif est d'essayer d'avoir la même rigueur scientifique pour les décisions humaines que pour l'ingénierie. L'approche est nouvelle, mais la volonté qui la sous-tend était déjà présente dans les écrits de Taylor. Sans grande surprise, l'entreprise citée comme pionnière en la matière est Google, notamment *via* son fameux People Innovation Lab (PiLab). La mission du laboratoire est de conduire des études à long terme sur ses salariés afin de bien les connaître, d'en tirer des enseignements sur les leviers de la motivation individuelle et collective, d'améliorer leur bien-être et, dans le prolongement, la performance de l'entreprise. Les pratiques sont donc nouvelles et les questions et débats relatifs à l'efficacité, mais aussi au caractère éthique ou non des procédés, sont encore nombreux. Le cabinet Deloitte a publié une étude (2019) indiquant que 26 % des entreprises ayant répondu à l'enquête utilisent les technologies et outils d'analyse malgré un fort intérêt pour la gestion des données.

Les nouveaux outils d'une DRH performante

Qu'est-ce que la performance RH ? Qu'est-ce qu'une fonction RH performante ? La dernière étude RH du cercle Humania s'est penchée sur ces questions. Ce qui en ressort, c'est que, malgré les impératifs de transformation, de dématérialisation, d'innovation ou encore de conformité réglementaire, le curseur se pose sur l'humain [...]. « La performance RH reste cependant évaluée au travers de critères d'efficacité opérationnelle et économique, mais de nouveaux leviers existent pour y parvenir, notamment le digital et la qualité de vie au travail », observe Yves Synold, associé au sein de l'équipe RH-Management de Kurt Salmon, cabinet qui a conduit cette étude.

Deuxième enseignement : le repositionnement de la fonction RH au sein des organisations [...]. Pour créer une synergie avec les opérationnels, la DRH se doit [...] d'avoir une bonne connaissance des métiers et de leurs priorités, et de s'ouvrir à son écosystème dans la mesure où la fonction RH mobilise non seulement la DRH mais aussi l'ensemble de la ligne managériale [...]. Autre outil permettant à la DRH de se positionner en *business partner*, de gagner en légitimité et d'accompagner de façon plus fluide les transformations : la communication. [...] Enfin, le pilotage de la performance RH ne peut plus être abordé sans un dispositif organisationnel spécifique. « Les nouvelles possibilités offertes par le digital, en particulier le *Big Data*, accélèrent la maturité de la fonction de contrôle de gestion sociale qui a basculé dans la dimension prospective et apporte enfin aux DRH les moyens d'un véritable pilotage de leur action », indique Yves Synold. Au global, les nouveaux mots-clés de la fonction RH semblent donc être fluidité, visibilité, agilité et, surtout, adaptabilité.

Julie Le Bolzer, *Les Echos*, 2 octobre 2015, p. 41.

L'individualisation de la GRH

L'individualisation de la GRH permet de personnaliser le lien entre l'entreprise et chacun de ses membres, répondant ainsi au mieux aux attentes des salariés, tout en facilitant la flexibilité du travail. Elle peut cependant engendrer des effets pervers contreproductifs.

La logique de l'individualisation de la GRH

L'individualisation de la GRH introduit une rupture dans l'historique de la fonction RH : elle ne gère plus les salariés comme une masse, mais comme des individus aux caractéristiques et aux attentes diverses. Désormais, le salarié peut négocier directement les différentes dimensions du lien salarial avec la direction des ressources humaines – ou avec la ligne hiérarchique du salarié – : modalités de rémunération, de temps de travail, de formation, d'évolution de carrière, etc.

Deux aspects justifient le recours croissant à l'individualisation :

• *Le caractère unique de chaque salarié.* La population des salariés présente des caractéristiques multiples : diversité des âges, des sexes, des formations initiales, des parcours professionnels. Chaque salarié a donc des attentes différentes envers l'entreprise et ses politiques sociales. Si chaque salarié est considéré comme une ressource unique, il faut le gérer comme tel. Cette logique mène à la notion de compétences, qui devient le cœur du fonctionnement de l'individualisation de la GRH.

• *La flexibilisation croissante du travail.* Selon les formes qu'elle prend, la flexibilité nécessite de négocier ou de définir pour chaque salarié son type de contrat de travail, ses horaires, ses modalités de rémunération, de mobilité interne, etc. En accord avec cette logique de flexibilité, l'individualisation permet également de récompenser la contribution individuelle de chacun à la performance de l'entreprise, principalement par le biais d'une rémunération individualisée.

Les problèmes posés par l'individualisation de la GRH

L'individualisation de la GRH se traduit par la coexistence dans l'entreprise de salariés présentant une diversité de statuts, de modalités de rémunération, de temps de travail. Cela nécessite de mettre en œuvre des mécanismes d'intégration (comme la culture d'entreprise, par exemple) pour conserver une cohésion à l'intérieur de l'entreprise et un sentiment d'appartenance commun à tous les salariés.

L'individualisation introduit une logique de concurrence entre les salariés : chaque année, le salarié est évalué par son supérieur hiérarchique, et de cette évaluation dépend l'évolution de sa rémunération et de sa carrière. Cette situation présente le risque de remettre en cause les processus de coopération spontanée et d'entraide au sein des équipes de travail.

L'individualisation ne doit pas être perçue dans l'entreprise comme une rupture de l'équité. Il est donc nécessaire que les règles RH soient les mêmes pour tous (par exemple, les formules qui servent au calcul des primes liées à la performance individuelle au sein d'une équipe doivent être identiques pour chaque salarié).

UNE OPPOSITION DES MODÈLES DE GRH

La typologie des modèles de GRH établie par F. Pichault (professeur à HEC Liège) et J. Nizet (professeur émérite à l'Université de Namur et l'Université catholique de Louvain) identifie les caractéristiques du modèle objectivant et du modèle individualisant de GRH. Le premier correspond à une approche traditionnelle de gestion du personnel, le second, à une individualisation de la GRH.

Dimensions	Modèle objectivant	Modèle individualisant
Effectifs (entrées)	Planification quantitative, plus d'importance accordée au recrutement qu'à la sélection, faible *turnover*	Gestion prévisionnelle des compétences, forte importance de la sélection, recours à l'appréciation par simulation
Effectifs (sorties)	Licenciements collectifs, préretraites, alternatives négociées dans le cadre de conventions collectives (réduction salariale, diminution du temps de travail)	Départs volontaires en vue de mieux répondre aux aspirations professionnelles, actions d'accompagnement (aide à la création d'entreprise, reconversion, mobilité)
Intégration et culture	Respect de l'autorité formelle et des règles	Culture d'entreprise forte (culture-projet)
Formation	Centrée sur les savoirs et les savoir-faire, forte institutionnalisation, mode transmissif, importance moyenne dans la masse salariale, centrage sur le court terme	Centrée sur le savoir-être, forte institutionnalisation, alternance de formes diverses (sur le tas/transmissif), sommes importantes consacrées à la formation, objectifs de long terme, organisation qualifiante
Évaluation	Permanente, fondée sur une prescription des fonctions, recourant à des critères standardisés (échelle de notation, incidents critiques prédéterminés), sans influence nécessaire sur la promotion	Fondée sur un bilan de compétences, prenant la forme de la direction par objectifs, de l'entretien d'évaluation ou de pratiques de *coaching*, recourant à des critères négociés au cas par cas, avec une influence directe sur la mobilité
Promotion	À l'ancienneté ou sur la base de concours, avec mise au point d'une classification de fonctions	Nomination directe au mérite (liée à l'évaluation), plan de carrière personnalisé
Rémunération	Salaire au temps réglementé ou salaire au rendement, déterminé *a priori*	Salaire individualisé avec partie variable, déterminée *a posteriori*, accompagnée d'*incentives* (sports, activités culturelles) et d'une mise à disposition de divers services (assurances)
Temps de travail	Uniforme, nette séparation travail / temps libre (heures supplémentaires réglementées), travail posté, temps partiel « subi », horaires décalés, conventions collectives	Aménagé (horaires flexibles, *job sharing*, retraite à la carte, congé de formation, pause carrière, télétravail, semaine condensée, temps partiel « choisi »)
Communication	Formelle, hiérarchico-fonctionnelle (notes, rapports, réunions de service), réseau centralisé	Latérale et informelle, articulation entre communication interne et externe, utilisation intensive des technologies de l'information
Participation	Éventuellement *via* l'information et la consultation	Codécision sur le plan opérationnel
Relations professionnelles	Principe de la délégation/représentation	Principe de l'expression directe

Le partage de la RH avec les managers

De nombreuses décisions RH concernant les salariés sont désormais prises par leur supérieur hiérarchique direct. Ce partage de la fonction avec les managers de proximité permet le centrage de la fonction RH sur ses activités stratégiques, mais expose les managers à des difficultés nouvelles.

Les raisons du partage de la fonction RH

Le partage de la fonction RH entre les professionnels RH et les managers de proximité est une tendance de fond, qui s'explique conjointement par :
- *l'individualisation de la GRH* : la traditionnelle fonction RH est trop éloignée du salarié pour pouvoir le gérer individuellement ;
- *un accroissement des activités de GRH*, que la fonction RH ne peut assurer à elle seule. Cet accroissement des activités de GRH est le fruit des exigences du droit du travail et des nouvelles méthodes de gestion des entreprises (par exemple, la gestion de la rémunération des salariés selon les objectifs attendus).

Cette tendance au partage s'est fortement renforcée depuis quelques années, ouvrant la voie à une nouvelle division du travail de GRH. Les professionnels de la fonction RH se recentrent sur les activités créatrices de valeur – comme la conduite du changement – et reportent sur d'autres salariés au sein de l'entreprise les activités simples : gérer le temps de travail, prendre les rendez-vous auprès de la médecine du travail, etc.

Les missions du manager de proximité

Le rôle traditionnel de l'expert technique au sein de l'équipe qu'il encadre tend à disparaître au profit de nouvelles missions : manager son équipe et gérer les ressources humaines. Ce nouveau manager peut intervenir dans l'ensemble des activités RH : il participe au recrutement, gère le temps de travail, évalue les membres de l'équipe, décide des avancements, attribue les primes, etc.

Le manager de proximité est désormais décisionnaire dans les processus RH qui concernent les membres de son équipe. Le DRH fixe le cadre dans lequel le manager prendra ses décisions (en lui indiquant, par exemple, le nombre de promotions qu'il peut accorder), le conseille quand il rencontre des difficultés, vérifie que ses décisions sont conformes au cadrage et à la réglementation.

Les difficultés du manager de proximité

Les nouveaux managers de proximité rencontrent trois difficultés principales :
- *l'insuffisance de formation* pour la prise en charge de la fonction RH et le manque de communication et de clarté sur les objectifs du partage de la fonction RH. Cela les empêche d'exercer pleinement leur nouvelle fonction de manager ;
- *une surcharge de travail* si la GRH ne fait que s'ajouter à leurs missions traditionnelles ;
- *un repositionnement de leur identité professionnelle*. Les managers sont amenés à abandonner leur rôle d'expert technique alors même que leur nomination à ce poste avait souvent été fondée sur leurs compétences techniques.

GRH ET MANAGERS DE PROXIMITÉ

Un retour d'expérience dans les télécommunications

Tous les managers de cette entreprise de télécommunications sont devenus des « managers 1er RH ». Des entretiens avec eux permettent de mieux comprendre l'évolution de leur rôle et les difficultés rencontrées.

• L'évolution du rôle des managers a été pour eux un changement majeur. Ils interviennent désormais sur un grand nombre d'activités RH. « Mon travail aujourd'hui est de redéfinir l'activité Service après-vente en tant qu'activité à part entière. Il a donc fallu remettre au goût du jour les descriptions de poste, qui étaient très poussiéreuses. C'est ce que je fais avec eux » (manager d'une équipe de service après-vente). « On a la possibilité maintenant de récompenser un agent avec une prime de 200 € à 750 € lorsqu'il réalise un objectif exceptionnel » (manager d'équipe technique). « On gère tout ce qui est planning de congés, heures supplémentaires… Cela revient aussi à gérer la compétence des gens, leur formation » (manager d'équipe technique).

• Les rôles sont désormais clairement définis entre les managers et la fonction RH : aux managers la décision, à la fonction RH le cadrage, le conseil, le soutien et le contrôle. « Dans les processus que l'on a réécrits, le manager est en plein dans la décision. La DRH d'unité propose soutien, alerte, et expertise, mais pas de décision » (DRH en direction régionale). « Quand un salarié nous demande quelque chose, on a toujours la possibilité de nous retourner vers notre RH. Elle nous donne les explications et nous pouvons les transmettre. On n'est pas perdu, pas laissé seul dans la nature » (manager en centre d'appels commercial).

• Si certains managers intègrent très bien leur nouveau rôle, d'autres ont plus de difficultés. La surcharge de travail consécutive au partage de la RH est leur principale insatisfaction. « Le suivi des congés, le suivi des repos, le suivi des heures, les visites médicales, c'était la fonction RH qui gérait tout ça et qui envoyait les convocations… Aujourd'hui, c'est de plus en plus souvent à notre charge » (manager d'équipe technique). « Avant, j'avais une activité qui m'occupait déjà à 100 % ; reprendre la RH m'a rajouté encore un petit peu de travail, tout ça prend du temps » (manager d'équipe informatique).

Rôle décisionnaire du manager (demande de formation)

Sans partage de la GRH

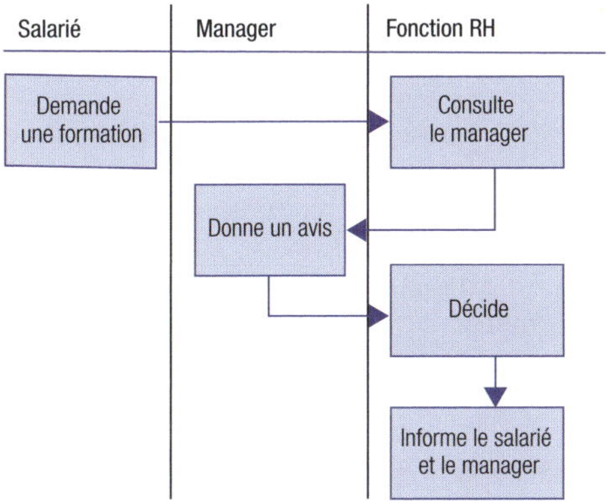

Avec partage de la GRH

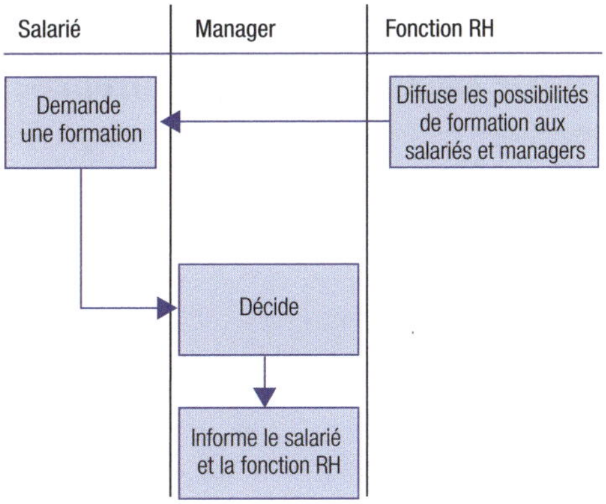

La culture d'entreprise

La culture d'entreprise permet, par la fédération des salariés autour de valeurs communes, de compenser l'individualisation de la GRH. Elle permet également de coordonner à moindre coût les employés et d'accroître les performances globales de l'entreprise par la mise en place d'un système d'information et de communication efficace.

Fonctionnement de la culture d'entreprise

La culture d'entreprise est un ensemble de références partagées par les membres d'une même entreprise. Elle s'élabore autour de divers éléments :

• les *codes* qui facilitent la communication et la compréhension entre les salariés, comme par exemple le port obligatoire dans l'entreprise du costume-cravate sombre ou, à l'inverse, de tenues décontractées (jean, polo, etc.) ;

• les *rites* qui, en structurant le temps, contribuent à l'organisation du travail : le discours de rentrée du président, le déjeuner en équipe du lundi, etc. ;

• les *histoires* qui entretiennent les valeurs fondamentales de l'entreprise : par exemple, la construction du mythe de la création de Microsoft par Bill Gates dans le garage de sa maison.

La culture d'entreprise est créée par les membres de l'entreprise et est transmise aux nouveaux arrivants. En évolution constante, elle s'avère difficile à modifier rapidement.

La typologie des cultures d'entreprise

Différentes d'une entreprise à l'autre, les cultures d'entreprise peuvent néanmoins être classées en deux grands types :

• *la culture d'entreprise fondée sur l'individu* : elle vise l'accomplissement individuel et passe notamment par une forte politique de formation continue. Une grande autonomie est accordée aux individus ;

• *la culture d'entreprise fondée sur la répartition des tâches* : l'objectif principal de l'entreprise est la recherche de l'efficacité optimale, d'où l'importance accordée à l'autorité, à l'exercice du pouvoir et au respect des règlements et normes internes. L'autonomie individuelle y est fortement restreinte.

De l'audit au projet d'entreprise

Pour transmettre aux différents partenaires les principes de sa politique générale et favoriser l'acculturation des salariés, l'entreprise peut communiquer sur sa culture par le biais de la DRH. L'étape préalable est la réalisation d'un audit de culture, afin d'avoir une bonne connaissance de cette culture. Celui-ci peut s'appuyer sur :

– la personnalité et les valeurs fondamentales des fondateurs de l'entreprise ;
– l'historique de l'entreprise et l'évolution de son environnement ;
– les différents métiers de l'entreprise ;
– les différentes valeurs en vigueur dans l'entreprise ;
– les différents signes, symboles et histoires.

Les conclusions de l'audit servent ensuite à concevoir un projet d'entreprise (déclaration d'entreprise...). Mais l'étude de ces pratiques ne permet pas de trouver un lien de causalité direct entre la culture d'une entreprise et sa performance économique.

CULTURE ET CONTRE-CULTURE D'ENTREPRISE

Une déclaration d'intention : l'exemple de UPS

• Notre culture d'entreprise – Pourquoi travailler pour UPS ?

L'entreprise figure parmi les meilleures entreprises au monde et ce notamment pour la qualité de son management, la qualité de ses produits et services, sa capacité à innover, son potentiel à long terme, sa solidité financière, son habilité à attirer des talents, son engagement dans l'environnement. « La force de notre groupe réside indéniablement dans notre organisation humaine ; nos professionnels travaillent ensemble vers un seul et même objectif. Bien que les méthodes, les équipements et les procédures soient des éléments importants, que d'ailleurs nous cherchons toujours à améliorer, la valeur la plus précieuse de notre entreprise demeure la loyauté et les compétences de nos hommes et de nos femmes. »

• Tiré du code de déontologie de UPS

La direction de UPS a relevé quelques caractéristiques essentielles des équipes d'UPS :
- des compétences et une intégrité fortes ;
- des équipes reflétant la diversité des entreprises pour lesquelles nous travaillons ;
- des équipes élaborant des solutions innovantes, n'ayant pas peur des idées nouvelles ;
- des équipes formées continuellement tout au long de leur carrière ;
- des récompenses pour les équipes pour les motiver à dépasser chaque jour leurs objectifs ;
- des équipes de gens férocement impliqués dans leur métier et leur entreprise.

Source : www.ups.com

Démystifier la culture d'entreprise

Ces dernières années, la culture d'entreprise a généré une importante littérature, dont un certain nombre d'ouvrages satiriques : *Bonjour paresse* de Corinne Maier, objet de fortes polémiques, a été couronné de succès. Dans un autre registre, la célèbre métaphore des chimpanzés illustre cette volonté de démystification de la culture d'entreprise.

Les chimpanzés… ou la culture d'entreprise

Mettez cinq chimpanzés dans une chambre. Accrochez une banane au plafond et mettez une échelle permettant d'accéder à la banane. Assurez-vous qu'il n'y a pas d'autre moyen d'attraper la banane que d'utiliser l'échelle.

Mettez en place un système qui fait tomber de l'eau glacée dans toute la chambre (par le plafond, bien sûr) dès qu'on commence à escalader l'échelle. Les chimpanzés apprennent vite qu'il ne faut pas escalader l'échelle.

Arrêtez le système d'eau glacée, de sorte que l'escalade n'a plus son effet gelé.

Maintenant, remplacez l'un des chimpanzés par un nouveau. Ce dernier va chercher à escalader et sans comprendre pourquoi, se fera frapper par les autres. Remplacez encore un des vieux chimpanzés par un nouveau. Ce dernier se fera encore frapper, et c'est le chimpanzé n° 6 (celui qui a été introduit juste avant) qui tapera le plus fort. Continuez le processus jusqu'à ce qu'il n'y ait plus que des nouveaux. Alors, aucun ne cherchera à escalader l'échelle et si jamais l'un d'entre eux, pour une raison quelconque, ose y penser, il se fera immédiatement malmener par les autres. Mais aucun chimpanzé ne connaît la raison qui le pousse à agir de la sorte.

C'est ainsi que le fonctionnement de la culture d'entreprise prend naissance.

La motivation des salariés

De la motivation des salariés dépend en partie la performance d'une entreprise. Ce fondement s'ébranle aujourd'hui avec la crise des motivations. Il incombe alors à la DRH de mesurer le niveau des motivations et de le faire évoluer à l'aide de leviers.

Les théories de la motivation

Des chercheurs ont, au travers de leurs analyses, distingué plusieurs théories de la motivation :

• *celles relatives aux contenus*, c'est-à-dire aux forces qui poussent un individu à adopter un certain comportement. La pyramide des besoins du psychologue A. Maslow constitue l'archétype des « théories des contenus ». Dans cette pyramide, chaque être humain cherche à satisfaire, selon un ordre de priorité croissante, cinq types de besoins : physiologiques, de sécurité, d'appartenance, d'estime, de réalisation de soi. Chaque besoin est motivant jusqu'à sa satisfaction, le besoin supérieur se faisant alors sentir ;

• *celles relatives aux processus comportementaux*, expliquant comment un individu se motive. La théorie VIE (Valence-Instrumentalité-Expectation) du psychologue V. Vroom est l'une des théories les plus réputées. Selon elle, la motivation est une force déterminée par trois facteurs corrélés : l'expectation (attente par rapport à ses propres efforts), l'instrumentalité (probabilité que les efforts génèrent une récompense) et la valence (valeur de la récompense au regard des efforts effectués).

Une crise des motivations ?

Plusieurs études récentes soulignent que de nombreux salariés s'interrogent sur leur motivation et se montrent distants vis-à-vis de leur travail et de leur entreprise. Cette distance naît, selon C. Baudelot et M. Gollac, d'une frustration générée par le paradoxe suivant : d'un côté, la succession des projets de changement dans les entreprises appellent à un engagement croissant des salariés, de l'autre sévit une précarité du travail toujours plus grande.

Les principaux leviers de la motivation au travail

La politique de rémunération. Le salaire au mérite agit sur la motivation individuelle du salarié, tandis que d'autres mécanismes, comme la signature d'un accord d'intéressement, visent la motivation collective.

La gestion des carrières. Il s'agit de garantir, par un plan de formation adéquat, le potentiel professionnel des salariés et de concilier au mieux les besoins de l'entreprise avec les attentes des salariés.

La qualité du management. La valorisation des employés et le degré d'initiative qui leur est laissé dans leur travail influent sur leur niveau de motivation.

La qualité de l'organisation du travail. Les salariés sont sensibles à la clarification de leurs objectifs et au sentiment d'accomplir leur travail dans le cadre d'une organisation.

La direction des ressources humaines adapte ces leviers aux salariés, dont les motivations évoluent avec l'âge et l'expérience.

DES EXPÉRIENCES CÉLÈBRES AUX RÉSULTATS PARFOIS SURPRENANTS

Les principales expériences

Au regard des enjeux sur la performance des entreprises, il n'est pas étonnant que les services RH s'intéressent aux résultats des nombreuses expériences menées par des chercheurs en sciences sociales pour davantage comprendre les mécanismes humains dans les environnements de travail (par exemple, dans les domaines des conditions de travail, de l'impact de la dynamique de groupe ou encore des liens entre observation et performance). L'expérience pionnière citée en exemple est celle menée dans les années 1930 par Elton Mayo au sein de l'usine Western Electric de Cicero, dans la banlieue de Chicago. Connue sous le terme d'« effet Hawthorne », elle décrit une situation dans laquelle les résultats d'une expérience ne sont pas dus aux facteurs expérimentaux, mais plutôt au fait que les sujets ont conscience de participer à une expérience dans laquelle ils sont testés, ce qui implique alors une plus grande motivation. Cet effet a été rapproché de l'effet Pygmalion ou encore de l'effet placebo, et met l'accent sur les liens entre observation et implication. Parmi les autres expériences les plus connues, on trouve notamment les suivantes (liste non exhaustive), qui ont été réalisées, pour certaines d'entre elles, il y a plusieurs décennies. Elles reposent sur l'étude :

- de la conformité au groupe (Solomon E. Ash) ;
- de la soumission à l'autorité (Stanley Milgram) ;
- de l'imitation de modèles (Albert Bandura) ;
- de la dissonance cognitive (Leon Festinger) ;
- des résistances au changement (Kurt Lewin) ;
- de la centralité de la notion de pouvoir (Michel Crozier) ;
- des facteurs d'hygiène et/ou d'ambiance permettant le renforcement de la motivation (Frederick Herzberg).

Quels enseignements tirer de ces expériences ?

Si ces expériences sont toujours évoquées dans les cursus RH, il est parfois difficile d'en tirer des enseignements définitifs. Certains points font toutefois l'objet d'un consensus :

- le changement dans les habitudes de travail ne peut s'envisager sans résistances ;
- le groupe influence les comportements individuels ;
- les buts des individus et ceux des organisations sont souvent différents ;
- les stratégies des acteurs sont rationnelles mais la rationalité est limitée (par des biais cognitifs, notamment), les stratégies se définissant le plus souvent « chemin faisant » en prenant en compte les réactions des autres ;
- plus la prise en compte des besoins est explicite, plus la participation des salariés aux décisions est forte ; plus la reconnaissance des succès est explicite, plus l'implication des collaborateurs sera grande ;
- implication, satisfaction et motivation peuvent parfois être reliées, mais ces trois composantes ne sont pas de même nature et obéissent à des règles différentes.

Une GRH différente selon les contextes

L'analyse du fonctionnement actuel des services de RH souligne une tendance à l'uniformisation des pratiques de GRH. Pourtant, certains particularismes liés à la taille, au statut ou au pays d'origine de l'entreprise induisent certaines différences dans les politiques et pratiques de GRH.

GRH et taille de l'entreprise

Bien que la référence implicite des modèles et instrumentations de GRH soit la grande entreprise, la situation de la GRH en PME (entreprises de moins de 250 salariés) reste particulière. Le rôle du dirigeant de la PME se révèle prépondérant dans la formulation et l'animation des politiques et pratiques de RH. Par ailleurs, la création d'une véritable fonction RH intervient souvent lorsque l'effectif de l'entreprise atteint le seuil de 50 salariés, ce qui se traduit par de nouvelles obligations en matière de déclarations sociales et de négociations avec les syndicats. Enfin, la stratégie RH dans les PME étant bien souvent informelle, l'instrumentation RH y est relativement faible.

La GRH est certes moins formalisée dans les PME que dans les grandes entreprises, mais elle peut s'y révéler tout à fait innovante et efficace. La dimension humaine de ces entreprises oblige à davantage de pragmatisme, et une trop grande discordance entre les discours et les pratiques de RH ne peut y faire durablement illusion.

GRH et statut de l'entreprise

La gestion des ressources humaines dans les organisations relevant du secteur public présente des spécificités liées à de multiples facteurs :
– la forte protection du statut complique la conduite des changements ;
– les grilles de rémunération très strictes limitent les marges de manœuvre relatives à la politique de rémunération (qui constitue pourtant un puissant levier de motivation) ;
– la non-prédominance de la logique de profit rend difficilement acceptable la poursuite d'une logique d'efficience (ou de performance).

Toutefois, en matière de GRH, ces organisations se trouvent globalement confrontées aux mêmes défis que les entreprises du secteur privé (vieillissement de la population, évolution des attentes des employés, nécessité de la maîtrise des dépenses…), ce qui conduit à une relative harmonisation des politiques et des pratiques.

GRH et pays d'origine

L'existence de cultures du travail différentes en fonction des pays plaide logiquement pour une différenciation de la GRH. Le rapport au temps, l'importance accordée à l'obéissance, à la créativité ou à l'écrit peuvent ainsi fortement différer d'un pays à l'autre.

Cette diversité culturelle apparaît à la fois comme une richesse mais aussi comme une problématique délicate à gérer pour les firmes multinationales.

Le recours croissant aux logiques de normalisation et d'instrumentation contribue cependant à favoriser l'universalisation des pratiques de RH jugées les plus performantes. Pour être efficace, la mise en place de tels outils doit s'accompagner d'importants efforts de communication et de formation.

LA GRH A-T-ELLE SA PLACE DANS LES PME ?

PME : une gestion trop souvent à court terme

• 49 % des salariés de l'industrie, du commerce et des services travaillent dans des entreprises de moins de 50 salariés, celles qui passent pour démunies en moyens humains et techniques dans la gestion de leurs ressources humaines. La GRH serait-elle un concept propre aux grandes entreprises auquel leurs congénères petites et moyennes n'auraient pas accès ? Ou peut-être sont-ce les termes « GRH », « GPEC », qui font peur ? La PME, comme le Bourgeois Gentilhomme qui faisait de la prose sans le savoir, ferait-elle de la GRH en l'ignorant ? [...]

• « Un seul être vous manque et tout est dépeuplé. » En entreprise, cela vaut d'autant plus que l'établissement est modeste. En PME, les hommes sont moins interchangeables, et les compétences détenues ou développées par les collaborateurs constituent sa principale richesse.
Les petites entreprises en sont parfaitement conscientes. [...] Une enquête de l'Observatoire des PME, menée auprès de 1 000 entreprises de moins de 50 salariés montre qu'elles reconnaissent l'importance de la GRH car elles savent que chaque salarié est un rouage essentiel. 86 % d'entre elles se disent intéressées par la gestion de leur personnel. Plus intéressant sans doute, les aspects qui retiennent le plus leur attention sont le relationnel, la fidélisation, la motivation. Inversement, les questions de formation, d'organisation du travail, d'évaluation et de performance des salariés sont moins citées par les interrogés. Paradoxal quand on sait que ce sont ces différents éléments qui sont à privilégier pour réduire le *turnover* !

• Autre point délicat, comment décliner les enseignements et préceptes de GRH forgés pour les grands groupes ? Certains se dotent d'outils originaux : telle entreprise de 40 salariés fait le choix de présenter sa stratégie à son personnel, de créer une charte interne, de mettre en place des entretiens d'évaluation et de multiplier par deux ses dépenses de formation. Une autre de 120 salariés, pour faire face au *papy-boom* annoncé, a décidé de capitaliser les savoirs et de créer des postes d'adjoints qui pourront prendre la relève.
Malheureusement, cela reste l'exception : les dirigeants des PME gèrent le plus souvent dans l'urgence. Ils doivent prendre conscience que l'absence de règles formelles, de procédures, de normes (sans pour cela inventer des « usines à gaz » inapplicables) entraînent souvent dysfonctionnements et insatisfactions. Le caractère intuitif de la stratégie des responsables de petites structures s'avère souvent un gage de flexibilité et de souplesse, mais sur un thème comme la GRH, il vaut mieux agir en professionnel.

• Il faudrait donc que les dirigeants acceptent de se faire aider, mais justement, le recours aux cabinets conseils et aux experts externes n'est pas dans la culture de la PME. Trop cher, pas assez rentable. Résultat, au lieu d'une politique raisonnée de gestion des ressources humaines, on se contente trop souvent d'une gestion administrative du personnel au jour le jour. Dans un contexte de pénurie de main-d'œuvre annoncé à court ou moyen terme, les petites entreprises pourraient bien le payer rapidement très cher.

Source : Capital' RH, Les ressources humaines en pratique, CCI Paris-Ile-De-France, www.entreprises.cci-paris-idf.fr/

Les principaux défis RH

Les changements sociétaux et économiques ne sont évidemment pas neutres pour les professionnels RH. De nombreuses enquêtes permettent d'identifier les principaux défis auxquels ils doivent s'attaquer. Il est possible de distinguer des défis spécifiques à chaque composante du processus RH et des défis plus transversaux.

Les défis spécifiques

Le recrutement reste l'un des casse-tête des services RH, mais aussi de tout manager. En France, des départs massifs à la retraite sont en cours et de nombreux salariés devront être remplacés. La question du management intergénérationnel est ainsi posée. Les processus de recrutement doivent, en outre, tenir compte de dispositifs réglementaires plus contraignants (au regard des luttes contre les discriminations, de celles en faveur de la parité, etc.).

L'optimisation du pilotage de la rémunération et des avantages sociaux (notamment le bon arbitrage entre dispositifs individuels et collectifs) constitue aussi un défi classique.

L'évolution des salariés et les conditions de travail sont également toujours d'actualité (reconnaissance de nouvelles maladies professionnelles, prise en compte du vieillissement, problématique clé de l'employabilité et de la formation, etc.).

La gestion sociale et, notamment, la difficulté d'un dialogue constructif entre les différentes parties prenantes de l'entreprise (actionnaires, dirigeants, salariés, syndicats, etc.) mobilisent aussi les professionnels RH.

Les défis transversaux

L'analyse des nombreuses enquêtes internationales (notamment le baromètre annuel International RH proposé par Michael Page) permet de mettre en exergue une double problématique : atteindre les objectifs *corporate* et optimiser l'implication des salariés à l'échelle mondiale.

Parmi les défis transversaux actuels récurrents, sont régulièrement cités :

- le développement d'une culture d'entreprise forte, qui constituerait ainsi un avantage concurrentiel défendable durablement pour attirer les bons candidats et les retenir ;
- l'amélioration de la gestion de la performance RH (perfectionner les dispositifs de mesure et les résultats) ;
- l'acquisition et la rétention des hauts potentiels (*key people*) ;
- la prise en compte de la digitalisation de l'économie ;
- la gestion des changements ;
- le partage des enjeux relatifs à la responsabilité sociale et environnementale de l'entreprise.

RÉCONCILIER LES ATTENTES DES SALARIÉS AVEC CELLES DES ENTREPRISES

Une problématique « classique » toujours actuelle

La nécessité de concilier les attentes des salariés avec celles des entreprises est considérée depuis longtemps comme un chantier prioritaire pour tous les services RH. Les évolutions, toujours plus rapides dans l'environnement économique et social, ne changent rien à la donne, bien au contraire. Les différentes enquêtes sur le terrain confirment que le fossé entre ces attentes s'est creusé au cours des dernières années et qu'il ne risque pas de se résorber au cours de la prochaine décennie. Ce fossé peut se résumer assez succinctement (voir tableau ci-dessous). Les entreprises performantes seront donc avant tout celles qui feront preuve de créativité pour trouver les bons compromis, voire les consensus, entre des objectifs qui *a priori* ne sont pas facilement réconciliables.

Ce que les salariés attendent	Ce qui attend les salariés
Un État protecteur et médiateur	Un État moins régulateur
La stabilité dans l'entreprise	Des organisations en changement permanent du fait d'un environnement toujours plus compétitif et difficilement prévisible
Des compétences acquises par la formation et garantissant durablement l'employabilité	Des remises en cause plus rapides des savoirs, savoir-faire et savoir-être
Un équilibre notamment émotionnel entre vie professionnelle et vie personnelle	Des choix parfois contraignants entre carrière et vie privée, une sursollicitation des émotions
Des contreparties financières équitables à court terme et des projections à moyen et long terme	Des difficultés à opter pour un horizon temporel à long terme
Une relation harmonieuse entre les différentes catégories de salariés et l'apport salutaire de la technologie	Une concurrence toujours plus pressante entre les collègues d'une même entreprise, une technologie qui peut aussi renforcer les contrôles
L'épanouissement dans des projets professionnels	Le rythme effréné des changements, qui signifie, certes, la possibilité de nombreux projets, mais qui peuvent toutefois être rapidement abandonnés au profit d'autres

La montée en puissance des classements et palmarès spécifiques

Afin d'éclairer les candidats dans leur recherche d'entreprise, mais aussi de permettre aux services RH de prouver leur efficacité, il existe aujourd'hui un certain nombre de classements ou palmarès publiés tous les ans. Les activités de marketing RH semblent désormais pleinement les prendre en compte, notamment dans certaines grandes entreprises.

Parmi les initiatives les plus connues, faisant parfois l'objet de certaines analyses critiques, on peut notamment citer l'institut Great Place to Work (www.greatplacetowork.fr). Concernant le palmarès 2020 des entreprises dans lesquelles il fait bon travailler en France, il met à l'honneur, pour les entreprises de plus de 2 500 salariés : Mars, Decathlon ; entre 1 000 et 2 500 salariés : Extia, Le Bon Coin ; et entre 250 et 1 000 salariés : Novencia, Salesforce.

Le pilotage RH

Comme tout processus, la GRH doit faire l'objet d'un véritable pilotage. Les tableaux de bord constituent autant d'aides pour définir les objectifs, mesurer les avancées et les contributions. Une perspective systémique et stratégique doit être privilégiée car la contribution de la GRH s'analyse au regard du projet global de l'entreprise.

Les objectifs et les composantes du pilotage

- L'objectif prioritaire d'un système de pilotage RH est de permettre une approche proactive afin d'anticiper les enjeux et les besoins en termes de ressources humaines, au service de la stratégie de l'entreprise et de la nécessaire recherche de performance. La valeur ajoutée repose sur différentes composantes fortement reliées.
- Un projet d'entreprise précis, des référentiels et des objectifs de performance nécessitent la connaissance de l'environnement de l'entreprise. Sur cette base, la politique RH sera définie et constituera en quelque sorte le fil rouge de l'ensemble des pratiques RH. Des documents formels, comme une charte de valeurs, peuvent préciser la pensée en la matière.
- Sur la base des intentions générales RH, des sous-processus seront définis (planification, recrutement, rémunération, formation, gestion sociale, etc.) avec la définition de l'architecture structurelle correspondante (service, département, comités, etc.), la nomination des responsabilités, la définition des plans d'action et des indicateurs de suivi.
- Les pratiques RH du système de pilotage sont potentiellement très variées, mais elles peuvent généralement être regroupées autour de trois axes clés : la GPEC (gestion prévisionnelle des emplois et compétences) ; la veille et le contrôle de gestion sociale ; le système d'information RH.

Les apports des tableaux de bord prospectifs équilibrés

- Une multitude d'indicateurs RH est envisageable en lien avec les sous-processus RH : des indicateurs de gestion du recrutement (qualité, délai, coût, etc.), de gestion des rémunérations (rémunération moyenne, etc.), de gestion de la formation (ratio de salariés formés, etc.), de gestion d'emploi (*turnover*, ancienneté, absentéisme, etc.), de gestion sociale (conflictualité, satisfaction, etc.).
- Afin de favoriser une perspective systémique et stratégique, il peut être opportun de s'inspirer des apports de Kaplan et Norton relatifs aux *Balanced ScoreCard* (BSC). Pour le pilotage général de la stratégie de l'entreprise, un tableau de bord prospectif équilibré relie des indicateurs associés à des axes jugés complémentaires : axes « Financier », « Clients », « Apprentissage et Innovation », « Processus internes ». Ces deux derniers axes comprennent déjà des indicateurs RH.
- Certains spécialistes conseillent de décliner un BSC spécifique au pilotage RH. Les quatre questions centrales auxquelles les indicateurs RH devraient apporter une contribution seraient alors les suivantes : 1) Par rapport à l'axe « Financier », quelle est la contribution de la fonction RH à la création de valeur ? 2) Par rapport à l'axe « Clients », comment sommes-nous perçus par nos clients internes ? 3) Par rapport à l'axe « Apprentissage et Innovation », comment la fonction RH peut-elle maintenir l'aptitude à l'innovation et à l'apprentissage ? 4) Par rapport à l'axe « Processus internes », dans quels processus RH devons-nous exceller pour satisfaire nos clients internes ?

AUDIT DE LA FONCTION RH

Les modalités d'un audit

Même si l'approche est souvent redoutée par tous ceux qui la subissent, un audit de la fonction RH est toutefois quasiment inévitable pour un système de pilotage RH qui se veut performant. Le tableau ci-dessous présente la vision synthétique d'un audit complet, systémique et à visée stratégique de la fonction RH. Les modalités pratiques doivent être affinées au cas par cas dans les entreprises, en fonction de leurs spécificités (taille, secteur, objectifs stratégiques, moyens, etc.).

Cahier des charges, base de l'audit	Rubriques auditées	Perspective du développement socialement responsable
– Projet d'entreprise – Charte de valeurs – Synthèse de la politique RH – Structure de la fonction RH (entités, nombre et profils des collaborateurs) – Caractéristiques RH d'entreprises concurrentes, d'entreprises de taille équivalente, synthèse des meilleures pratiques, etc.	– Cohérence entre la politique RH et la stratégie générale d'entreprise – Implication de la direction générale dans la GRH – Adéquation des moyens alloués à la GRH – Pertinence des processus RH – Qualité et fiabilité du système de pilotage et de mesure – Performance des actions RH (au regard, d'une part, de la satisfaction des parties prenantes concernées et, d'autre part, de la contribution de la RH à l'atteinte des objectifs stratégiques de l'entreprise)	– Respect des dispositifs en matière de droits humains fondamentaux – Gestion durable des RH – Engagement social de l'organisation

Les différentes configurations possibles

• La configuration « minimaliste » correspond à une fonction RH qui se décline seulement sur quelques activités et ne privilégie pas une visée systémique et stratégique. La maîtrise du risque juridique est généralement l'objectif majeur.

• La configuration « limitée » est significative d'une GRH qui vise plus globalement la maîtrise des processus administratifs, tout en négligeant la visée stratégique.

• La configuration « développée » dépasse la simple visée administrative et entend être un véritable *business partner*. Les sous-processus RH sont clairement définis et suivis, un lien explicite avec la stratégie de l'entreprise est recherché. Dans sa forme la plus aboutie, des liens explicites sont aussi perceptibles avec les enjeux en matière de développement durable et de responsabilité sociétale de l'entreprise (RSE).

De la qualification à la compétence

L'évolution du contexte des entreprises et de l'organisation des processus de production, désormais plus flexibles, a nécessité des évolutions dans la manière de gérer les salariés. On passe d'une gestion centrée sur leurs diplômes et leur ancienneté à une gestion centrée sur leurs compétences.

La logique de qualification

Dans la logique de qualification, on distingue classiquement :

- *la qualification d'un emploi* : savoir-faire et connaissances nécessaires pour occuper cet emploi ;
- *la qualification d'un individu* : savoir-faire et connaissances acquis par la formation ou par l'expérience professionnelle.

La logique de qualification, centrée sur le poste de travail, favorisait la progression des salariés selon leur ancienneté. Les services du personnel ont appliqué ce modèle de la qualification tout au long des Trente Glorieuses. Dans le contexte économique stable de l'époque, ce mode de fonctionnement était parfaitement intégré.

La logique de compétences

Les bouleversements économiques des années 80 conduisent les DRH à réviser en profondeur leurs politiques et pratiques.

G. Le Boterf estime que la logique de qualification ne convient plus aux entreprises souhaitant changer leur organisation du travail : la notion de compétences n'étant plus seulement focalisée sur le poste de travail permet de prendre en compte les efforts des salariés en matière de polyvalence et de réactivité. Elle est, en cela, mieux adaptée aux exigences actuelles de flexibilité des entreprises. Il définit la compétence comme un savoir-agir reconnu.

Pour F. Osty, la compétence est comprise comme savoir pratique, mais aussi comme mode de régulation du marché du travail interne dans une entreprise. En fonction de son niveau de compétences, le salarié peut postuler à des possibilités de promotion en faisant valoir son adéquation au profil recherché.

D'une manière plus générale, les compétences d'un individu sont composées de trois éléments : ses savoirs, ses savoir-faire et son savoir-être.

L'entreprise apprenante

Le développement de mécanismes d'apprentissage collectifs dans les entreprises témoigne de la mise en pratique de la logique de compétences. Les entreprises qui délaissent ainsi la logique de qualification au profit d'une logique de compétences sont alors qualifiées d'entreprises apprenantes.

La fonction RH doit alors veiller à la mise en place des pratiques suivantes :

- un management par les compétences, ce qui implique une bonne connaissance des activités et compétences existant dans l'organisation ; une prospective des activités et compétences à développer ;
- une mise en forme des procédures et modes opératoires pour la transmission des savoirs ;
- la formation continue de tous les salariés, la capitalisation des connaissances ainsi que la diffusion des bonnes pratiques dans le cadre d'une organisation communicante.

Manager par les compétences : un virage à prendre

La dimension humaine est désormais considérée comme faisant partie des actifs de l'entreprise. Nous constatons que les modèles d'hier ont montré leurs limites [...].

Ce qu'est le management par les compétences

Avant de décrire le management par les compétences, il est nécessaire de positionner l'ensemble des démarches actuelles autour de la compétence. Nous avons identifié trois niveaux représentés sous forme de pyramide :

Le niveau 1 : la gestion des compétences

Le premier niveau, ou niveau de base, constitue la première étape dans une démarche compétences complète. Le niveau 1 est plutôt descriptif et permet de faire un état des lieux de l'existant. La démarche est pilotée par la direction des ressources humaines, dont le rôle va être, d'une part, de répertorier l'ensemble des compétences requises par métiers de l'entreprise et, d'autre part, les compétences détenues par les salariés, afin d'aboutir à terme à la meilleure adéquation entre les besoins (les métiers et les fonctions de l'entreprise) et les ressources (les hommes).

Le niveau 2 : le management des compétences

Le niveau 2 aide à la mise en œuvre opérationnelle de la gestion des compétences de niveau 1. Ce niveau 2 vise à développer les compétences métiers en vue d'améliorer la performance des équipes. Il s'inscrit dans le champ managérial. La fonction ressources humaines s'efface devant les managers opérationnels qui deviennent les vecteurs de la démarche et en sont les acteurs clés. Ce transfert de responsabilités, plus difficile à mettre en œuvre car il nécessite l'implication d'un plus grand nombre d'acteurs, permet par contre d'ancrer la démarche dans les pratiques managériales quotidiennes de l'entreprise et d'en démultiplier les bénéfices.

Le niveau 3 : le management par les compétences

Ce dernier niveau permet le pilotage de l'entreprise dans un environnement turbulent. Il a pour objectif de développer l'intelligence « collective » de l'entreprise en incitant les salariés à dynamiser des comportements professionnels favorisant la réussite collective. Il permet d'augmenter et de valoriser le capital humain en créant ainsi un avantage concurrentiel unique. [...]

Les deux volets de la compétence stratégique

Le management par les compétences se structure autour des compétences stratégiques à la fois de l'individu et de l'entreprise :

- **Les compétences stratégiques de l'individu** sont celles qui assurent son employabilité tout au long de la vie. [...] Cette volonté de développer les compétences des individus tout au long de la vie doit être clairement annoncée par les directions et inscrites dans la charte de management de l'entreprise. Sans cet engagement de la direction générale, ce type de politique n'a aucune portée au quotidien.
- **Les compétences stratégiques de l'entreprise** peuvent se situer à tous les niveaux hiérarchiques d'emplois. Une compétence stratégique peut être déclinée sur plusieurs métiers ou familles professionnelles. [...]

Le niveau 3 place la direction générale au premier plan. C'est à elle, assistée par la direction des ressources humaines, d'identifier les compétences stratégiques, et de faire les choix qui engagent l'entreprise sur le long terme. [...]

En conclusion, les niveaux 1, 2 et 3 sont complémentaires les uns des autres. Une démarche compétences exhaustive contient à la fois le niveau 1 (gestion des compétences), le niveau 2 (management des compétences) et le niveau 3 (manager par les compétences).

Cohen A. et Soulier A., Manager par les compétences : un virage à prendre, www.journaldunet.com

L'équilibre effectifs-compétences

Pour éviter les difficultés et coûts supplémentaires, la fonction RH doit maintenir l'équilibre entre les ressources de l'entreprise et ses besoins, aussi bien en ce qui concerne le nombre de salariés que leurs compétences. Autre difficulté, elle doit maintenir cet équilibre à court, moyen et long termes.

Une recherche d'équilibre quantitatif et qualitatif

Équilibre quantitatif et équilibre qualitatif vont de pair.

Équilibre quantitatif. L'entreprise doit veiller à ce que l'effectif de ses salariés soit adapté à son volume de production. Elle ne peut supporter ni sous-effectif ni sureffectif, au risque de mettre la production en danger. L'équilibre quantitatif est cependant insuffisant à lui seul : rien ne sert d'avoir le bon niveau d'effectif si les compétences des salariés sont inadaptées.

Équilibre qualitatif. Il s'exprime en termes de compétences. Les salariés doivent disposer du type de compétences et du niveau de compétences nécessaires à l'activité de l'entreprise.

Les situations de déséquilibre et leurs conséquences

Il existe différentes situations de déséquilibre :

- *Déficit quantitatif.* Les effectifs sont insuffisants : l'entreprise risque de ne pas pouvoir répondre au volume de la demande.
- *Excédent quantitatif.* Les effectifs sont trop importants : la masse salariale est trop importante au regard du chiffre d'affaires généré.
- *Déficit qualitatif.* Les compétences sont insuffisantes : risque de mauvaise qualité de la production.
- *Excédent qualitatif.* Les compétences étant supérieures aux besoins, cela génère, d'une part, un surcoût lié à la rémunération des compétences non utilisées, et d'autre part, une insatisfaction des salariés, qui ne peuvent pas exploiter leurs compétences.

Certaines situations sont plus problématiques parce qu'elles combinent des déséquilibres quantitatifs et qualitatifs. Les déséquilibres peuvent en outre être cachés. Il est par exemple possible que les différents sites de production d'une entreprise soient chacun dans des situations de déséquilibre mais qu'en apparence, la situation semble équilibrée. Dans ce cas, les effectifs et/ou les compétences sont mal répartis à l'intérieur de l'entreprise.

Les moyens pour maintenir l'équilibre

Sur la cible (voir page ci-contre), seule la position centrale est optimale : elle conjugue le bon niveau d'effectifs au bon niveau de compétences. Cette position est celle que doit s'efforcer d'atteindre et de maintenir la fonction ressources humaines, car elle seule permet à l'entreprise d'optimiser ses ressources humaines. Les dispositifs qu'elle peut utiliser diffèrent selon l'horizon temporel fixé.

- *À court terme* : variation du temps de travail, recours aux heures supplémentaires, aux contrats à durée déterminée, au travail temporaire (voir page 38, La gestion des besoins à court terme).
- *À moyen et long terme* : formation des salariés, mobilité interne, gestion prévisionnelle des emplois et des compétences, licenciements (voir page 40, La GPEC).

UN DIFFICILE ÉQUILIBRE

Les surdiplômés de la fonction publique

Conséquence de l'accroissement du nombre de diplômés de l'enseignement supérieur et d'un taux de chômage élevé, l'État recrute dans la fonction publique des salariés surdiplômés, c'est-à-dire des personnes qui auraient théoriquement pu être recrutées sur un poste de catégorie supérieure compte tenu de leur niveau de diplôme.

Pour passer le concours permettant d'accéder à un poste de secrétaire administratif, le niveau de diplôme requis est bas. Or il n'est pas rare que les personnes recrutées soient de niveau bac + 4. Il semblerait que ces fonctionnaires surdiplômés soient, comparativement aux autres, plus mécontents de leurs conditions de travail et plus démotivés. Cela s'explique par le fait que, même si elles ont posé en connaissance de cause leur candidature à un poste inférieur au niveau de leur diplôme, ces personnes risquent de se sentir frustrées de ne pas pouvoir utiliser pleinement leurs compétences et de ne pas disposer de l'autonomie qu'elles souhaiteraient. Il y a là une véritable problématique de gestion des ressources humaines.

Cette situation, néfaste aussi bien pour les fonctionnaires en question que pour leur administration, n'ira qu'en se dégradant si le système de promotion et de mobilité géographique ne permet pas de les faire évoluer.

POUR EN SAVOIR PLUS

T. Duvillier, J.-L. Genard, A. Piraux, *La Motivation au travail dans les services publics*, Paris, L'Harmattan, 2003.

La cible à atteindre

Une difficulté importante pour l'entreprise est de réussir à déterminer le « juste niveau » qualitatif et quantitatif.

D'un point de vue quantitatif, la DRH peut se baser sur son expérience : en fonction du niveau de la demande des clients, elle est en mesure de définir l'effectif nécessaire au bon déroulement du processus de production. Ceci n'est possible que si l'entreprise n'a pas investi récemment dans de nouveaux outils de production ayant eu pour conséquence d'augmenter la productivité. La DRH peut également comparer le ratio effectif/production de l'entreprise à celui de ses principaux concurrents pour essayer de déterminer l'effectif optimal.

Déterminer le niveau de compétences optimal est plus difficile. Il est en effet nécessaire de connaître précisément les compétences nécessaires pour chacun des postes de l'entreprise – ce qui n'est pas toujours le cas –, et de savoir également quelles sont les compétences détenues par les salariés, ce qui nécessite un système d'évaluation performant.

Cette nécessité de déterminer le juste niveau de compétences est d'autant plus importante qu'il peut être utile de former les salariés aux besoins futurs de l'entreprise. Dans ce cas, à un moment donné, un certain nombre de salariés aura nécessairement un niveau de compétences supérieur au besoin immédiat.

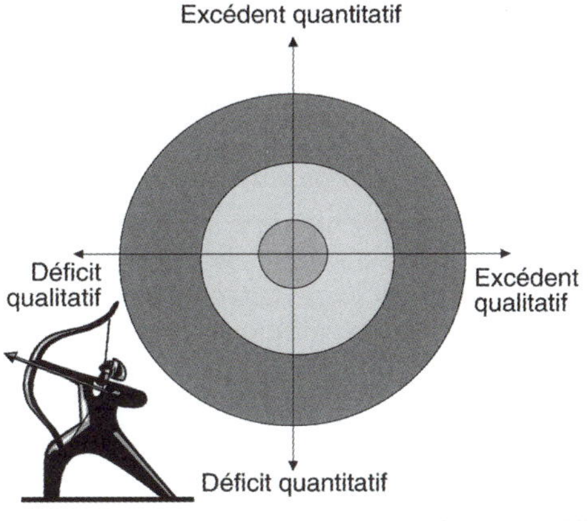

La gestion des besoins à court terme

Les variations de l'activité de l'entreprise sont un défi que doit relever la fonction RH : elle doit à la fois mesurer l'ampleur de ces variations et y faire face. Plusieurs solutions sont à sa disposition, différentes en fonction du type, de l'ampleur et du degré de prévisibilité de ces variations.

Gérer une hausse d'activité non prévisible

- Les heures supplémentaires : le contingent d'heures supplémentaires est fixé par décret à 220 heures par an et par salarié, ou fixé par accord de branche. Ces heures supplémentaires donnent droit à une majoration de salaire et un repos compensateur. Leur utilisation doit respecter la durée maximale de travail et le temps de repos entre deux prises de poste.
- Le contrat à durée déterminée : le CDD est conclu pour une durée totale qui, renouvellement compris, ne peut excéder 24 mois. Un employeur peut y avoir recours pour remplacer un salarié absent (sauf en cas de grève), pour couvrir un besoin saisonnier ou un accroissement d'activité jugé temporaire. Le CDD à objet défini, issu de la loi du 25 juin 2008, est spécifiquement réservé aux ingénieurs et cadres et peut durer jusqu'à 36 mois.
- L'intérim : l'entreprise fait appel à une agence d'intérim ou à une entreprise de travail temporaire pour trouver des salariés correspondant à ses besoins ponctuels. Les conditions permettant de recourir à ce type de contrat sont les mêmes que pour le CDD.

Gérer une baisse d'activité non prévisible

- Le non-renouvellement des CDD et des contrats d'intérim : la DRH doit alors s'assurer que certaines compétences clés ne sont pas exclusivement détenues par les collaborateurs concernés.
- L'arrêt des heures supplémentaires : ce mécanisme, qui ne présente aucun obstacle, est difficile à faire accepter aux salariés, qui comptaient parfois dessus pour rembourser un crédit, par exemple.
- Le chômage partiel : dans des circonstances exceptionnelles (par exemple, à l'occasion d'un sinistre), l'employeur peut fermer provisoirement son entreprise.
- Les licenciements économiques : cette procédure, très encadrée par la loi, est la conséquence d'une baisse d'activité jugée durable.

Gérer une saisonnalité de l'activité

- Lorsqu'une entreprise a une activité saisonnière (par exemple, les vendeurs de jouets), elle peut répartir la durée du travail sur une période supérieure à la semaine et au plus égale à l'année : c'est l'aménagement du temps de travail. La signature d'un accord d'entreprise est nécessaire à sa mise en place.
- Le temps de travail varie en fonction des besoins (par exemple, 40 heures pendant les pics d'activité, 30 heures en période creuse), en faisant en sorte que, sur la période, la durée hebdomadaire moyenne du travail soit de 35 heures. L'employeur évite ainsi les surcoûts liés au paiement des heures supplémentaires ou au recours à des contrats plus onéreux comme les CDD ou l'intérim.

MESURES INDIVIDUELLES, MESURES COLLECTIVES

Des accords défensifs et offensifs pour s'adapter

Depuis 2018, les entreprises peuvent anticiper et s'adapter plus rapidement à des évolutions du marché et de leur activité, que ce soit à la hausse ou à la baisse, par le biais d'un accord majoritaire simplifié. L'objectif de ces « accords de compétitivité » est donc de répondre aux nécessités liées au fonctionnement de l'entreprise et de préserver, ou de développer, l'emploi. L'accord peut donc aussi bien être « défensif » dans le cas de difficultés économiques, que « offensif » dans le cas, par exemple, de l'obtention d'un gros contrat.

Concrètement, l'accord peut porter sur :

– l'aménagement de la durée du travail, ses modalités d'organisation et de répartition ;

– l'aménagement de la rémunération dans le respect du SMIC et des salaires minimas conventionnels ;

– la détermination des conditions de la mobilité professionnelle ou géographique interne à l'entreprise. Le contenu de l'accord est relativement libre, la seule obligation étant de prévoir un préambule qui définit les objectifs poursuivis.

Cet accord l'emporte sur les termes du contrat de travail de chaque salarié de l'entreprise (il peut donc prévoir des modalités de rémunération ou de mobilité moins favorables au salarié que ce qui a été négocié à l'origine dans le contrat de travail entre l'employeur et lui). Le salarié a le droit de refuser la modification de son contrat de travail résultant de l'application de l'accord mais, dans ce cas, son employeur a lui-même le droit de le licencier.

Des « CDI de chantier ou d'opération »

Existant depuis longtemps dans certains secteurs d'activité (comme celui du bâtiment et des travaux publics), ce type de contrat de travail peut désormais être conclu dans tous les secteurs d'activité (sous réserve que les partenaires sociaux le prévoient au niveau de la branche d'activité).

Ce contrat de travail est bien un CDI mais, comme son nom l'indique, conclu pour la durée d'un chantier ou d'une opération. Il est donc particulièrement intéressant pour les entreprises qui mettent en œuvre des projets pour lesquels elles ne peuvent pas connaître dès l'origine la date de fin. Le CDI de chantier s'arrête quand la mission ou le projet qui sous-tendait son existence arrive à sa fin. Cette durée peut être de quelques semaines comme de quelques mois ou années. Le salarié perçoit des indemnités de licenciement. Ce contrat offre les mêmes droits et protections qu'un CDI classique, notamment en termes de formation, mais pas de garantie d'emploi à long terme. Il offre en ce sens aux entreprises une flexibilité quant au volume d'emploi auquel elles ont recours.

La gestion des besoins à long terme : la GPEC

La Gestion prévisionnelle des emplois et des compétences est une démarche adoptée par la fonction RH afin de gérer les besoins à long terme de l'entreprise, tant en termes d'effectifs que de compétences. Sa mise en œuvre permet également d'améliorer l'employabilité des salariés.

La GPEC : une démarche dirigée vers l'avenir

La GPEC est une démarche destinée à anticiper les écarts entre besoins et ressources (qualitatifs et quantitatifs) d'une entreprise pour pouvoir les réduire si nécessaire. Elle conçoit, met en application et contrôle les politiques et pratiques nécessaires à cette fin.

La GPEC implique quatre types d'analyses prévisionnelles touchant :

- *aux emplois* : analyse des changements de contenus des métiers ;
- *aux effectifs* : analyse des ressources et des besoins futurs de l'entreprise en termes de salariés ;
- *aux compétences* : analyse des ressources et des besoins futurs en termes de compétences individuelles ;
- *aux carrières* : analyse des plans de carrière envisageables pour les salariés.

Méthodologie

La GPEC repose sur quatre étapes.

La détermination des emplois types : après avoir élaboré une typologie des métiers de l'entreprise, la RH doit, au regard de l'évolution probable de l'environnement de l'entreprise, distinguer au sein de ces métiers les emplois prioritaires et les emplois menacés.

La constitution d'une nomenclature des métiers : l'analyse de l'ensemble des emplois-types permet de déterminer les grandes familles professionnelles et d'envisager différents ponts entre certains corps de métiers. Dans le cas, par exemple, d'une entreprise de services informatiques, le passage d'un poste d'expert en maintenance de réseaux informatiques à un poste de téléconseiller en centre d'appels correspond au passage d'un métier de technicien à un métier de technico-commercial.

L'élaboration du référentiel de compétences : sur la base de l'analyse des activités actuelles et futures, il convient de définir les compétences qui seront nécessaires à l'avenir. Cette analyse nécessite de prendre en compte des indicateurs tels que la pyramide des âges de l'entreprise, les niveaux d'ancienneté, de classification, etc.

L'établissement d'un plan d'action : en fonction des besoins déterminés, ce plan peut amener au recrutement, à l'élaboration d'un plan de formation, à des politiques de mobilité interne. Les entretiens d'évaluation des salariés permettent d'en préciser les modalités.

Un outil au service de l'employabilité

Afin de conserver un bon niveau d'employabilité (capacité pour un salarié de garder son emploi ou d'en retrouver rapidement un autre), les salariés déjà en poste ont avantage à travailler dans un domaine professionnel qui n'est pas menacé. En liant de manière fine les analyses issues de la GPEC avec la politique de formation de l'entreprise, la fonction RH gère le problème de l'obsolescence rapide des compétences des salariés au regard des besoins.

LES PRATIQUES DE GPEC

GPEC et TPE-PME

Dans les TPE-PME, l'engouement est engouement moindre, les explications principales étant la difficulté de se projeter dans un contexte de crise mais aussi les craintes d'un trop fort impact financier. La GPEC n'est pas obligatoire pour les PME, contrairement aux entreprises de plus de 300 salariés. Pourtant, elle peut, voire doit, constituer un allié en ces temps difficiles afin de donner du sens à l'action. Il existe de nombreuses aides ou dispositifs spécifiquement dédiés aux TPE-PME. Il s'agit le plus souvent de permettre aux entreprises de bénéficier, à moindre coût, de l'expertise et du suivi de professionnels spécialisés en GPEC. Les offres de l'ANACT (Agence nationale pour l'amélioration de conditions de travail), des OPCA ou encore de la CGPME (en collaboration avec l'Union Européenne) s'inscrivent dans cette perspective.

Deux exemples d'accords récents

EDF

L'accord GPEC 2019-2021 intervient dans un contexte de renouvellement important des compétences du fait des départs à la retraite, d'évolution de l'activité et de mutations technologiques. Sa principale ambition est d'anticiper l'évolution des métiers, des emplois et des compétences, de préciser les politiques RH qui seront mises en œuvre à cette fin, mais aussi de contribuer à la qualité du dialogue social et de sécuriser les parcours professionnels. L'accord prévoit notamment de développer la communication vers les salariés, de leur proposer des entretiens aux moments clés de leur carrière et de les accompagner dans leurs projets.

Renault

L'accord GPEC « CAP 2020 » signé en février 2011, repose sur la mise en place d'un observatoire des métiers. Une focalisation particulière porte sur les métiers « sensibles » voués à une disparition quasi certaine, justifiant ainsi des incitations pour des départs anticipés à la retraite ou encore des facilités en matière de mobilité interne ou externe. Sur les 7 500 suppressions de postes annoncées en France, 1 800 seraient directement appréhendées par l'accord GPEC. Dans cette optique, des analystes estiment que Renault utilise la GPEC pour éviter le plan social.

Accord National Interprofessionnel du 11 janvier 2013 et GPEC

Cet accord est à l'origine de la loi du 14 juin 2013 relative à la sécurisation de l'emploi. Une volonté de renforcer explicitement ou implicitement la GPEC se dégage de certains articles : meilleure articulation négociation GPEC et plan de formation (art. 14), mobilité interne (art. 15).

Le processus de recrutement

Le recrutement est un acte de management stratégique qui conditionne la performance d'une entreprise. Tout processus de recrutement suit une démarche en cinq étapes. Traditionnellement réalisé par la fonction RH, il peut être externalisé totalement ou en partie.

Les cinq étapes du processus de recrutement

La définition du besoin : recruter répond à un besoin planifié par la GPEC, ou provoqué par le départ non anticipé d'un collaborateur. Cette première étape consiste à réaliser une description du poste à pourvoir en précisant les compétences et le profil souhaités.

La recherche des candidats : l'annonce de recrutement est diffusée. Deux voies de recrutement sont possibles : le recrutement interne en premier lieu, si un collaborateur actuel correspond au profil recherché ; le recrutement externe dans le cas contraire.

La sélection des candidats : elle s'effectue selon des méthodes variables d'une entreprise à l'autre. Souvent, l'analyse du *Curriculum Vitae* et de la lettre de motivation permet d'effectuer une présélection. Suivent alors d'éventuels tests (intellectuels, de personnalité), avant l'étape importante de l'entretien d'embauche, qui se conclut par le choix du candidat à recruter.

La rédaction du contrat de travail : l'embauche du nouveau salarié nécessite de choisir le contrat de travail le mieux adapté (CDI, CDD, etc.), de le rédiger et d'accomplir certaines formalités administratives.

L'intégration de l'embauché : elle permet au nouvel embauché de prendre connaissance de son environnement de travail. Il est donc important de procéder à une visite approfondie de l'entreprise et à la présentation de ses futurs collègues.

L'externalisation du processus de recrutement

Afin de mener à bien les activités de recrutement de son entreprise, un directeur des ressources humaines a le choix entre deux solutions :
- gérer les recrutements en interne, au sein de la DRH ;
- externaliser tout ou partie du processus de recrutement en faisant appel à des prestataires extérieurs.

L'externalisation du processus de recrutement gagne de plus en plus d'entreprises. Cela s'explique par trois facteurs :
- une banalisation de l'externalisation, qui touche désormais toutes les fonctions de l'entreprise. Les DRH peuvent d'ailleurs décider de n'externaliser que quelques étapes de ce processus, gardant ainsi le contrôle des étapes considérées comme les plus stratégiques ;
- le poids d'un recrutement en termes de temps et d'argent : il peut être plus rentable pour l'entreprise de l'externaliser ;
- le niveau de professionnalisation de certains prestataires extérieurs (comme les cabinets de recrutement), désormais jugé satisfaisant par les DRH, réduisant ainsi les risques de l'externalisation.

LE COÛT DU PROCESSUS DE RECRUTEMENT

Plusieurs salariés de l'entreprise et/ou personnes extérieures consacrent du temps et donc de l'argent au processus de recrutement. À ces coûts internes s'ajoutent les dépenses réalisées auprès de prestataires externes.

Le document ci-dessous permet à l'entreprise d'évaluer le coût global de chaque recrutement qu'elle réalise, mais également de le décomposer selon les différentes étapes du recrutement.

Exemple de grille permettant à l'entreprise d'analyser le coût d'un recrutement

Actions réalisées	Temps passé	Coût/ heure	Frais internes	Frais externes
Analyse du besoin :				
– Définition du poste et détermination du profil par les opérationnels – Réflexion sur le poste et profil par le chargé du recrutement – Réunion entre opérationnels et chargé du recrutement – Réunion d'approbation sur le poste, profil, démarche				
Conception et rédaction :				
– Rédaction du poste et du profil – Choix des supports pour l'annonce – Description de l'annonce – Choix des outils (test)				
Tri des dossiers de candidature :				
– Analyse de l'ensemble des CV (ouverture, lecture, 1er tri) – Examen approfondi de plusieurs dossiers				
Entretien de recrutement :				
– RDV téléphonique – Convocation aux entretiens – 1re sélection (préparation, entretien et compte-rendu) – 2e sélection				
Outils complémentaires :				
– Passation de tests – Prise de références				
Prise de décision :				
– Choix du candidat – Réflexion sur les conditions d'embauche et l'intégration				
Gestion administrative :				
– Accueil – Constitution des dossiers – Courriers (convocations, réponses) – Formalités juridiques d'embauche				
Divers :				
– Parrainage – Formation				
Total				

Extrait de Capital' RH, Les ressources humaines en pratique, CCI Paris-Ile-De-France, www.entreprises.cci-paris-idf.fr/.

La définition du besoin

La première étape du recrutement est de bien définir le besoin de l'entreprise, afin de choisir le candidat qui y répondra le mieux. Cette définition passe par la description du poste à pourvoir, qui donnera lieu à la rédaction d'une fiche de poste, ou à sa mise à jour lorsqu'elle existe déjà.

Les techniques de description du poste

Si le recrutement a pu être anticipé, on demande tout d'abord au titulaire actuel du poste d'en faire une première description. Celle-ci étant forcément parcellaire, elle doit être complétée par des informations obtenues grâce à l'application d'autres techniques, parfois menées par des consultants spécialisés.

• *Une description* d'une durée de travail jugée représentative : le titulaire actuel du poste note tout ce qu'il fait durant la période d'observation. Cette période peut s'étendre sur une journée, une semaine, ou sur différentes journées dans le cas d'une variabilité du travail. La description révèle également l'importance relative de chaque tâche ou encore les difficultés rencontrées.

• *Un entretien* avec le titulaire du poste : cet entretien peut s'effectuer individuellement ou collectivement, avec ses collègues, et être mené soit par un responsable hiérarchique, soit par un consultant spécialisé. Il donne lieu à une synthèse écrite.

• *Une observation directe* : elle peut être effectuée par un collègue, un supérieur ou un consultant spécialisé. Elle offre l'avantage de pouvoir analyser le travail en situation réelle. Cette observation est parfois filmée et fait l'objet de discussions avec le titulaire.

Le contenu d'une description de poste

La question majeure est : « Qui fait quoi ? » Une fiche de description de poste ne peut pas être exhaustive, mais doit comporter au minimum les éléments suivants :

• *la fonction* : intitulé du poste, localisation géographique du poste, position du salarié dans l'organigramme ;

• *la mission*, ou finalité du poste ;

• *les activités* : description des différentes tâches que doit réaliser le titulaire du poste, en distinguant leur niveau d'importance ;

• *les responsabilités* : responsabilités d'encadrement et responsabilités individuelles, ce qui peut également se traduire par le niveau de délégation attribué (droit de passer des commandes sans avoir besoin de l'autorisation du supérieur hiérarchique, par exemple).

Un outil d'analyse de l'organisation

Lorsqu'elle est réalisée correctement, une description de poste s'avère un véritable outil de management au service de l'amélioration de la performance des organisations :

• elle est un premier pas pour la mise en place de la GPEC, car elle permet de recenser précisément les différents emplois présents dans l'entreprise ;

• elle permet de révéler des problèmes liés à la répartition des responsabilités ou d'identifier des optimisations possibles dans les processus de travail.

EXEMPLE DE FICHE DE DESCRIPTION DE POSTE : COMPTABLE

Thierry Goureux, un comptable de l'entreprise BatiCharpentes SA va bientôt partir en retraite. Afin de préparer au mieux le recrutement de son successeur, la direction des ressources humaines décide d'élaborer la fiche de description de son poste. Un membre de l'équipe RH demande au comptable de rédiger une synthèse de son poste (missions, compétences, responsabilités). Ces informations sont ensuite confrontées à celles obtenues à l'issue d'un entretien réalisé avec sa supérieure hiérarchique. À partir de toutes ces informations, le service RH rédige la fiche de description de poste suivante :

Intitulé du poste : Comptable Direction ou service : service Comptabilité - Finance Localisation géographique : Usine de Lyon Nom du titulaire du poste : Goureux Thierry Dépend hiérarchiquement de : Depower Agathe Travaille avec : Hea Aline, Odan Jemal Polyvalence sur le poste avec : Hea Aline
Mission (rôle) : Assure la tenue des comptes et l'établissement des documents de fin d'année, en relation avec la direction comptable de l'entreprise.
Activités et tâches :
– Enregistrement des commandes – Enregistrement des facturations et des paiements clients – Gestion de la TVA – Établissement des bilans et comptes de résultat en fin d'exercice comptable – Reporting mensuel des comptes auprès de la direction
Moyens et contraintes :
– Utilisation du logiciel comptable et de SAP – Utilisation des outils bureautiques et d'Internet – Actualisation des connaissances par le biais de stages de formation périodiques – Activité soutenue et rythme de travail rapide – Périodes de très forte activité à la clôture des comptes
Compétences requises :
Savoirs : - Connaissance approfondie de la comptabilité générale - Connaissance des normes IFRS - Connaissance des techniques de consolidation - Connaissances de base en droit fiscal Savoir-faire : - Capacité à gérer et structurer un volume très important de données - Capacité à respecter les délais - Capacité à gérer l'ensemble des opérations comptables Savoir-être : - Rigoureux - Sens de l'organisation
Niveau de responsabilité :
– Responsable du reporting mensuel – Responsable du service en cas d'absence du chef comptable
Mode d'accès au poste :
– Promotion interne à partir d'un poste d'assistant – Recrutement externe à un niveau BAC+2 minimum : DUT Gestion des entreprises et des administrations

La recherche des candidats

Après avoir précisé les besoins de l'entreprise, défini le poste et le profil du candidat, le responsable du recrutement doit rédiger une annonce et déterminer les moyens de prospection les plus adéquats.

La rédaction de l'annonce de recrutement

Une bonne annonce est celle qui n'attire que les candidatures adéquates. Elle est habituellement rédigée suivant le modèle de l'entonnoir, qui va du général au particulier.

Pour être efficace, une annonce doit comporter les éléments suivants :

- *une introduction « accrocheuse »* qui souligne l'opportunité offerte par ce poste, mais qui interroge également la motivation des éventuels candidats ;
- *une présentation succincte de l'entreprise* : les différentes activités, les effectifs, la localisation, les principaux projets…
- *une définition du poste recherché* : la fonction, les différentes missions, les responsabilités, le positionnement dans l'entreprise ;
- *la description du profil du candidat* : les compétences et les qualités personnelles recherchées chez le candidat ;
- *les critères de sélection* : qualifications, diplômes, niveau d'expérience ;
- *la marche à suivre* pour répondre à l'annonce : liste des pièces à fournir, adresse de réponse, etc.

Les différentes méthodes de prospection

En fonction du budget disponible, du degré d'urgence du recrutement et de l'importance stratégique du poste, les recruteurs ont le choix entre différentes méthodes de prospection, traditionnelles ou innovantes.

Le recrutement interne. Dans le cadre d'une politique de mobilité, un salarié déjà en poste et présentant le profil adéquat ou le potentiel pour répondre aux attentes est recherché. L'entreprise doit toujours informer ses salariés d'une procédure de recrutement avant de procéder à une diffusion externe.

Le bouche-à-oreille. Faire jouer ses relations demeure l'une des méthodes les plus utilisées, notamment dans les PME. Elle semble *a priori* moins coûteuse, mais n'est pas exempte de risques (trop grande part d'affectif dans la décision).

Les candidatures spontanées. Ces candidatures sont analysées en fonction des besoins du moment. Cette solution nécessite un archivage sérieux.

La publication de l'annonce dans la presse quotidienne ou spécialisée. Il s'agit de l'une des méthodes les plus utilisées mais son coût est très élevé (prix des annonces et temps nécessaire pour traiter le grand nombre de candidatures reçues).

La sollicitation du Pôle emploi et des autres organismes spécialisés comme l'APEC. Le volume des candidats potentiels reste le grand avantage de cette méthode.

Le recours à un chasseur de têtes. Son prix élevé en fait une méthode que l'on réserve plutôt à des profils rares et/ou d'une importance stratégique majeure pour l'entreprise.

Le recrutement en ligne. Il peut se faire *via* une rubrique « recrutement » sur le site de l'entreprise, par les réseaux sociaux (*cf.* page 49) ou par des actions plus agressives (e-mails ciblés, etc.).

LES CHASSEURS DE TÊTES

La mission des chasseurs de têtes

Concept arrivé des États-Unis dans les années 60, la « chasse de têtes » a fait florès en France. Aujourd'hui, 1 350 cabinets déclarent faire de la chasse de têtes, pour seulement 600 en 1995. [...] Les 14 plus grands cabinets sont regroupés dans l'Aprocerd, l'association professionnelle la plus connue du secteur. Le chasseur de têtes a un rôle de conseil auprès de l'entreprise cliente : à partir de ses besoins, il l'aide à élaborer le profil du candidat idéal, détermine le mode de recrutement, sélectionne les candidats et, enfin, présente une *short list*, en moyenne trois ou quatre candidats, à son client. Il est rémunéré par des honoraires s'élevant généralement à un tiers du salaire annuel brut du poste à pourvoir et qui sont versés en trois fois, à la signature du contrat, lors de la présentation des candidats et à l'embauche de la nouvelle recrue. Toutefois, le chasseur de têtes s'engage à reprendre sa mission gratuitement si l'entreprise s'aperçoit, dans les six ou douze mois qui suivent l'embauche, que le candidat retenu ne fait finalement pas l'affaire.

V. Yvernaut, « L'envol des grands veneurs », *L'Express*.

Des enquêtes approfondies sur la vie des candidats potentiels

Les responsables des ressources humaines le jurent : croix de bois, croix de fer, ils ferment les yeux sur la vie privée de leurs collaborateurs. Célibataires, divorcés, mariés ? Avec ou sans enfants à charge ? Cela ne les regarde pas. Mais les chasseurs de têtes et autres spécialistes du recrutement n'ont pas pareille pudeur : la situation de famille des candidats à un emploi les intéresse diablement. Face aux célibataires sans progéniture, ils hésitent. Certes, les solos sont flexibles, productifs et mobiles. Mais sont-ils bien dans leur peau ? « Les recruteurs se méfient de ceux qui n'ont pas choisi le célibat et qui comblent leur vide psychoaffectif par un surinvestissement dans le travail, observe le coach d'entreprise Pierre Blanc-Sahnoun. À long terme, c'est un pari perdant, porteur de frustrations. » « Face à une candidate de 30 ou 35 ans sans enfants, les employeurs se disent qu'elle ne va pas tarder à fonder un foyer, indique la chasseuse de têtes Catherine Euvrard. Ou bien qu'elle doit être insupportable si elle n'est pas casée à cet âge-là ! » Les mâles de 40-45 ans qui ne vivent pas en couple sont, eux, regardés de travers. « Je me demande s'ils sont homos, impuissants ou coureurs de jupons. Ou s'ils ont un problème avec leur maman », lâche un spécialiste du recrutement.

Les entreprises ne sont pas à une contradiction près. « D'un côté, elles apprécient ces célibataires qui peuvent se consacrer sans entraves à leur boulot, analyse le sociologue Jean-Claude Kaufmann. De l'autre, elles restent marquées par la norme du mariage et de la famille. » Au fond, rien de tel qu'un homme dont l'épouse assure la logistique de la vie familiale. Ou sa variante féminine : la femme cadre dont le mari est fonctionnaire ou exerce son activité à domicile. « De plus en plus de femmes mettent en avant le fait que leur conjoint n'a pas un boulot très prenant, ce qui lui permet de s'occuper des enfants », raconte Catherine Euvrard. Troisième profil, chéri des patrons : le célibataire de la semaine. « Une catégorie, à 99 % masculine, en pleine expansion : ils travaillent comme des fous à Paris du lundi au vendredi et rejoignent femme et enfants, le week-end, à Bordeaux, Nantes ou Aix-en-Provence », précise la chasseuse de têtes Jackie Tod.

A. Vidalie, « Le célibataire et le travail », *L'Express*.

Le recrutement en ligne

Dans un contexte où le temps de réaction est devenu un élément stratégique pour les entreprises, l'apport des technologies informatiques est important, notamment sur l'aide au recrutement. Il peut se limiter à un simple affichage de poste ou gérer les candidatures.

Le recrutement interne

Les entreprises ont développé sur leur intranet RH des bourses d'emploi en ligne. Chaque poste à pourvoir y est répertorié avec plus ou moins de précisions : liens sur la fiche de poste, situation géographique exacte du lieu de travail, etc. Ces bourses d'emploi permettent aux grands groupes de mettre en avant l'ensemble des opportunités offertes à leurs salariés.

L'entreprise peut se contenter d'afficher la liste des postes vacants tout en conservant ses procédures existantes (le salarié transmet sa demande de mutation par le biais de sa ligne hiérarchique) ou, au contraire, permettre au salarié d'entrer directement en contact avec le manageur du poste vacant sans en informer son propre supérieur hiérarchique. Dans ce cas, la relation entre le salarié et son manageur en est modifiée : ce type d'outil de e-recrutement nécessite de la part des manageurs plus de dialogue et de suivi envers les membres de leurs équipes.

Le recrutement externe

On distingue deux types de sites Internet aidant au recrutement.

Les sites emplois spécialisés ou *jobboards* : ce sont le point d'entrée des candidats dans leur recherche d'emploi sur Internet. Les principaux sont ceux du Pôle emploi (www.pole-emploi.fr) et de l'APEC (www.apec.fr), mais il en existe de nombreux autres tels que www.cadremploi.fr, www.indeed.fr, www.regionsjob.com, www.keljob.com, ou www.monster.fr. Ils permettent aux entreprises de diffuser leurs offres d'emploi, et aux candidats d'y répondre ou de déposer leur CV dans la bibliothèque de CV du site. C'est la méthode de e-recrutement la plus facile pour les PME.

Les sites institutionnels des entreprises : dans leur rubrique RH, les entreprises peuvent lister les postes à pourvoir et permettre aux candidats de postuler.

Avantages et limites du recrutement en ligne

Les avantages du recrutement en ligne sont nombreux pour l'entreprise :

- publication immédiate des postes et mise à jour permanente ;
- audience très large pour un coût de publication faible ;
- possibilité d'un traitement informatisé des candidatures lorsque le candidat doit remplir des rubriques précises pour postuler ;
- développement d'une image de modernité nécessaire pour attirer les jeunes diplômés.

Cependant, les risques ne sont pas négligeables :

- risque d'être submergé par un volume de candidature, ingérable si l'entreprise ne s'est pas dotée d'un logiciel de traitement informatisé des candidatures. Comme il est très facile aux candidats de répondre à des offres et de déposer leur CV, ils ont tendance à « arroser » les sites Internet ;
- risque de passer à côté de profils intéressants mais écartés automatiquement par le système informatique (par exemple, si le candidat n'avait pas le niveau d'études requis).

LES RÉSEAUX SOCIAUX COMME MOYEN DE MISE EN RELATION

Réseaux sociaux en ligne : désormais indispensables pour chercher un nouvel emploi

Viadeo, LinkedIn ou même Facebook... les réseaux sociaux sont l'un des outils incontournables pour les personnes qui recherchent un nouvel emploi. Réalité ou effet de mode ? Une chose est sûre, on a considéré de tout temps que la moitié des recrutements se fait par le biais du marché « caché », c'est-à-dire grâce aux relations et aux connaissances. Une récente enquête de l'Apec (Associations pour l'emploi des cadres) estime qu'environ un tiers des recrutements des cadres se fait par un autre biais que la classique offre d'emploi, qu'elle soit sur un support papier ou sur Internet : candidatures spontanées, Salons, cooptation, CVthèques sur Internet, réseaux sociaux. D'après la plateforme de mises en relations professionnelles Viadeo, près de 40 % des membres interrogés ont décroché un entretien, alors qu'ils n'étaient pas forcément en phase de recherche d'emploi. Et un rendez-vous sur deux a débouché sur une embauche. Les sites de réseaux sociaux permettent à tout un chacun de retrouver d'anciens collègues ou camarades de classe et de garder contact avec eux. Ils permettent également de prendre contact avec une personne en fonction de sa profession, de son entreprise, etc. Autant de contacts à entretenir et à activer le moment venu. Dans l'autre sens, la plupart des cabinets de recrutement et de plus en plus d'entreprises se servent des réseaux sociaux pour chercher des candidats.

Revers de la médaille, il faut faire attention à ce que l'on affiche sur Internet à propos de soi : votre employeur n'appréciera peut-être pas de constater que vous recherchez ouvertement un nouvel emploi, et un recruteur n'appréciera peut-être pas autant que vous vos photos de soirées arrosées...

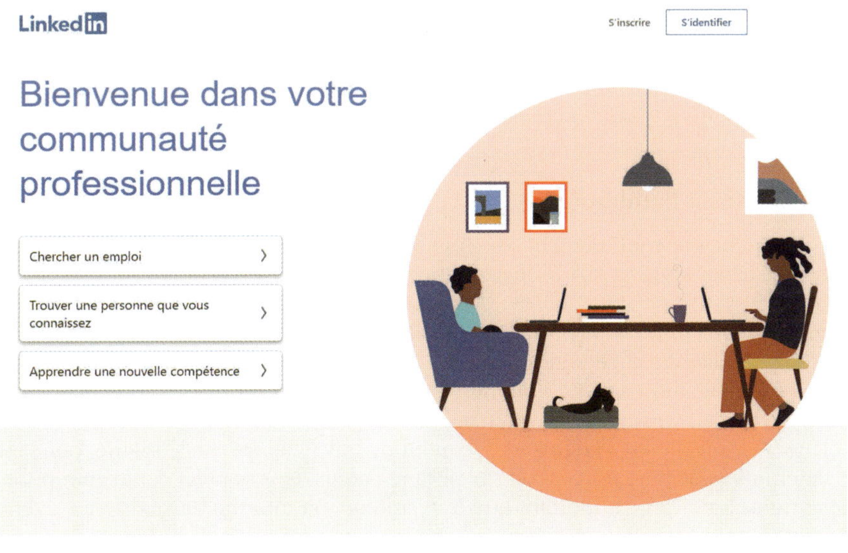

CV et lettre de motivation

La présélection des candidats repose généralement sur l'étude des CV et de la lettre de motivation. Elle consiste à identifier les postulants qui seront conviés à un entretien d'embauche parce que jugés les plus en adéquation avec le poste. Cette étape est la plus difficile du processus de recrutement.

Les différentes phases de la présélection

L'examen des candidatures doit être fait avec méthode et rigueur, en respectant différentes phases.

- *Le premier tri*, effectué au regard des caractéristiques essentielles du poste et du profil du postulant : ne seront retenues que les candidatures correspondant aux critères présentés dans l'annonce (par exemple le diplôme, l'expérience…). Cette phase conduit généralement à écarter plus de 80 % des candidatures.
- *L'examen approfondi du CV* et de la lettre de motivation : certains recruteurs sont parfois amenés à vérifier l'exactitude de toutes les données. Ils n'hésitent pas, par exemple, à appeler l'ancien employeur du candidat. Le fond et la forme de la lettre de motivation peuvent également être décisifs : parmi les qualités requises, les recruteurs attachent beaucoup d'importance au soin apporté à sa rédaction, sa concision, son objectivité, la créativité et l'esprit positif qui s'en dégage.
- *L'élaboration d'un classement* des candidatures : l'utilisation d'une grille de cotation permet de déterminer les candidats qui feront l'objet d'une convocation pour un entretien, ceux dont les références seront conservées pour un autre processus de recrutement, et ceux qui ne seront pas retenus.
- *L'information des candidats* du résultat du processus de sélection : même en cas de refus, il est important, pour la crédibilité de l'entreprise, que celle-ci motive par écrit sa décision.

Les limites à l'embauche

L'employeur peut exercer librement ses choix en matière de sélection des candidats dès lors qu'il respecte certaines dispositions légales concernant aussi bien l'employeur que l'employé, telles que :

- *l'interdiction du cumul d'emplois* : il faut veiller au respect de la durée de travail maximale et à la compatibilité entre certaines activités (les fonctionnaires, par exemple, n'ont pas le droit d'exercer une autre activité rémunérée en plus de leur travail) ;
- l'existence d'une *clause de non-concurrence* dans l'ancien contrat de travail du candidat : cette clause, lorsqu'elle est intégrée à un contrat de travail, empêche le salarié, pendant une durée déterminée, de faire usage d'un savoir-faire acquis dans sa précédente entreprise chez un concurrent. Il est donc important que le recruteur soit informé de l'existence éventuelle d'une telle clause ;
- *l'interdiction des discriminations* : selon la loi, si un recruteur refuse un candidat du fait de son apparence physique, de son âge, de son sexe, de son origine, de sa situation familiale, de ses opinions politiques ou encore de ses convictions religieuses, il s'expose à des sanctions pénales.

LUTTE CONTRE LES DISCRIMINATIONS À L'EMBAUCHE

IKEA : recruter avec la méthode des habiletés

Confronté à une problématique de recrutement de masse et à un contexte politique sensible lors de l'ouverture d'un nouveau magasin en région PACA, IKEA a décidé d'utiliser la méthode de recrutement dite « des habiletés ». Développée par l'ANPE, la méthode des habiletés privilégie l'évaluation factuelle des habiletés cognitives, physiques et relationnelles des candidats. Elle ne s'attache donc pas aux critères potentiellement discriminatoires que peuvent constituer le sexe, l'origine, les qualifications scolaires, etc.

Cette méthode de recrutement comporte plusieurs étapes :

– élaboration de tests théoriques et mises en situation pratiques à partir de l'observation de situations de travail,
– définition du niveau requis,
– invitation des candidats à une réunion d'information,
– convocation pour les entretiens,
– entretiens,
– sélection finale et embauche.

L'utilisation de la méthode des habiletés a eu des résultats très positifs pour IKEA. L'entreprise a en effet pu répondre à la problématique politique locale, éviter toute discrimination dans le recrutement, et recruter des profils qui n'auraient pas été recrutés sur la seule base de l'expérience. Amenée par d'autres éléments à prendre en considération la problématique de la discrimination, l'entreprise a en outre fait appel au sociologue Henri Vacquin pour mener une étude sur les pratiques d'IKEA. La réflexion sur la non-discrimination se poursuit aujourd'hui chez IKEA et l'entreprise devrait prochainement mettre en place de nouvelles actions pour prévenir les discriminations et gérer au mieux la diversité.

Source : Ministère du Travail, www.travail-emploi.gouv.fr

Guide du recruteur pour sensibiliser et former à la diversité – PSA Peugeot Citroën

Objectif : recruter les meilleures compétences et mieux refléter la société et son environnement.

Le guide du recruteur rappelle la loi et en particulier l'article L.122-45 du Code du travail sur la non-discrimination et l'article 225-2 du Code pénal, qui condamne les actes de discrimination jusqu'à trois ans d'emprisonnement et jusqu'à 45 000 euros d'amende.

Il stipule également que toute consigne orale ou écrite reçue par le recruteur qui serait manifestement illégale n'aura pas à être suivie et devra être signalée. Il rappelle l'ensemble des informations qu'il est interdit de collecter et inclut une « fiche de candidature » que les recruteurs doivent utiliser impérativement lors de tout recrutement. Il prodigue des recommandations sur la conduite de l'entretien avec des recommandations particulières pour plusieurs types de populations discriminées (ex. : les candidats provenant de Zones Urbaines Sensibles, les femmes, les salariés âgés, les personnes handicapées).

Il stipule que le candidat sera évalué selon des tests non discriminants comme les tests d'aptitude ou par simulation. Chaque entretien sera suivi d'un compte-rendu et les données concernant chaque candidat seront détruites dans un délai maximal de deux ans.

Source : Défenseur des droits.

Les tests de recrutement

La mise en situation réelle ou simulée n'est pas le seul test associé à une procédure de recrutement. De nombreux autres tests peuvent être utilisés par les recruteurs, afin de « mesurer » les capacités du candidat.

Les différents tests

- *Les tests d'intelligence.* À l'instar du fameux test de quotient intellectuel (QI), ils permettent de mesurer les capacités de raisonnement logique d'un candidat. Le plus souvent, il s'agit de compléter une suite de chiffres ou de lettres. Pour être valable, ce type de test doit reposer uniquement sur la logique pure et ne doit donc pas mobiliser d'autres types de connaissances plus spécifiques. À partir des résultats de ces tests, les recruteurs peuvent généralement juger la capacité du candidat à s'adapter à des situations nouvelles.

Exemple : le test des dominos. Une série de dominos est disposée d'une certaine manière en respectant un ordre logique. À l'intérieur de cette série se trouve un domino vide ; le candidat doit trouver les chiffres qui manquent. Le but est donc de déterminer la logique sous-jacente qui régit la disposition de cette série de dominos.

- *Les tests émotionnels et de personnalité.* Très utilisés, ils permettent de mesurer le quotient émotionnel (QE) et font apparaître les traits de caractère d'un candidat. Sont testés par exemple son impulsivité, son sens du relationnel ou encore son ouverture d'esprit. Il s'agit le plus souvent de tests projectifs ou de mise en situation conçus par des psychologues. Le recruteur s'en sert essentiellement pour mesurer l'aptitude au management d'un candidat.

Exemple : le test PAPI. Des affirmations sont présentées deux par deux ; le candidat doit choisir celle qui lui correspond le mieux. Traduits sous forme de graphique, les résultats détaillent sept traits de caractère : la nature émotionnelle, le dynamisme, l'autorité, la gestion du travail, le style de travail, la sociabilité et les relations à la hiérarchie.

- *Les tests de connaissances.* Ils permettent de mesurer le niveau de culture générale mais aussi d'autres types de connaissances (par exemple, les langues étrangères).

Des précautions à prendre dans l'utilisation des tests

- Les résultats obtenus à ces tests par le candidat sont pris en compte pour la décision finale de recrutement. Les tests étant conçus par des spécialistes (psychologues, par exemple), il est nécessaire que leurs résultats soient interprétés par des spécialistes. Il est interdit de s'improviser psychologue pour déterminer le quotient intellectuel ou émotionnel d'un candidat.

- En France, la grande majorité des entreprises et des cabinets de recrutement ont recours à la graphologie, alors qu'elle n'est utilisée que très rarement dans les autres pays (États-Unis, Grande-Bretagne, Allemagne, Italie, etc.). La pertinence de ce type de test n'est pas, loin s'en faut, scientifiquement démontrée. De plus, les tribunaux français considèrent ces tests comme illicites, car non directement liés au poste à pourvoir. D'autres méthodes encore plus contestables sont parfois utilisées, comme l'astrologie.

EXEMPLES DE TESTS

Tests de QI

1) 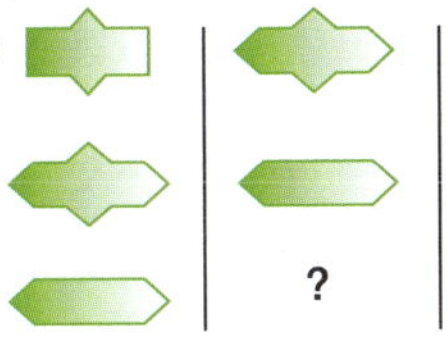

Réponses possibles

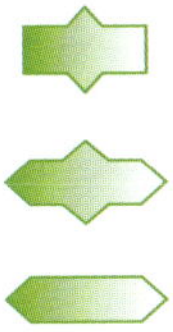

2) 

Réponses possibles

3) 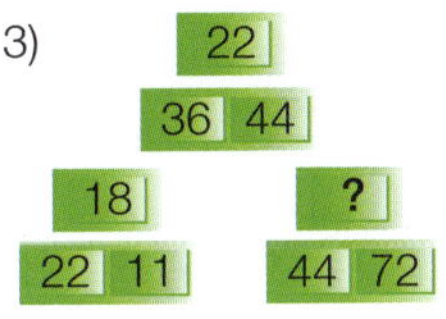

Réponses possibles

4) 

Réponses possibles

Tests de personnalité

1. Je dis souvent oui, alors que je voudrais dire non. VRAI - FAUX
2. Je défends mes droits, sans empiéter sur ceux des autres. VRAI - FAUX
3. Je préfère dissimuler ce que je pense ou ressens, si je ne connais pas bien la personne. VRAI - FAUX
4. Je suis plutôt autoritaire et décidé… VRAI - FAUX
5. Il est en général plus facile et habile d'agir par personne interposée que directement. VRAI - FAUX
6. Je ne crains pas de critiquer et de dire ce que je pense. VRAI - FAUX
7. Je n'ose pas refuser certaines tâches qui ne relèvent pas de mes attributions. VRAI - FAUX
8. Je ne crains pas de donner mon opinion, même en face d'interlocuteurs hostiles… VRAI - FAUX
9. Quand il y a débat, je préfère me tenir en retrait pour voir comment cela va évoluer. VRAI - FAUX
10. On me reproche parfois d'avoir l'esprit de contradiction. VRAI - FAUX
11. J'ai du mal à écouter les autres. VRAI - FAUX
12. Je m'arrange pour être dans le « secret des dieux » ; cela m'a déjà rendu service. VRAI - FAUX
13. On me considère en général comme assez malin et habile dans les relations. VRAI - FAUX
14. J'entretiens avec les autres des rapports fondés sur la confiance. VRAI - FAUX
15. Je préfère ne pas demander de l'aide à un collègue. VRAI - FAUX
16. Je suis timide et je me sens bloqué dès que je dois réaliser une action inhabituelle. VRAI - FAUX

POUR EN SAVOIR PLUS

http://www.centraltest.com
http://www.mon-qi.com
http://tests.linternaute.com

RÉPONSES

1) 

2) 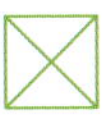

3) 46

4) 21

L'entretien

L'entretien permet de rencontrer les candidats retenus après les étapes précédentes. C'est à son issue que va se prendre la décision sur le candidat recruté. Il existe une grande variété d'entretiens de recrutement, mais leur finalité est toujours la même : mieux connaître le candidat afin de juger de son adéquation avec le poste à pourvoir.

Les principales méthodes d'entretien

- L'entretien en face à face : il se déroule directement entre le recruteur et le candidat. D'une durée moyenne de 45 minutes, il reste la forme la plus répandue.
- L'entretien face à un jury : plusieurs recruteurs ou responsables de l'entreprise reçoivent ensemble le candidat. Cette méthode reste cependant contraignante, car elle nécessite de réunir plusieurs personnes dont les avis sont ensuite confrontés, impliquant de ce fait une charge supplémentaire de travail.
- Les entretiens à la chaîne : plusieurs entretiens individuels se succèdent. Le candidat rencontre en premier lieu un responsable du recrutement chargé de retenir les meilleurs profils pour les présenter ensuite au supérieur hiérarchique concerné par le poste à pourvoir.
- L'entretien en groupe : plusieurs candidats sont convoqués en même temps. Cet entretien permet de tester la personnalité des candidats, notamment leurs compétences managériales et leur sens du relationnel dans un contexte extrême (concurrence).

Les différents styles d'entretien

L'entretien reste avant tout une situation d'échange. Pour obtenir les données nécessaires à la décision, le recruteur opte pour l'un des trois styles suivants ou une combinaison des trois :

- directif : le recruteur pose des questions précises et ordonnées ;
- semi-directif : le recruteur énonce les principaux points qu'il souhaite voir aborder pendant l'entretien puis cède la parole au candidat ;
- non directif : une fois les présentations faites, le recruteur laisse l'initiative de la parole au candidat. Il peut toutefois lui indiquer le temps imparti à l'entretien.

Les différentes phases de l'entretien

Quels que soient la méthode ou le style choisi, un entretien s'articule autour de cinq phases.

- L'accueil : il s'agit avant tout de mettre le candidat à l'aise. Le cadre choisi pour l'entretien s'avère d'une grande importance.
- La présentation du candidat : pendant cette phase s'instaure un dialogue portant généralement sur le parcours professionnel et les motivations du candidat.
- Le poste à pourvoir : si ce n'est déjà fait, le recruteur présente l'entreprise avant d'apporter des précisions sur le poste (objectifs, moyens mis à disposition, modes de rémunérations, horaires de travail…).
- L'évaluation : à partir de cette phase, le recruteur et le candidat doivent se prononcer sur l'opportunité de la poursuite du processus de recrutement. Il est cependant rare qu'à ce stade, le recruteur ou le candidat notifie sa décision.
- La conclusion : une synthèse de l'entretien précède l'énoncé des principes et des dates des prochaines étapes (nouvel entretien, courrier notifiant la décision…).

L'*ASSESMENT CENTER* (CENTRE D'ÉVALUATION)

Cette méthode consiste à juger les compétences d'un candidat dans le cadre d'une situation concrète de travail. Complémentaire aux entretiens et beaucoup plus coûteuse, elle est réservée au recrutement des cadres de haut niveau.

L'épreuve de l'*assessment center*

La scène pourrait être tirée d'un roman de John Le Carré. Car l'*assessment center* n'est pas qu'un anglicisme jargonisant de plus. À l'origine, cette technique de sélection fut adoptée par les services secrets américains et britanniques. Ces « centres d'évaluation », dans leur traduction littérale, servaient à recruter des agents d'élite en les mettant en situation quasi réelle afin de mieux observer leur comportement. [...] L'*assessment center* est devenu aujourd'hui un outil comme un autre à la disposition des recruteurs, comme la graphologie, l'entretien collectif ou les tests de personnalité. Très répandu dans les grandes entreprises, il est avant tout utilisé pour sélectionner des cadres, plutôt expérimentés. Des PME l'ont adopté dans sa version allégée.

De quoi s'agit-il ? D'un jeu de rôle, d'un test *in situ* ou d'un cas d'école, au choix. Au royaume de l'*assessment center*, on trouve peu de lois. L'affaire peut durer quelques heures ou plusieurs jours et peut se dérouler dans les locaux de l'entreprise ou au sein d'un cabinet de conseil en recrutement. De la même manière, le nombre des observateurs présents peut varier, même si les vrais professionnels reconnaissent qu'un minimum de deux personnes présentes est indispensable. Plongé dans des situations concrètes, le candidat est évalué sur sa capacité à analyser des problèmes, à prendre des décisions, à déléguer mais aussi à assurer un contrôle *a posteriori*.

Si tout est possible, on distingue néanmoins deux types d'exercice récurrents dans tous les modèles d'*assessment*. Le premier, et le plus simple, est baptisé « *in basket* ». Comme son nom l'indique, on se retrouve face à une corbeille de courriers. Elle est bourrée de mémos reçus par le candidat durant son absence. Ce dernier doit les traiter dans le laps de temps qui lui est imparti (de 30 minutes à quelques heures). Les sujets vont des problèmes de management aux relations clients en passant par des soucis plus personnels. Le but du jeu consiste bien évidemment à évaluer les capacités du candidat à hiérarchiser les priorités et à prendre des décisions adéquates. L'erreur à éviter est de se jeter sur le premier mémo sans lire les autres. Mieux vaut d'abord parcourir tous les mémos car certains ont des liens entre eux.

Plus lourd à mettre en place, le jeu de rôle peut durer plusieurs jours et utilise les services d'un ou plusieurs collaborateurs du cabinet ou de la DRH, qui doivent faire preuve de talents de comédiens. Le candidat aura entre les mains un scénario écrit à l'avance et il doit interpréter son rôle le mieux possible au milieu des « acteurs » qui peuvent jouer des clients irascibles, des collaborateurs harpies ou des patrons pinailleurs. À eux de tenter de le déstabiliser, à lui de résister et d'aller au bout de la mission qui lui a été confiée. Un conseil : il est essentiel d'arriver bien reposé car l'exercice est éprouvant.

Généralement, tout *assessment center* doit donner lieu à un compte rendu en présence du candidat. Si d'aventure l'entreprise ou le cabinet de recrutement « oubliait » de lui transmettre ses conclusions, le testé doit absolument les réclamer. « La démarche est importante », affirment en chœur les grands cabinets qui utilisent cette technique. Car selon eux, ce *debriefing* est l'occasion de décrypter les lacunes et les qualités du candidat. En quelque sorte, un bilan de compétences, en mieux. Très utile au niveau personnel et professionnel, *dixit* les professionnels. Sans oublier que l'exercice sert avant tout à embaucher un cadre lorsque l'on est un DRH et à trouver un job lorsque l'on est un candidat.

Extrait du site : www.cadremploi.fr

Le contrat de travail

La Déclaration préalable à l'embauche permet à l'entreprise de réaliser les formalités administratives nécessaires à l'embauche du candidat choisi. La signature du contrat de travail marque l'entrée du nouveau salarié dans l'entreprise. Le contrat explicite le lien qui l'unit désormais à l'entreprise et les obligations réciproques qui en résultent.

La déclaration préalable à l'embauche (DPAE)

Afin d'embaucher le candidat sélectionné, l'entreprise doit adresser la déclaration préalable à l'embauche à l'URSSAF, au plus tard 8 jours avant l'embauche. Cette déclaration unique rassemble six formalités liées à l'embauche :

- la déclaration d'une première embauche dans un établissement ;
- la demande d'immatriculation d'un salarié au régime général de la Sécurité sociale ;
- la demande d'affiliation au régime d'assurance chômage ;
- la demande d'adhésion à un service de santé au travail ;
- la déclaration d'embauche du salarié auprès du service de santé au travail en vue de la visite médicale obligatoire ;
- la liste des salariés embauchés pour le pré-établissement de la déclaration annuelle des données sociales (DADS).

Les éléments constitutifs du contrat de travail

En signant le contrat de travail, le salarié s'engage à exercer une activité au profit de l'employeur en contrepartie d'un salaire. Le contrat établit un lien de subordination entre un employeur et son salarié. Il mentionne obligatoirement : la dénomination et l'adresse de l'employeur, les nom et prénoms du salarié, la date d'embauche, la durée de la période d'essai, le poste attribué, la rémunération de départ, le lieu de travail, la convention collective applicable, les avantages découlant éventuellement d'un accord d'entreprise.

La période d'essai permet à l'employeur de tester les compétences du salarié, et à ce dernier d'apprécier l'intérêt du travail et des conditions de travail. Facultative, elle peut être renouvelée une fois et sa durée maximale est de quatre mois pour les ouvriers et de huit mois pour les cadres. La rupture du contrat pendant la période d'essai, qu'elle soit le fait de l'employeur ou du salarié, est libre et sans indemnité mais doit respecter un préavis d'une durée variable selon le temps de présence dans l'entreprise.

Le contrat de travail peut également intégrer un certain nombre de clauses :

- *clause de mobilité géographique* : engagement du salarié à accepter une mutation dans une autre région ;
- *clause de non-concurrence* : engagement du salarié à ne pas quitter l'entreprise pour aller travailler au profit de l'un de ses concurrents ;
- *clause de dédit-formation* : engagement du salarié à rembourser à l'entreprise le coût des formations reçues en cas de départ anticipé ;
- *clause de garantie d'emploi* : engagement de l'employeur à ne pas se séparer du salarié pendant une période de temps définie.

Le contrat à durée indéterminée, conclu sans terme et modèle de référence en France.

EXEMPLE DE CONTRAT DE TRAVAIL À DURÉE INDÉTERMINÉE

Entre les soussignés,
– L'entreprise ...., n° d'identification ...., dont le siège est à ....
Représentée par .... agissant en qualité de .... d'une part,

– et M .... n° de Sécurité sociale ...., demeurant à ...., d'autre part,

Il a été convenu ce qui suit :

1 – M ...., qui se déclare libre de tout engagement incompatible avec le présent contrat, est engagé à compter du .... avec la qualification de .... (*cf.* classification de la convention collective) pour tenir un emploi de ....

2 – L'entreprise .... a déclaré préalablement à son embauche M .... auprès de l'Urssaf (ou de la MSA) de ....

3 – La convention collective applicable à l'entreprise est la convention collective ....
Pour toutes les dispositions relatives à la relation de travail non prévues par le présent contrat, les parties se référeront à cette convention.

4 – Le contrat ne deviendra définitif qu'à l'issue d'une période d'essai de .... au cours de laquelle chacune des parties pourra rompre le contrat sans indemnité.

5 – La durée hebdomadaire de travail de M .... est fixée à ....
(Si le contrat est à temps partiel, faire figurer les mentions prévues à l'article L. 212-4-3 du Code du travail)
(S'il existe un horaire collectif dans l'entreprise, rédiger ainsi : « La durée hebdomadaire de travail est fixée conformément à l'horaire collectif affiché dans l'entreprise. À titre informatif, elle est de .... heures. »)
Le salarié pourra être amené à effectuer des heures supplémentaires selon les conditions légales et conventionnelles en vigueur.

6 – M .... exercera ses fonctions à .... (préciser le lieu).

7 – M .... bénéficiera des congés payés annuels dans les conditions prévues par la convention collective .... (ou bénéficiera de .... jours de congés payés).

8 – M .... percevra une rémunération brute de .... (en chiffres et en lettres) par mois, qui lui sera versée à la fin de chaque mois civil.
À cette rémunération s'ajouteront .... (préciser le cas échéant l'existence de primes conventionnelles ou individuelles, d'avantages en nature et indemnités, frais professionnel...).

9 – M .... bénéficiera de l'ensemble des lois sociales applicables, notamment en matière de Sécurité sociale et régimes de retraite complémentaire.
La caisse de retraite complémentaire est : (nom et adresse).
L'organisme de prévoyance est : (nom et adresse).

Fait en double exemplaire

À ...., le ....
(Signatures précédées de la mention manuscrite « lu et approuvé »)

Source : Ministère du Travail, www.travail-emploi.gouv.fr

Le contrat à durée déterminée

Le CDI est fréquemment considéré par les employeurs comme un contrat rigide et peu adapté aux contraintes de flexibilité des entreprises. Le contrat à durée déterminée permet d'embaucher un salarié afin que celui-ci occupe de façon temporaire un poste dans l'entreprise.

Le contrat à durée déterminée

Un CDD ne peut être conclu que pour exécuter une tâche précise et temporaire, dans les cas suivants, établis par la loi :

- remplacement d'un salarié absent (sauf si l'absence résulte d'une grève) ;
- remplacement d'un salarié provisoirement à temps partiel (ex. : congé parental d'éducation) ;
- attente de la prise de poste effective d'un salarié recruté en contrat à durée indéterminée ;
- attente de la suppression définitive du poste d'un salarié ayant quitté l'entreprise ;
- travaux saisonniers (tourisme, agriculture) ;
- accroissement temporaire de l'activité de l'entreprise. Toutefois, l'entreprise ne peut pas conclure un CDD pour un poste ayant fait l'objet d'un licenciement économique dans les six mois précédents.

Le CDD est conclu pour une durée limitée et précisée. Il prend fin soit :

- à la date précise si celle-ci a été mentionnée dans le contrat ;
- lorsque la raison pour laquelle il a été conclu disparaît (ex. : retour du salarié absent).

Un CDD ne peut pas être rompu, sauf faute grave du salarié, cas de force majeure ou accord entre le salarié et son employeur. À l'échéance du contrat, le salarié touche une indemnité de fin de contrat, représentant 10 % de la rémunération brute totale perçue.

Depuis 2018, les branches professionnelles peuvent déterminer la durée maximale des CDD, les possibilités de renouvellement et durée du délai de carence (c'est-à-dire le délai à respecter pour pourvoir le poste d'un salarié dont le CDD a pris fin par un nouveau CDD). L'idée est de mieux adapter les caractéristiques des CDD aux spécificités de chaque secteur d'activité. À défaut, ce sont les modalités prévues par la loi qui s'appliquent : durée maximale (renouvellement compris) de 18 mois, nombre de renouvellement limité à deux, délai de carence en fonction de la durée initiale du CDD.

Le CDD à objet défini

Les entreprises ne peuvent toutefois y avoir recours que si un accord de branche ou un accord d'entreprise les y autorise. Le CDD à objet défini n'est utilisable que pour le recrutement d'ingénieurs ou de cadres.
Il présente pour l'entreprise l'intérêt de ne pas fixer par avance la durée précise du contrat. Le salarié est en effet recruté pour mener à bien une mission bien particulière. Le contrat prend fin lorsque la mission a été accomplie.

La durée du CDD à objet défini est comprise entre 18 et 36 mois. L'entreprise doit prévenir le salarié au moins deux mois à l'avance que la mission arrive à son terme. Le contrat peut néanmoins être rompu, soit par l'employeur soit par le salarié, au bout de 18 ou de 24 mois, s'il y a un motif réel et sérieux de le faire (par exemple si le projet sur lequel travaillait l'ingénieur est devenu irréalisable).

EXEMPLE DE CDD CONCLU POUR UN SURCROÎT TEMPORAIRE D'ACTIVITÉ

Entre les soussignés,

– L'entreprise .... , n° d'identification ...., dont le siège est à ....
Représentée par .... agissant en qualité de .... d'une part,

– et M. .... n° de sécurité sociale ...., demeurant à ...., d'autre part,

Il a été convenu ce qui suit :

1. M. ...., qui se déclare libre de tout engagement incompatible avec le présent contrat, est engagé à compter du .... avec la qualification de .... (cf. classification de la convention collective) afin de réaliser la tâche suivante .... (décrire la tâche avec précision).

Ce contrat est lié à un surcroît temporaire d'activité résultant de .... Il prendra fin le ....

2. Le contrat pourra faire l'objet d'un renouvellement dans les conditions prévues par l'article L122-1-2 du Code du travail. Le renouvellement du contrat donnera lieu, avant le terme initialement fixé, à la conclusion d'un avenant.

3. L'entreprise .... a déclaré préalablement à son embauche M. .... auprès de l'URSSAF (ou de la MSA) de ....

4. La convention collective applicable à l'entreprise est la convention collective ....

5. Pour toutes les dispositions relatives à la relation de travail non prévues par le présent contrat, les parties se référeront à cette convention.

6. Le contrat ne deviendra définitif qu'à l'issue d'une période d'essai de ...., calculée conformément aux dispositions de l'article L.122-3-2, au cours de laquelle chacune des parties pourra rompre le contrat sans indemnité.

7. La durée hebdomadaire de travail de M. .... est fixée à ....

(Si le contrat est à temps partiel, faire figurer les mentions prévues à l'article L 212-4-3 du CT.)

(S'il existe un horaire collectif dans la société, rédiger ainsi : « La durée hebdomadaire de travail est fixée conformément à l'horaire collectif affiché dans l'entreprise. À titre informatif, elle est de .... heures. »).
Le salarié pourra être amené à effectuer des heures supplémentaires selon les conditions légales et conventionnelles en vigueur.

8. M. .... exercera ses fonctions à .... (préciser le lieu).

9. M. .... percevra une rémunération brute de .... (en chiffres et en lettres) par mois, qui lui sera versée à la fin de chaque mois civil.

À cette rémunération s'ajouteront .... (indiquer tous les avantages et accessoires payés directement ou indirectement, en espèces ou en nature par l'employeur au salarié en raison de son emploi).

10. En fin de contrat, M. .... bénéficiera d'une indemnité de fin de contrat égale à 10 % (ou un taux plus élevé si une convention collective ou un accord collectif le prévoit, ou 6 % si la convention collective ou un accord collectif de branche étendu le prévoit) du total de la rémunération brute conformément à l'article L 122-3-4 du code du travail.

11. M. .... bénéficiera de l'ensemble des lois sociales applicables, notamment en matière de sécurité sociale et régimes de retraite complémentaire, ainsi que des dispositions conventionnelles et usages en vigueur dans l'entreprise.

La caisse de retraite complémentaire est : .... (nom et adresse)

L'organisme de prévoyance est : .... (nom et adresse)

Fait en double exemplaire

À ...., le ....
(Signatures précédées de la mention manuscrite « lu et approuvé »)

Source : Ministère du Travail, www.travail-emploi.gouv.fr

Les contrats aidés

Plusieurs types de contrats, aidés par l'État, existent pour faciliter l'accès à l'emploi de certaines catégories de personnes. Les entreprises sont tout particulièrement encouragées à favoriser l'insertion professionnelle des jeunes.

Les contrats en alternance

Le Contrat d'apprentissage. Toute entreprise peut embaucher un apprenti âgé de 16 à 29 ans, pour une durée comprise entre six mois et trois ans. L'apprentissage se déroule en alternance entre le Centre de formation des apprentis (CFA), qui dispense la formation théorique, et l'entreprise, pour la partie pratique. L'apprenti touche un salaire qui est une fraction du SMIC calculée en fonction de son âge et du temps écoulé depuis le début de l'apprentissage. Les entreprises de moins de 250 salariés bénéficient d'une aide forfaitaire de l'État.

Le Contrat de professionnalisation. Il s'adresse aux jeunes âgés de 16 à 25 ans, mais également aux demandeurs d'emploi âgés de 26 ans et plus, aux bénéficiaires du RSA (revenu de solidarité active), de l'AAS (allocation de solidarité spécifique) ou de l'AAH (allocation adulte handicapé) ainsi qu'aux personnes ayant bénéficié d'un CUI (contrat unique d'insertion). Toute entreprise peut signer un contrat de qualification. Il s'agit d'un CDI ou d'un CDD avec une action de formation. Les personnes concernées touchent un salaire calculé en fonction de leur âge et du niveau de formation. L'entreprise bénéficie d'une exonération des cotisations patronales de Sécurité sociale, et du non-décompte des titulaires d'un contrat de professionnalisation dans les seuils d'effectifs (ce qui peut jouer, par exemple, sur l'obligation de créer un comité social et économique.

Le parcours emploi compétences

Depuis janvier 2018, les contrats aidés sont transformés en parcours emploi compétences.

L'objectif. La mise en œuvre des parcours emploi compétences repose sur le triptyque emploi-formation-accompagnement : un emploi permettant de développer des compétences transférables, un accès facilité à la formation et un accompagnement tout au long du parcours tant par l'employeur que par le service public de l'emploi, avec pour objectif l'inclusion durable dans l'emploi des personnes les plus éloignées du marché du travail (source : Ministère du Travail).

Les modalités et l'accompagnement du salarié. Le parcours emploi compétences est prescrit dans le cadre de CUI-CAE (contrat unique d'insertion) dans le secteur non marchand ou d'un CUI-CIE dans le secteur marchand uniquement dans certains territoires (DOM et certains départements dans le cadre de conventions annuelles d'objectifs et de moyens). L'objectif de durée d'un parcours est de 12 mois et les conventions initiales ne peuvent être inférieures à 9 mois. Les employeurs bénéficient d'une aide modulée de 30 à 60 % du SMIC brut.

Le parcours prévoit :

– un entretien préalable obligatoire entre le salarié, l'employeur et le prescripteur ;
– un entretien de sortie 1 à 3 mois avant la fin du contrat entre le salarié et le prescripteur ;
– une formalisation des engagements de l'employeur en termes d'accompagnement et de formation.

LE TRAVAIL TEMPORAIRE

L'intérim

Les cas de figure dans lesquels l'entreprise peut recourir au travail temporaire sont similaires au CDD. L'objectif de l'entreprise est de disposer de salariés pour une durée limitée. Elle confie le recrutement, ainsi que la gestion des contrats et de la rémunération à une entreprise de travail temporaire. Il n'y a donc pas de contrat de travail entre le salarié intérimaire et l'entreprise dans laquelle il travaille, mais deux contrats.

- **Le contrat de mise à disposition** entre l'entreprise de travail temporaire et l'entreprise utilisatrice. Il précise notamment le motif du recours au travail temporaire, le poste de travail occupé, la date ou l'événement marquant la fin de la mission, le lieu et les horaires de travail.
- **Le contrat de mission** entre l'entreprise de travail temporaire et le salarié intérimaire. Il mentionne notamment la qualification du salarié, la rémunération et ses composantes, la durée de la période d'essai, le nom et l'adresse de la caisse complémentaire et de l'organisme de prévoyance dont relève l'entreprise de travail temporaire, la possibilité de son embauche par l'entreprise utilisatrice à l'issue de la mission.

Le salarié intérimaire a les mêmes droits que les salariés de l'entreprise utilisatrice.

Le point de vue des intérimaires sur l'intérim

L'Observatoire des métiers et de l'emploi a réalisé une enquête auprès de 1 500 intérimaires dans le but, notamment, de recueillir leur opinion sur le travail temporaire. 80 % des intérimaires ont une bonne ou très bonne opinion de l'intérim. Ce type de contrat est perçu comme un moyen de développer son employabilité, mais il reste associé à la précarité.

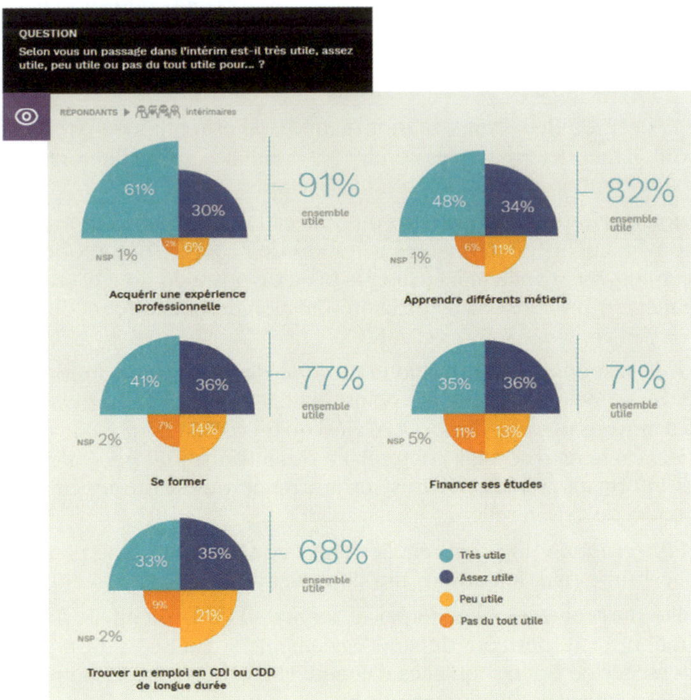

Source : Observatoire de l'Interim et du recrutement, 2019.

L'intégration du nouvel embauché

De la qualité de la phase d'intégration, dernière et plus longue étape du processus de recrutement, dépend en grande partie la réussite du nouvel embauché dans son poste. Le service des RH ne doit donc pas hésiter à y consacrer des moyens et un temps conséquents.

L'importance de la phase d'intégration

L'intégration est trop souvent assimilée à la période d'essai. Cette dernière est avant tout une disposition contractuelle tandis que l'intégration désigne le processus qui accompagne la prise de poste du nouvel embauché.

L'importance de cette phase se justifie au regard des éléments suivants :

- la nécessité de rendre l'embauché autonome aussi vite que possible afin qu'il devienne pleinement productif ;
- la qualité de l'intégration conditionne la motivation du nouvel entrant : son attachement à sa nouvelle entreprise dépend de l'existence d'un sentiment d'appartenance ;
- les conséquences néfastes que peut avoir une intégration ratée : un échec se solde très souvent par un départ, ce qui induit une perte d'investissement (financier, temps requis pour le recrutement et l'intégration) et peut contribuer à donner une mauvaise image de l'entreprise.

Les différentes étapes du processus d'intégration

Dès que la décision de recruter un nouveau salarié est entérinée par la signature d'un contrat de travail, il faut déterminer les conditions optimales qui faciliteront son intégration. Un processus d'intégration réussi comprend trois étapes.

- *La mobilisation* des futurs collaborateurs du nouveau salarié : cette étape précède l'arrivée concrète du nouvel embauché. Les autres membres de l'équipe sont informés des motifs et objectifs du recrutement et veillent à faciliter la prise de poste du nouvel entrant. Un parrain peut être nommé pour prendre en charge la présentation des membres et du fonctionnement de l'équipe.

- *L'accueil* par le responsable hiérarchique et/ou le directeur de l'entreprise : l'embauché se voit préciser ou rappeler (souvent, ces points ont fait l'objet de l'entretien de recrutement) ses objectifs, les moyens mis à sa disposition, ainsi qu'un certain nombre de règles en vigueur dans l'entreprise. Un livret d'accueil, comprenant des informations générales sur l'entreprise mais aussi des informations plus précises sur la cantine ou encore les mutuelles, peut lui être remis au cours de cet entretien.

- *Le suivi de l'intégration* : un point régulier doit être fait avec, d'une part, le responsable hiérarchique, et d'autre part, le parrain, afin de veiller au bon déroulement de l'intégration.

Si la qualité du processus planifié par le service RH est essentielle à la réussite de la phase d'intégration, cette dernière dépend également de l'attitude du nouvel embauché. Celui-ci doit posséder de bonnes qualités d'écoute et d'observation et ne pas hésiter à faire part de ses remarques ou de ses interrogations.

LE PROCESSUS D'INTÉGRATION CHEZ RENAULT

Pour accueillir ses nouveaux collaborateurs dans des conditions optimales, Renault met en œuvre un parcours d'intégration et de formation. L'aventure « Découverte » s'étend sur 18 mois : stages et séminaires sont autant d'occasions de rencontres et d'échanges.

Le séminaire « Produits, projets, prestations »

Avec le parcours « Découverte », les jeunes embauchés se familiarisent avec Renault pour se sentir vite à l'aise dans l'entreprise. Ils découvrent les différents métiers du groupe. Des outils et points de repère leur sont fournis pour assurer une adaptation rapide à l'entreprise. Au fil d'un dialogue constant, Renault connaît mieux ses nouveaux collaborateurs et peut mesurer leurs attentes.

• **La journée d'accueil**

Cette journée est consacrée à la présentation des activités et des axes stratégiques de Renault. Elle permet également d'évoquer l'évolution des carrières. Le nouvel embauché peut ainsi se situer au sein du groupe et identifier les objectifs de Renault. C'est aussi l'occasion de rencontrer d'autres nouveaux embauchés, de commencer à tisser un réseau au sein de l'entreprise… et de signer son contrat de travail. Pour certains, la journée d'accueil est complétée par une journée d'information au sein de leur direction.

• **Les stages en usine…**

Le stage en usine a lieu immédiatement après l'embauche ou à la conclusion de la période d'essai. Il dure de 2 à 3 semaines. Il s'agit de la découverte active d'une usine et des processus de fabrication d'un véhicule. C'est parfois le premier contact avec le produit et avec ceux qui le fabriquent. Les stagiaires font l'expérience du travail en équipe de production sur les sites de fabrication de Renault en France ou à l'étranger.

• **… et dans le réseau commercial**

Le stage commercial a lieu aussitôt après le stage « industriel ». Il prend la forme d'une semaine d'observation au sein d'une concession en région parisienne ou en province. L'objectif est de mieux connaître le marché au quotidien : les clients, leurs attentes et la manière dont sont présentés et vendus les produits et services Renault. Très appréciés, ces stages donnent une vision concrète et humaine des cœurs de métier de Renault : la production et la commercialisation.

• **Les séminaires « Produits, projets, prestations »**

6 mois après leur arrivée, le séminaire « PPP » réunit 400 jeunes embauchés pendant deux jours. L'objectif est de présenter les étapes de la conception d'un véhicule et la contribution de l'ensemble de l'entreprise : pour passer de l'intention du produit à sa réalisation, organiser le projet, répondre aux attentes du client… Le séminaire « Produits, projets, prestations » est aussi l'occasion d'échanger avec de nombreux acteurs, venus partager leur savoir et leur expérience. Par petits groupes, les jeunes embauchés font au bout d'un an le bilan de leur activité et de leur vie dans l'entreprise. Partage des expériences, présentation d'outils pour réagir aux situations rencontrées, entraînement à l'entretien d'évaluation : c'est l'occasion de multiplier les repères.

• **Clôture du parcours d'intégration**

18 mois après l'embauche, le parcours s'achève par la rencontre avec plusieurs dirigeants du groupe, pour une présentation des orientations stratégiques de Renault. Le président de Renault assiste à cette rencontre et dialogue avec les participants.

Le parcours d'intégration accélère la responsabilisation et la prise d'autonomie des nouveaux embauchés. Connaissant bien Renault, ils savent comment s'appuyer sur les ressources de l'entreprise pour progresser et renforcer leur efficacité.

Extrait du site : www.renault.com

Le cadre juridique de la rémunération

Le salaire est la contrepartie du travail réalisé par le salarié. Sa fixation est libre mais encadrée par des règles auxquelles l'entreprise ne peut pas déroger. Le paiement du salaire et le bulletin de paie qui atteste du paiement doivent être établis selon les règles strictes prévues par la loi.

Les limites à la libre négociation

– Le principe de libre négociation des salaires, inscrit dans la loi du 11 février 1950, stipule que le salaire est librement fixé entre l'employeur et le salarié. Il existe trois modes de fixation du salaire :
• *au forfait* : le salaire ne dépend pas du temps nécessaire pour réaliser le travail demandé. Une convention est établie par écrit entre l'employeur et le salarié. Cette modalité de fixation du salaire concerne essentiellement les salariés cadres ;
• *au temps* : en fonction de la durée de travail effective ;
• *au rendement* : en fonction de la quantité produite.

– Le salaire ne peut cependant être inférieur ni au SMIC établi par l'État, ni aux salaires minimaux prévus par les conventions ou accords collectifs dont dépend l'entreprise. Il doit par ailleurs être fixé dans le respect de l'égalité des salaires entre les hommes et les femmes et en absence de toute discrimination (notamment raciale ou syndicale).

Le bulletin de paie

– Lors du versement du salaire, l'employeur remet au salarié un bulletin de paie. Ce document comporte diverses mentions obligatoires relatives à l'employeur (nom, adresse, numéro d'immatriculation, code APE, numéro SIRET), ainsi que des informations concernant le salarié (nom, emploi, position dans la classification de la convention collective). Il doit également mentionner l'Urssaf à laquelle sont versées les cotisations, et la convention collective applicable dans l'entreprise.

– Le nombre d'heures de travail, les prélèvements sociaux et fiscaux (CSG, CRDS), les cotisations salariales, les sommes non soumises à cotisation (par exemple, les remboursements de frais), les repos compensateurs acquis, le montant final du salaire ainsi que la date de paiement doivent également figurer sur le bulletin de paie.

– À l'inverse, il est interdit d'y inclure une mention précisant l'exercice du droit de grève – les heures de grève étant alors traduites par la mention « absence non rémunérée » – ou l'exercice d'une activité de représentation des salariés (par exemple, délégué syndical).

– Le bulletin de paie prouve qu'un contrat de travail a été établi. Il doit être conservé par le salarié sans limite de durée. L'employeur doit conserver les bulletins de paie pendant cinq ans.

Le paiement du salaire

Le salaire est payé une fois par mois à date fixe. Un acompte peut cependant être versé au bout de quinze jours. Lorsque le montant de la rémunération dépasse 1 500 € nets par mois, le salaire doit être payé par chèque ou par virement bancaire ou postal. En-deça, le salarié peut demander à être payé en espèces.

BULLETIN DE PAIE

Taux et mentions en vigueur depuis le 1er janvier 2020 (hors cotisations mutuelle/prévoyance)

SOCIÉTÉ DUMAS
6 Avenue Charles de Gaulle
69000 LYON

PÉRIODE DE PAIE
1/1/2020 au 31/1/2020

N° SIRET 41716129900013
CODE APE 412 C
URSSAF DE LYON

Madame Catherine DUPRE
43 Rue des Carmes
69000 LYON

RUB. INTITULÉ DE LA LIGNE	NOMBRE OU BASE	SALARIÉ			PART PATRONALE	
		TAUX	GAINS	RETENUES	TAUX	COTISATIONS
Salaire mensuel 35 h	151,67		2 900,00 €			
Prime d'ancienneté			580,00 €			
TOTAL BRUT			**3 480,00 €**			
SS Maladie	3 480,00				**7,00**	243,60
SS Vieillesse	3 480,00	**0,40**		13,92		
SS Vieillesse	3 428,00	**6,90**		236,53	**8,55**	293,09
Contribution de solidarité autonomie	3 480,00				**0,30**	10,44
SS FNAL	3 428,00				**0,10**	3,42
SS Allocations Familiales (1)	3 480,00				**3,45**	120,06
SS Vieillesse déplafonnée	3 480,00				**1,90**	66,12
SS Accident du Travail	3 480,00				**1,30**	45,24
Assurance chômage **(2)**	3 480,00				**4,05**	140,94
Assedic Fonds de Garantie	3 480,00				**0,15**	5,22
Contribution d'équilibre général T1 **(3)**	3 428,00	**0,86**		29,48	**1,29**	44,22
Contribution d'équilibre général T2	52,00	**1,08**		0,56	**1,62**	0,84
Contribution Équilibre Technique	3 480.00	**0,14**		4,87	**0,21**	7,31
Contrib. organisations syndicales	3 480,00				**0,016**	0,56
Retraite Non Cadre T1	3 428,00	**3,18**		109,01	**4,77**	163,52
Retraite Non Cadre T2	52,00	**8,64**		4,50	**12,95**	6,73
Prévoyance Non Cadre T2	3 480,00	**0,20**		6,96	**1,00**	34,80
CSG Déductible	3 419,10	**6,80**		174,37		
TOTAL RETENUES			580,20 €		1 186,11 €	
NET FISCAL			**2 899,80 €**			
Contribution Sociale Généralisée	3 419,10	**2,40**		82,06		
Contribution Remb. Dette Sociale	3 419,10	**0,50**		17,10		
NET A PAYER AVANT IMPÔT SUR LE REVENU			**2 800,64 €**			

(1) Le taux réduit de 3,45 % s'applique sur les rémunérations annuelles n'excédant pas 3,5 fois le SMIC annuel
(2) La cotisation salariale d'assurance chômage est supprimée depuis le 1/10/2018
(3) La contribution d'équilibre général (CEG) remplace l'AGFF et la GMP

N° Sécurité Sociale : 258077611335
Date d'Entrée : 01/09/89 – Date de Sortie :
Date Ancienneté : 01/09/89

CUMULS ANNUELS

Nature Salarié : Personnel Technicien
Coefficient : 185
Emploi occupé : Chef d'Atelier
Convention Collective : *à défaut, la mention ci-dessous (1)*

(1) Durée des congés payés : art. L 3141-3 du Code du Travail ;
Durée du préavis : art. L 1234-1 du Code du Travail

Cumul nombre heures normales	151,67
Cumul nombre heures supplément	0,00
Cumul brut annuel	3 480,00
Cumul annuel brut plafonné/A	3 428,00
Cumul annuel net fiscal	2 899,80
Congés Payés – Droits acquis	20,00
Congés Payés – Reste à Prendre	6,00
Nb d'heures repos comp. acquises	0,00
Repos comp. reste à prendre (hre)	0,00

Les objectifs de la rémunération

La rémunération est la principale, voire la seule source de revenu des salariés. Dans le même temps, elle est l'une des principales charges financières des entreprises. Les objectifs d'une « bonne » rémunération cherchent donc à satisfaire aussi bien l'entreprise que ses salariés.

Rémunérer le travail et maîtriser les coûts salariaux

- La rémunération représente une part importante des coûts que supportent les entreprises, au même titre que les matières premières ou les machines. Les charges sociales pèsent lourdement sur les salaires. Les employeurs peuvent néanmoins bénéficier d'allègements de charges patronales sur les bas et moyens salaires (moins de 1,6 fois le SMIC).
- Certaines formes de rémunération (participation financière, intéressement, épargne salariale) sont moins taxées. La loi interdit cependant à l'entreprise de remplacer tout ou partie du salaire par ces autres formes de rémunération.
- Afin d'assurer leur équilibre financier, les entreprises doivent gérer au mieux la rémunération. Il leur faut notamment trouver le meilleur équilibre possible entre le coût que représente la rémunération d'un salarié et la création de valeur qui résulte de son travail. Cette recherche d'équilibre nécessite un système de comptabilité analytique et de contrôle de gestion très performant.

Influer sur le comportement des salariés

- Par rapport au niveau de rémunération prévu pour les compétences et les qualifications du salarié, l'entreprise peut décider (ou négocier avec chaque salarié) de le rémunérer à un salaire plus ou moins élevé. De même, elle peut choisir de verser un salaire fixe ou d'inclure une part variable dans la rémunération en fonction des résultats atteints par le salarié (salaire de performance). Ces marges de manœuvre sont autant de leviers pour influer sur les attitudes et comportements des salariés.
- En fixant des objectifs à atteindre, les mécanismes de rémunération peuvent avoir une influence positive sur la motivation et donc sur le niveau d'efforts développés par les salariés, ou sur leur implication dans leur travail.
- La rémunération peut également avoir une influence positive sur la satisfaction au travail des salariés. Une satisfaction importante au travail (c'est-à-dire un état émotionnel « positif » ou « plaisant » des salariés) se traduit par une réduction de l'absentéisme, des conflits et des intentions de démission.

Assurer un sentiment d'équité sociale

Pour influer positivement sur le comportement des salariés, la rémunération doit être équitable, et ressentie comme telle par les salariés. Ce sentiment d'équité naît chez le salarié à l'issue d'une comparaison de son propre salaire :

- au travail fourni : rapport entre sa contribution et sa rétribution ;
- au salaire de ses collègues : équité interne ;
- au salaire des salariés travaillant dans d'autres entreprises : équité externe.

RÉMUNÉRATION ET MOTIVATION : DES LIENS MAL IDENTIFIÉS

La rémunération, facteur de motivation

Qu'est-ce qui motive les salariés au travail ? L'argent gagné ? l'intérêt qu'ils portent à leur travail ? la peur ? Depuis le salaire au rendement mis en place par F. W. Taylor au début du xxe siècle, permettant à un ouvrier qui produisait plus que le volume de production normal de toucher une prime, la rémunération est vue comme un levier de la motivation au travail. La relation n'est cependant pas aussi simple. Dans son ouvrage *La vérité sur ce qui nous motive*, basé sur de nombreuses études scientifiques, D. Pink rappelle pourquoi ce système de la carotte et du bâton est souvent inefficace pour les entreprises : les récompenses ne favorisent pas l'excellence, seulement l'atteinte d'objectifs ; elles nuisent à la créativité, peuvent générer des comportements non souhaitables (moins de partage d'information, volonté de nuire aux autres, etc.), entraînent un phénomène d'accoutumance, d'où des effets de plus en plus faibles, focalisant l'attention sur le court terme et non sur le long terme, etc. E. Deci et R. Ryan soulignent également l'importance de la motivation dite « intrinsèque », celle liée au sens que les salariés donnent à leur travail, par rapport à la motivation « extrinsèque », celle liée aux primes financières. Dans certains cas, non seulement les primes ne sont pas efficaces, mais en plus, elles sapent la motivation intrinsèque car les salariés les assimilent à un système de contrôle (puisque les primes dépendent de l'atteinte d'objectifs).

Voir E. L. Deci et R. M. Ryan (1985), *Intrinsic Motivation and Self-Determination in Human Behavior*, New York, Plenum ; D. Pink (2014), *La vérité sur ce qui nous motive*, Paris, Flammarion.

Rémunération et motivation

Point de vue	Définition	Objectif	Travail à faire par le DRH
Économique	Rémunération → Contrepartie d'un travail Rémunération → Revenu Rémunération → Coût	Équilibre sur le marché du travail Équilibre production/consommations (fordisme) Équilibre financier de l'entreprise	Enquêtes salaires Négociations salariales Gestion de la masse salariale
Social	Rémunération → Partage Rémunération → Récompense	Justice sociale Équité collective Mérite, équité individuelle	Participation, intéressement Classification, grilles de salaires Individualisation
Gestionnaire	Rémunération → Outil de GRH	Optimisation de la ressource humaine Motivation/implication des hommes	– Gestion des carrières (capacités, potentiels) – Performance individuelle et d'équipe (bonus, augmentations individuelles) – Performance d'entreprise (intéressement)

Trois points de vue différents et complémentaires sur la rémunération peuvent être adoptés. Pour chacun d'eux, la rémunération renvoie à une définition différente impliquant des objectifs différents. Le travail du DRH découle de cet objectif : il devra gérer la masse salariale afin de répondre à l'objectif dégagé.

Source : d'après D. Weiss, *Les Ressources humaines*, Paris, Éditions d'Organisation, 1999, p. 327.

Le mix-rémunération

Le mix-rémunération est la combinaison de tous les éléments composant, potentiellement ou dans les faits, la rémunération globale d'un salarié. Il est souvent utilisé comme un outil de gestion permettant à la DRH d'atteindre les objectifs assignés à la rémunération.

La rémunération directe

- La rémunération fixe est composée du salaire de qualification (voir page 70) et des primes fixes. Ces primes sont accordées en fonction des caractéristiques de l'emploi (prime d'éloignement, de pénibilité, d'outillage, etc.) ou de considérations relatives à la personne (prime d'ancienneté, d'assiduité, etc.).

- La rémunération directe comprend également une partie variable composée de primes, appelée « salaire de performance » (voir page 72), qui vise à inciter et à récompenser la performance des individus ou des groupes.

Les rémunérations périphériques

- Les rémunérations périphériques sont de trois ordres : légal, sélectif, statutaire.
- Les périphériques légaux, dont certains sont obligatoires, sont monétaires, immédiats ou différés dans le temps. On y trouve la participation légale, l'intéressement (voir page 76), les plans d'épargne salariale (voir page 78), l'actionnariat salarié (voir page 80) et les stock-options (type d'actionnariat souvent réservé aux cadres supérieurs).
- Les périphériques sélectifs sont le plus souvent accordés en nature (voiture, logement, téléphone) et sont réservés à une partie du personnel. Ce sont des éléments de gratification qui peuvent être variables et réversibles.
- Les périphériques statutaires ou avantages sociaux comprennent des éléments très divers : œuvres sociales gérées par le comité social et économique (fête autour de l'arbre de Noël, colonies de vacances…), chèques déjeuner, transport des salariés entre le domicile et l'entreprise, remises sur les biens produits par l'entreprise, dispositifs de prévoyance santé, etc. Ces périphériques statutaires sont collectifs et sont accordés à tous. Les salariés peuvent ne pas avoir conscience d'en bénéficier. Aussi la DRH rappelle-t-elle ces périphériques statutaires en transmettant à chaque salarié un bilan social individuel annuel, qui récapitule l'ensemble des rémunérations dont il a bénéficié.

Le mix-rémunération comme outil de gestion

- Pour une enveloppe financière globale consacrée à la rémunération, le mix-rémunération doit permettre de maximiser les chances d'atteindre les objectifs fixés à la rémunération. Il s'agit en ce sens d'un véritable outil de gestion dont doit se saisir l'entreprise. Toute la difficulté est de trouver la composition optimale du mix-rémunération afin d'atteindre un objectif spécifique.
- Il est possible de définir des mix-rémunérations différents pour chaque groupe homogène identifié à l'intérieur de l'entreprise, de manière à répondre aux attentes spécifiques de chacun de ces groupes (commerciaux, ouvriers, production, cadres, etc.).

LA PYRAMIDE DES RÉMUNÉRATIONS

LA RÉMUNÉRATION DIRECTE

Salaire de qualification
- Salaire de base
- Complément individuel

Salaire de performance
- Part individuelle réversible (bonus, commission, gratification…)
- Part d'équipe réversible (bonus, prime d'objectifs…)
- Primes fixes
- Primes variables

LES PÉRIPHÉRIQUES LÉGAUX
(monétaires)
(immédiats ou différés)

- Intéressement aux résultats, à la productivité, aux objectifs
- Plan d'épargne (avec ou sans actionnariat)
- Participation légale
- Stock-options

LES PÉRIPHÉRIQUES SÉLECTIFS
(souvent en nature)

- Gratification en nature
- Voiture de société
- Complément de retraite perso.
- Membre une org. professionnelle
- Frais de représentation
- Frais de déplacement
- Logement de fonction
- Téléphone personnel
- Divers

LES PÉRIPHÉRIQUES STATUTAIRES
(quelquefois en nature)

- Remises sur les produits de société
- Conseils juridiques et financiers
- Bourses d'études des enfants
- Facilités pour les loisirs
- Participation aux repas
- Assurance vie
- Prévoyance
- Maison de retraite
- Compte épargne temps
- Complément de retraite
- Assurance automobile
- Médaille du travail
- Assurance risques divers
- Mutuelle maladie
- Aide familliale
- Transport du personnel
- Prêts de la société
- Membre club sportif/culturel

RÉMUNÉRATION GLOBALE

Source : d'après G. Donnadieu, « Stratégies et politiques de rémunération », *in* Weiss D., *Les Ressources humaines*, Paris, Éditions d'Organisation, 1999, p. 332.

Le salaire de qualification

La DRH classe l'ensemble des emplois de l'entreprise afin de déterminer le salaire de qualification correspondant à chacun, lequel correspond à la rémunération minimale touchée par le salarié. Son montant peut évoluer, dans une logique d'individualisation, afin de récompenser les compétences acquises.

Les règles de fixation du salaire de qualification

Les différences de salaire de qualification entre salariés d'une même entreprise doivent se justifier par des différences relatives au travail qui leur est confié. Divers éléments servent de base dans la fixation des salaires :
- *les règles juridiques* : respect du SMIC et, si elle existe, de la convention collective qui donne le classement des emplois au sein de la branche et fixe le salaire minimal pour chacun ;
- *la structure des emplois à l'intérieur de l'entreprise* : utilisation de méthodes d'analyse et de classification des emplois ;
- *le niveau des salaires dans le secteur d'activité* : positionnement par rapport à la concurrence grâce à des enquêtes sur les salaires.

Le processus de fixation du salaire de qualification

L'élaboration d'une échelle de salaire au sein de la branche ou de l'entreprise repose sur une opération de qualification qui suit cinq étapes :
- description des postes de travail et de leur contenu ;
- évaluation des emplois : il s'agit d'attribuer une « valeur » à chaque emploi ;
- classification des emplois en fonction de cette valeur ;
- définition d'une échelle de salaire qui attribue une valeur monétaire à chacun des emplois ;
- éventuelle modulation de la valeur de chaque emploi grâce à des fourchettes ou à des écarts indiciaires.

Plusieurs approches permettent d'évaluer les emplois. Les plus classiques sont le positionnement relatif des emplois (évaluation globale sans critère d'appréciation précis), la méthode d'évaluation par points (utilisation de critères d'évaluation pondérés : complexité des tâches, responsabilités, etc.), la méthode par lecture directe (méthode Hay, qui s'intéresse à la finalité du poste, aux compétences nécessaires et à l'initiative requise).

L'individualisation pour récompenser les compétences

Pour récompenser le niveau de compétences des salariés, l'entreprise a la possibilité d'individualiser le salaire de qualification. Pour un même poste est alors conçue une fourchette de salaires, qui définit en général une plage de progression. Par exemple :
– pour une performance médiocre : salaire de 80 % à 87 % du salaire de qualification (situation des débutants inexpérimentés dans le poste occupé) ;
– performance passable : salaire de 88 % à 95 % du salaire de qualification ;
– performance satisfaisante : salaire de 96 % à 104 % du salaire de qualification ;
– performance supérieure : salaire de 105 % à 111 % du salaire de qualification ;
– performance exceptionnelle : salaire de 113 % à 120 % du salaire de qualification.

LA MÉTHODE HAY

Élaborée par le groupe Hay, cette méthode d'évaluation des emplois est devenue la plus connue et l'une des plus courantes. Elle présente l'intérêt de pouvoir être utilisée dans n'importe quel secteur d'activité, et ainsi de permettre des comparaisons entre des emplois d'entreprises de secteurs d'activités différents. La méthode Hay vise à classer les emplois les uns par rapport aux autres, en fonction de leur contribution aux résultats de l'entreprise. Elle doit permettre au DRH de se forger une opinion la plus objective possible sur l'importance de chaque emploi.
L'évaluation porte sur trois domaines principaux :
– Les résultats que le poste doit produire : il s'agit de la finalité.
– La complexité des problèmes à résoudre : il s'agit de l'initiative créatrice.
– Les exigences requises pour tenir le poste : il s'agit de la compétence.

La méthode d'évaluation : une approche logique

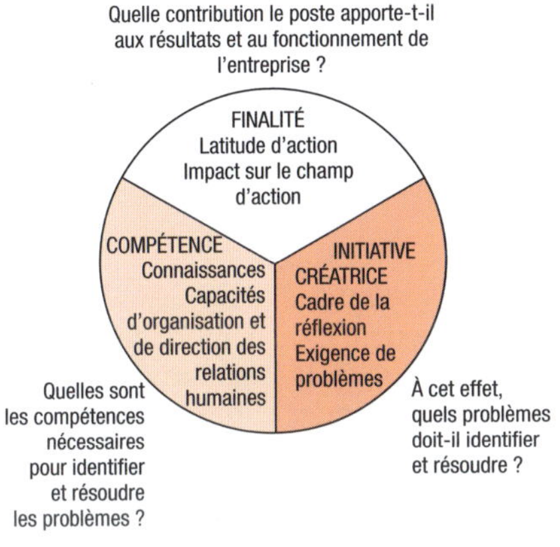

La finalité comporte deux aspects

• *La latitude d'action* : c'est la liberté donnée au poste pour agir, prendre des décisions et rendre compte de son activité.

• *L'impact sur le champ d'action* : c'est la nature des conséquences de l'action (soit directes, soit indirectes).

L'initiative créatrice comporte deux aspects

• *Le cadre de la réflexion* : c'est la diversité et l'étendue des informations traitées, la variété et l'ampleur des problèmes rencontrés par le poste.

• *L'exigence des problèmes* : c'est la complexité du processus mental à mettre en œuvre pour traiter l'information, développer des conclusions et aboutir à la solution des problèmes posés.

La compétence comporte trois aspects

• *La connaissance* : étendue et profondeur des connaissances requises : usages, méthodes, techniques et/ou disciplines professionnelles.

• *La compétence en management* : compétence pour organiser, coordonner, piloter, arbitrer en situation opérationnelle, fonctionnelle ou de conseil.

• *Les relations humaines* : capacité à comprendre, influencer et motiver les autres dans les relations de personne à personne.

L'attribution de la note

Un questionnaire détaillé permet d'évaluer l'ensemble de ces aspects. Ce questionnaire est d'abord rempli par le salarié, puis validé par son supérieur hiérarchique immédiat. Son analyse permet d'attribuer une note (un certain nombre de points) au salarié sur chacun des critères, puis de faire leur somme afin d'obtenir le « poids » de l'emploi en fonction du nombre de points obtenu. Une fois tous les emplois analysés, il est possible de les classer et de les regrouper en niveaux homogènes.

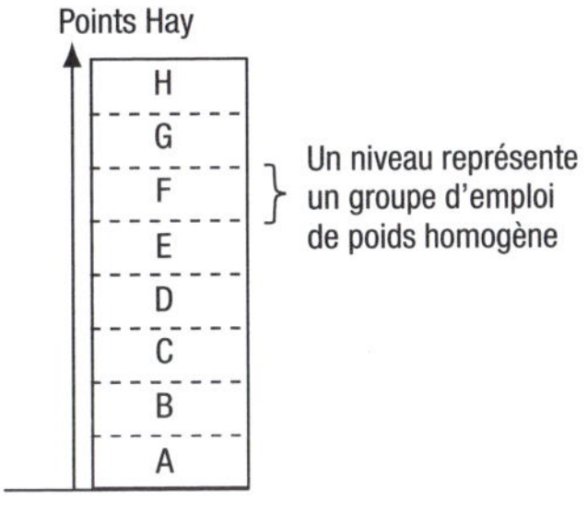

Le salaire de performance

Le salaire de performance est composé de primes. D'une importance variable selon la fonction occupée par le salarié, mais visant toujours à rémunérer les performances atteintes, elles peuvent être individuelles ou collectives.

Un salaire de performance d'importance variable

Au-delà des irréversibles augmentations individuelles de salaire, l'entreprise cherche à promouvoir l'engagement des salariés dans le travail par d'autres mécanismes de rémunération : commissions sur les ventes, bonus, primes d'objectifs, etc. La logique de cette individualisation de la GRH est de récompenser les efforts de chacun pour la performance globale de l'entreprise.

Selon les catégories de salariés, ce salaire de performance est plus ou moins important par rapport à la rémunération totale : sa part est faible pour les ouvriers de production et le personnel administratif, très importante pour les commerciaux.

Les primes individuelles

Une prime individuelle cherche à maximiser le résultat du travail d'un salarié. Il peut s'agir, par exemple, du nombre de pièces produites pour un ouvrier, du nombre de comptes ouverts dans le mois pour un chargé de clientèle dans une banque, du nombre de missions réalisées dans l'année pour un consultant, du nombre de commandes enregistrées pour un commercial.

Elle peut être fixe : si le résultat du salarié atteint l'objectif fixé, la prime lui est versée. Elle peut également être variable : plus le résultat est important, plus la prime est élevée. Une prime variable est généralement plafonnée, de manière à ne pas risquer de pousser le salarié à se surpasser.

Le système de prime individuelle a cependant des limites :

- pour certains postes (d'encadrement notamment), les critères d'évaluation de la performance ne sont pas toujours faciles à déterminer, et leur mesure peut être difficile à réaliser ;
- les objectifs à atteindre étant fixés en concertation entre le salarié et son supérieur hiérarchique, le premier peut avoir intérêt à sous-estimer les objectifs à atteindre afin d'être certain de les atteindre et certain de toucher les primes.

Les primes collectives

Les primes individuelles favorisent cependant la concurrence entre les membres d'une équipe et présentent le risque de nuire au climat de travail et à la performance globale de l'équipe (réduction de la coopération entre les salariés, voire risque de sabotage du travail des autres). Dans ce cas, il peut être intéressant de mettre en place un système de primes collective, qui récompense les résultats de l'équipe dans son ensemble. Il faut, là encore, que les objectifs à atteindre soient clairement énoncés et que la production de l'équipe soit aisément mesurable.

Les primes collectives favorisent néanmoins des comportements opportunistes : certains salariés font peu d'efforts et comptent sur le travail des autres pour toucher la prime.

LA « RÉMUNÉRATION CAFÉTÉRIA »

Le choix des éléments composant la rémunération

Dans une logique d'optimisation de la relation entre le coût que représente la rémunération d'un salarié pour l'entreprise et la satisfaction que le salarié en retire, la solution peut être de mettre en place un système de « rémunération cafétéria ». Le salarié choisit alors lui-même, à l'intérieur du cadre donné par l'entreprise, la répartition entre les différents éléments composant sa rémunération globale : salaire fixe, salaire de performance, périphériques légaux, sélectifs, statutaires.

Pour la direction, la rémunération cafétéria est un véritable outil de GRH. Elle permet de faire évoluer le rapport qu'entretiennent les salariés avec leur entreprise (en instaurant un partenariat « gagnant-gagnant »), de les fidéliser, et de les inciter à travailler tel que le souhaite la direction (ce qu'ils doivent faire pour toucher les rémunérations les plus élevées).

Le plan cafétéria offre un « menu alléchant » aux salariés [...] Soupe ou salade ? Comme à la cantine

Ces dernières années, la tendance en matière de ressources humaines est clairement à l'individualisation des conditions de travail. La rémunération flexible, avec son assortiment d'avantages extralégaux, s'inscrit parfaitement dans cette approche. Ainsi chaque travailleur peut échanger une partie de son « salaire » contre une meilleure conciliation de la vie privée-professionnelle, une mobilité différente, une protection familiale ou sociale renforcée ou encore miser sur une fin de carrière plus confortable.

D'après SD Worx, les salariés disposent en moyenne d'un budget de 6.000 euros, une somme qui n'a pas évolué par rapport à 2017. Même si la flexibilité est au cœur du système... tout n'est pas possible : l'opération doit rester neutre budgétairement pour l'employeur et dépend également de la « proposition » de l'entreprise ainsi que du secteur d'activité. Malgré ce « cadre », la formule à la carte séduit...

Modèle « gagnant-gagnant »...

En premier lieu, les entreprises ! Elles ont bien compris l'importance de cet instrument pour attirer, motiver et retenir ses collaborateurs. Surtout dans un contexte de « guerre des talents ». [...] Les employés sont demandeurs de cette possibilité d'ajustement du package salarial. Ainsi près de trois quarts des interrogés aspirent à un plan cafétéria. Plus que cela : 38 % des travailleurs sont prêts à diminuer leur salaire brut pour obtenir un autre avantage. Signe que ce modèle a un réel impact positif sur le degré de satisfaction des employés par rapport à la rémunération. [...]

Les congés... en première place !

L'enquête de SD Worx montre que le classement reste pratiquement inchangé au fil des années. Ce sont les « vacances » (de tous types) qui emportent la palme des avantages les plus plébiscités, puisque près de six employés sur dix optent pour des congés supplémentaires au moment de composer leur package salarial. [...] Le podium est complété par « l'épargne-pension (complémentaire) » et l'indétrônable « voiture » (un collaborateur sur trois). [...]

Source : https://entreprises.bnpparibasfortis.be

La participation légale

Instaurée en 1967, la participation des salariés aux résultats de l'entreprise consiste en une somme annuelle versée aux salariés, variable selon le bénéfice de l'entreprise. En associant les salariés aux résultats de l'entreprise, elle permet un rapport de collaboration entre salariés et employeur.

Principe de la participation légale

La participation est obligatoire pour les entreprises employant au moins 50 salariés ; elle est volontaire dans les autres. Chaque salarié de l'entreprise bénéficie de cette participation. Un accord est de préférence conclu avec les partenaires sociaux pour en préciser les modalités.

Calcul de la participation légale et gestion des fonds

Le montant de la participation dépend des résultats de l'entreprise. La formule légale de calcul est la suivante :

RSP = 1/2 [B – 5 % C] x [S / VA]

RSP = réserve spéciale de participation ; B = bénéfice net ; C = capitaux propres ; S = salaires ; VA = valeur ajoutée.

Plusieurs modalités de répartition de la RSP entre les salariés sont possibles :

- *répartition proportionnelle au salaire* : le salaire à retenir pour le calcul est alors le salaire brut ;
- *répartition uniforme* : la RSP est divisée par le nombre total de salariés ;
- *répartition proportionnelle à la présence* : elle se fait au prorata de la durée de travail.

Ces différents critères de répartition peuvent être combinés, par exemple : 60 % de la RSP répartie selon le salaire, 20 % de manière uniforme, 20 % selon la présence.

Le salarié peut demander le versement immédiat du montant de la participation. S'il ne le fait pas, les fonds sont obligatoirement bloqués pour moitié pendant 5 ans au minimum sur un Plan d'Epargne Entreprise ou un Plan d'Epargne Interentreprises, et pour moitié jusqu'à la retraite sur un Plan d'Epargne pour la Retraite Collectif (PERCO) ou sur le Plan d'épargne retraite d'entreprise collectif (PER d'entreprise Collectif issu de la loi PACTE de 2019).

Avantages en termes de GRH

Des avantages fiscaux partagés : pour l'entreprise, les sommes versées sont exonérées de charges sociales, taxe sur les salaires, taxe d'apprentissage, participation à la formation professionnelle et à l'effort de construction, déductibles des bénéfices, mais soumises au forfait social (sauf pour les entreprises de moins de 50 salariés). Pour les salariés, le montant de la participation est exonéré de l'impôt sur le revenu (sauf si le salarié a demandé le versement immédiat), de charges sociales, mais soumis à la CSG et à la CRDS.

Une rémunération peu risquée : la participation financière étant tributaire des bénéfices dégagés durant l'année, elle n'engage pas l'entreprise pour l'avenir.

Des effets comportementaux : la participation peut avoir des conséquences positives sur la satisfaction et la motivation des salariés. Cependant, la formule de calcul très éloignée du travail quotidien des salariés limite l'effet motivant.

L'ACCORD DE PARTICIPATION

Les formalités de l'accord de participation

• La participation est mise en place par un accord conclu :
- soit avec les organisations syndicales représentatives au niveau de l'entreprise ou de la branche ;
- soit avec les représentants d'organisations syndicales représentatives mandatés aux fins de négocier et de conclure l'accord ;
- soit au sein du comité social et économique ;
- soit par ratification des deux tiers du personnel.

Le projet d'accord doit être soumis pour avis au comité social et économique quand il existe ou à la délégation unique du personnel.
L'accord peut être à durée déterminée (un an minimum) ou à durée indéterminée.
La participation peut être mise en place à l'échelle d'un groupe.

• Le délai de conclusion
L'accord doit être conclu dans l'année qui suit la clôture de l'exercice au cours duquel les droits des salariés sont nés. Par exemple, une entreprise dégage une participation pour l'exercice 1er janvier – 31 décembre de l'année N. Elle doit mettre en place un accord avant le 31 décembre de l'année N + 1.
En cas de défaut d'accord, un régime d'autorité est appliqué (8 ans de blocage des sommes, taux de rémunération égal à 1,33 fois le taux moyen des obligations des sociétés privées).

• Le dépôt de l'accord
L'accord est déposé auprès de la DIRECCTE (direction régionale des entreprises, de la concurrence, de la consommation, du travail et de l'emploi) du lieu où il a été conclu. Ce dépôt conditionne les exonérations sociales et fiscales.

• Les modifications et dénonciations
L'accord peut être modifié par un avenant adopté selon l'une des formes prévues pour la signature de l'accord et déposé auprès de la DIRECCTE.
La dénonciation peut être unilatérale et doit être déposée auprès de la DIRECCTE.

Source : ministère de l'Économie.

Le point de vue des syndicats

Certains syndicats de salariés proposent de modifier le calcul et la répartition de la participation.
Force Ouvrière souhaite ainsi que la répartition se fasse uniquement de manière uniforme et non pas proportionnellement aux salaires, comme c'est le cas le plus souvent.
De son côté, la Confédération générale du travail (CGT) appelle à une modification du mode de calcul de la RSP. Le « résultat » pris en compte dans le calcul est le résultat fiscal de l'entreprise et non pas son résultat comptable. Le résultat fiscal est souvent inférieur au résultat comptable, du fait des amortissements dérogatoires ou du report des déficits des années antérieures. Selon la CGT, le passage du résultat fiscal au résultat comptable permettrait d'augmenter le montant de la participation versée aux salariés dans un certain nombre de cas. Se basant sur une étude de l'INSEE réalisée pour le Conseil supérieur de la participation, la CGT estime que ce changement de formule de calcul aurait un impact limité sur les entreprises versant déjà la participation, mais que 18 % des entreprises n'en versant pas seraient amenées à le faire.
Au-delà du calcul de participation et de sa répartition, les cinq centrales syndicales (CFDT, CFTC, CGC, CGT, FO) déplorent le manque à gagner que représentent les exonérations de charges sociales et fiscales de la participation financière pour les régimes sociaux (santé et retraite).

L'intéressement

L'intéressement vise à associer les salariés aux résultats ou aux performances de l'entreprise. Il est facultatif. Ses modalités de calcul sont souples et adaptables en fonction des efforts à réaliser et des objectifs que la direction souhaite atteindre au sein de l'entreprise (réduction des délais de livraison, par exemple).

Principe de l'intéressement

- L'intéressement peut être mis en place dans toute entreprise, sans condition de taille. Chaque salarié de l'entreprise en bénéficie. La conclusion d'un accord d'intéressement avec les partenaires sociaux est obligatoire. Celui-ci sera en vigueur pendant trois ans au moins.
- Depuis la loi du 26 juillet 2005, dans les entreprises de moins de 100 salariés, le chef d'entreprise ou son conjoint collaborateur ou associé peuvent également en bénéficier.

Calcul de l'intéressement et gestion des fonds

- Le montant de l'intéressement est variable et aléatoire. Il dépend d'une formule de calcul liée aux résultats de l'entreprise (résultat net, résultat d'exploitation, etc.) et/ou aux performances (productivité, taux de rebuts, etc.), négociée entre les signataires de l'accord. L'appréciation de ces résultats ou performances doit reposer sur des critères objectivement mesurables.
- Comme la participation, l'intéressement peut être réparti de manière uniforme, proportionnellement au salaire ou proportionnellement au temps de présence.
- Les salariés peuvent profiter du montant de l'intéressement dès son versement, ou choisir de le placer sur un plan d'épargne salariale (voir page 78).

Avantages en termes de GRH

- Des avantages fiscaux partagés : l'intéressement est exonéré de charges sociales patronales et salariales, mais soumis à la CSG et à la CRDS. Pour l'entreprise, les sommes versées sont déductibles des bénéfices, exonérées de taxe sur les salaires, mais soumises au forfait social. L'intéressement coûte donc moins cher à l'entreprise que les salaires, mais il ne peut pas leur être substitué. Comme pour la participation, la prime d'intéressement est exonérée d'impôt sur le revenu à la condition qu'elle ne soit pas touchée immédiatement mais que le salarié la place sur un plan d'épargne salariale.
- Une rémunération adaptable aux objectifs de développement de l'entreprise : la souplesse du mode de calcul de l'intéressement permet de l'adapter aux objectifs que l'entreprise souhaite atteindre (comme l'amélioration de la productivité). Il y a un lien direct entre les résultats atteints par les salariés et le montant de l'intéressement. Le mode de calcul peut être changé au bout de trois ans.
- Des effets comportementaux : l'intéressement développe la satisfaction et la motivation des salariés. Ses effets sont supérieurs à ceux de la participation, car le montant de l'intéressement est utilisable dès la fin de l'année par les salariés et directement lié au travail fourni.

LES ACCORDS D'INTÉRESSEMENT

L'intéressement : un outil de communication

Au-delà des considérations techniques, l'intéressement est aussi un outil de communication à ne pas négliger. « Dans l'entreprise, c'est un des rares sujets "gagnant-gagnant", autant pour le salarié que pour l'employeur », note Jean-Jacques Ballan (auteur de *L'intéressement et la participation à la portée de tous*). Mieux vaut donc le valoriser auprès de son personnel. Au moment de la signature de l'accord, l'équipe dirigeante doit expliquer la signification des indicateurs retenus et montrer comment chaque salarié joue un rôle dans la constitution du résultat. « L'intéressement n'est pas seulement un outil de rémunération mais également une question de politique générale de l'entreprise », insiste Jean-Jacques Ballan.

Il faut donc communiquer le plus souvent possible. « Un versement semestriel permet de rythmer l'effort des salariés pour atteindre l'objectif fixé », note l'auteur. Une règle à nuancer cependant : les effets de la conjoncture peuvent en effet amener l'entreprise à verser, en avance, des primes au milieu de l'année, alors même que les performances finales se révèlent mauvaises. « Le versement annualisé a un impact psychologique sur les salariés, ajoute Olivier Mauduit. Ils sont plus enclins à verser sur un PEE des sommes importantes que des primes semestrielles moindres. » Il faut donc trouver un juste milieu et ne pas hésiter à aborder la question de l'intéressement en milieu d'exercice même si aucune prime n'est encore versée.

Pour que le plan d'intéressement prenne toute sa valeur auprès des salariés, un plan d'épargne salariale (PEE ou PEI) doit avoir été au préalable ouvert. Les salariés pourront y placer en franchise d'impôts et de charges sociales (hors CSG et CRDS) les primes reçues ainsi que l'abondement éventuel de l'entreprise. Si de tels plans n'existent pas déjà, la signature d'un accord d'intéressement peut donc être une bonne occasion de les mettre en place.

Source : « Opter pour l'intéressement »,
Le Journal du Net.

Les critères de calcul

Le calcul de l'intéressement peut se faire sur un ou plusieurs critères de performance.

Si l'entreprise souhaite améliorer cinq axes pour l'année à venir (respect des délais, réduction des stocks, réduction des coûts, tenue des temps alloués, sécurité), elle calculera l'intéressement autour de ces cinq axes d'amélioration.

Pour avoir droit au montant d'intéressement maximum fixé par accord avec les partenaires sociaux, les salariés doivent gagner les 100 points mis en jeu par l'entreprise et répartis sur les cinq axes : l'atteinte de l'objectif en termes de respect des délais permet de gagner 20 points, l'atteinte de l'objectif de réduction des stocks permet d'en gagner 15, l'atteinte de l'objectif de réduction des coûts permet d'en gagner 40, l'atteinte de l'objectif de tenue du temps alloué permet d'en obtenir 15, et l'atteinte de l'objectif de sécurité permet d'en obtenir 15.

À chacun des cinq axes d'amélioration correspond un critère de mesure objectif qui permet de mesurer l'atteinte ou non des objectifs. Ainsi le respect des délais est-il mesuré par le pourcentage de livraisons effectuées dans les temps. En fonction de la mesure réalisée, les salariés gagnent tout ou partie des points mis en jeu pour chacun des axes d'amélioration.

Il suffit alors de faire la somme des points obtenus sur chaque axe pour connaître le total de points gagnés par les salariés sur les 100 mis en jeu. Si, par exemple, les salariés ont obtenu 78 points, ils toucheront 78 % du montant maximal de l'intéressement.

L'épargne salariale

L'épargne salariale vise à faire fructifier l'argent des salariés issu de la participation et de l'intéressement. L'argent est placé à moyen terme (5 ans) ou à long terme, afin d'aider les salariés à se constituer une retraite complémentaire. En termes de GRH, les effets attendus portent sur la satisfaction et la motivation.

Plans d'épargne entreprise et interentreprise

- Le PEE (Plan d'épargne entreprise) est un dispositif d'épargne salariale permettant au salarié de se constituer un portefeuille de valeurs mobilières (actions, titres de SICAV, etc.). Il peut être mis en place dans toute entreprise d'au moins un salarié. Son instauration nécessite la signature d'un accord avec les partenaires sociaux qui en précise les modalités. Le PEE concerne tous les salariés et, dans les entreprises de moins de 100 salariés, le chef d'entreprise.

- Les sommes versées sur le PEE proviennent de la participation et de l'intéressement, mais aussi de versements volontaires du salarié (limités à 25 % de sa rémunération annuelle brute, comprenant l'intéressement) et d'un abondement de l'entreprise (c'est-à-dire un apport financier facultatif de l'entreprise versé au salarié) limité à 3 291 € par salarié. Elles sont bloquées pendant 5 ans.

- L'entreprise bénéficie des mêmes allègements fiscaux et sociaux que pour la participation. Pour le salarié, l'abondement de l'entreprise et le montant de l'intéressement placé sur le PEE sont exonérés de l'impôt sur le revenu ; les plus-values et revenus issus des placements réalisés dans le PEE sont également exonérés de l'impôt sur le revenu, mais sont soumis à la CSG, à la CRDS, au prélèvement social et à la taxe destinée à financer le RSA.

- Le PEI (Plan d'épargne interentreprise) doit favoriser le développement de l'épargne salariale en PME. Signé au niveau d'une branche professionnelle ou entre PME d'une même zone géographique, ses modalités de fonctionnement sont identiques à celles du PEE.

Bien que ces plans d'épargne salariale fassent partie du mix-rémunération en tant que périphériques légaux, on constate que les PME ne n'en servent que rarement pour agir sur la satisfaction et la motivation des salariés.

Plans d'épargne retraite collectifs

- Le PERCO (Plan d'épargne pour la retraite collectif) permet aux salariés d'une entreprise de se constituer une épargne en vue de la retraite. Un PERCO ne peut être mis en place dans l'entreprise que s'il y existe déjà un PEE.

- Les sommes versées sont, sauf cas énoncés par la loi, bloquées jusqu'au départ en retraite. Contrairement aux PEE et PEI, elles ne peuvent pas être investies en actions de l'entreprise, afin d'éviter, en cas de faillite de l'entreprise, que les salariés ne perdent en même temps leur épargne retraite.

La loi PACTE de 2019 a créé le plan d'épargne retraite d'entreprise collectif (PERE-CO), qui prend la suite du PERCO à partir de la fin de l'année 2020. Il vise principalement à simplifier l'offre existante en matière d'épargne retraite.

FLUX ET MODALITÉS DE L'ÉPARGNE SALARIALE

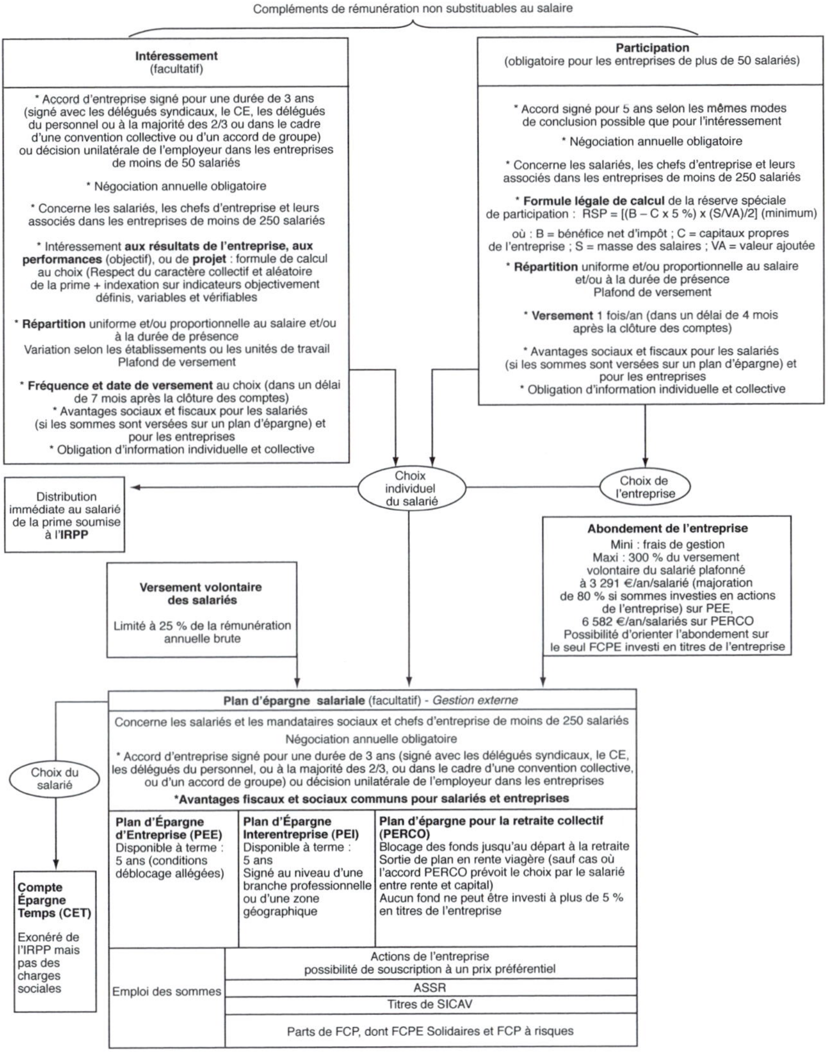

CSG : Cotisation sociale généralisée / **CRDS :** Contribution pour le remboursement de la dette sociale / **IRPP :** Impôt sur le revenu des personnes physiques / **FCP :** Fonds communs de placement / **ASSR :** Actions de sociétés créées par les salariés en vue de racheter leur entreprise / **SICAV :** Société d'investissement à capital variable.

1. Dans les entreprises de moins de 100 salariés, le chef d'entreprise et son conjoint collaborateur ou associé peuvent bénéficier de l'intéressement, dans la limite du salaire le plus élevé de l'entreprise (loi du 26 juillet 2005).

D'après A. Stévenot, « Une étude exploratoire du développement de l'épargne salariale en PME : proposition d'une lecture néo-institutionnaliste », revue *Finance Contrôle Stratégie*, 2004, vol. 7, n° 1, p. 200.

L'actionnariat salarié

L'actionnariat salarié permet à 3,2 millions de salariés français d'être actionnaires de leur entreprise, contre un peu moins de 2 millions au Royaume-Uni et un peu plus de 700 000 en Allemagne. L'actionnariat salarié permet à l'entreprise de protéger son capital, motiver ses salariés et améliorer leur rémunération.

Les objectifs

Les multiples objectifs de l'actionnariat salarié peuvent être ramenés à deux objectifs clés :

- Influencer les attitudes et comportements des salariés. La valeur des actions d'une entreprise, cotée ou non, est directement dépendante de ses performances. L'actionnariat salarié vise donc à renforcer la culture du résultat, à fédérer les salariés autour de la stratégie de l'entreprise, à agir sur leur implication et leur motivation. En outre, il favorise la fidélisation, les salariés ayant tout intérêt à rester dans une entreprise dont la valeur des actions augmente régulièræement.
- Protéger le capital de l'entreprise. Dans certaines entreprises (comme Eiffage), les salariés détiennent une part importante du capital. L'actionnariat salarié favorise la stabilité du capital : les salariés suivent une optique de performance à long terme et non pas de rentabilité financière à court terme. Ils se séparent rarement des actions de leur entreprise. L'actionnariat salarié permet donc de protéger l'entreprise contre les OPA (offre publique d'achat), et ce d'autant plus que les salariés préféreront assurer la continuation de l'entreprise et préserver leur emploi plutôt que de vendre leurs actions à l'acheteur potentiel, malgré une offre intéressante.

Les modalités

- L'actionnariat salarié des salariés d'une même entreprise est souvent géré par l'intermédiaire d'un FCPE « actionnariat » (Fonds commun de placement d'entreprise), dit « FCPE article 21 », dont le portefeuille est exclusivement constitué de titres émis par l'entreprise. Le montant de la participation peut y être directement versé. Les sommes y sont bloquées pendant cinq ans.
- Il existe deux grandes modalités d'actionnariat salarié :
  - *l'augmentation de capital réservée aux salariés* : l'entreprise augmente son capital en émettant de nouvelles actions au profit de ses salariés ;
  - *les attributions d'actions gratuites* : cela concerne des actions existantes ou de nouvelles actions. L'attribution d'actions peut dépendre de l'atteinte de certains objectifs (soit au niveau individuel, soit au niveau de l'entreprise).
- Dans le cas d'une augmentation de capital, où le salarié achète les actions, l'entreprise peut verser un abondement pouvant atteindre 5 924 € par an et par salarié afin de favoriser le financement de l'achat des actions. Il est exonéré de charges sociales patronales et salariales, mais pas de CSG ni de CRDS. En cas de bonne performance de l'entreprise, les salariés réalisent une plus-value d'acquisition. Celle-ci correspond à la différence entre la valeur des titres à la date de leur acquisition et le prix auxquels ils les ont acquis (défini lors de la décision du plan d'augmentation de capital ou d'achat d'actions). La plus-value est renforcée par l'abondement de l'entreprise.

UN TYPE D'ACTIONNARIAT EN DÉVELOPPEMENT

L'indice IAS : un indice boursier spécifique aux entreprises qui développent l'actionnariat salarié

L'objectif de l'indice IAS est de suivre les performances boursières des sociétés cotées disposant d'un actionnariat salarié significatif. Le 4 décembre 2006, la FAS et le groupe Euronext ont officiellement lancé l'indice IAS, sous la dénomination déposée « Euronext FAS IAS Index® », son calcul étant assuré en continu, comme pour l'ensemble des autres indices boursiers de la place de Paris (CAC 40, SBF 120, SBF 250, etc.), par NYSE Euronext.

L'indice Euronext FAS IAS® est composé de l'ensemble des valeurs du SBF 250 dont au moins 3 % du capital est détenu par au moins 25 % des salariés. En mars 2016, les entreprises suivantes composent l'indice :

Air France-KLM	Crédit Agricole	Netgem	Sopra Steria Group
Arkema	Devoteam	Nexans	Spie
Axa	Eiffage	Orange	Suez
BNP Paribas Act.A	Engie	Safran	TF1
Boiron	EssilorLuxottica	Saint Gobain	Total
Bonduelle	Fleury Michon	Schneider Electric	Vallourec
Bouygues	Inventiva	Scor SE	Vinci
Cap Gemini	Legrand	Société Générale	

Source : *Euronext*

Les PME non cotées boudent l'actionnariat salarié

Pour impliquer davantage leurs salariés et améliorer leur rémunération, 80 % des dirigeants de petites et moyennes entreprises (PME) non cotées en Bourse estiment que les associer au capital de l'entreprise est plutôt une bonne chose. Mais derrière ces belles paroles, seulement 4 % ont réellement mis en place un dispositif d'actionnariat salarié, selon une enquête* publiée en 2016 par les sociétés BDO et Eres.

L'actionnariat salarié arrive, en effet, très loin derrière les autres mécanismes plus classiques de partage du profit : la participation est utilisée dans 26 % des PME sondées, le plan d'épargne entreprise dans 23 %, l'intéressement dans 22 %.

Et encore, les structures de plus de 50 salariés offrent davantage de solutions. « Dans ces dernières, 80 % des salariés bénéficient d'un mécanisme d'épargne salariale, mais ce ratio tombe à 11 % dans les entreprises plus petites », rappelle Rolland Nino, directeur général de BDO. La France compte en revanche 3 millions d'actionnaires salariés d'entreprises cotées en Bourse, selon la dernière étude de la Fédération européenne de l'actionnariat salarié.

* Sondage OpinionWay pour BDO France et Eres, réalisé auprès d'un échantillon de 700 entreprises non cotées en Bourse. L'échantillon est pondéré pour être représentatif de l'univers des entreprises françaises de 20 à 1 000 salariés, à l'exception du secteur public.

La gestion de la masse salariale

La masse salariale représente souvent plus de la moitié des charges totales d'une entreprise. Ses facteurs d'évolution sont multiples, d'où la nécessité de les analyser au mieux afin de tenter de maîtriser son évolution.

Les facteurs d'évolution

La masse salariale correspond à la somme des rémunérations brutes et des charges sociales y afférant, versées au cours de l'année par l'entreprise. Plusieurs facteurs influent sur son évolution :

- les variations d'effectifs de chaque catégorie de salariés ;
- la rotation du personnel : départ de salariés âgés et embauche de jeunes ;
- l'évolution du niveau de qualification des salariés : liée aux promotions ;
- les variations de durée du travail : temps partiel, heures supplémentaires, etc. ;
- les augmentations générales accordées à l'ensemble des salariés ;
- les augmentations individuelles ;
- les primes liées à l'activité du salarié (notamment la participation et l'intéressement) ;
- les changements des taux de cotisations sociales et du plafond de la Sécurité sociale.

Le suivi et la maîtrise de l'évolution de la masse salariale impliquent donc une GPEC (voir page 40) pour anticiper correctement les évolutions d'effectifs et de compétences des salariés.

L'analyse de l'évolution de la masse salariale

Pour comprendre les causes de l'évolution de la masse salariale d'une année sur l'autre, la DRH calcule plusieurs indicateurs (appelés « effets ») dont la somme correspond à l'évolution globale de la masse salariale :

- l'effet masse traduit les conséquences d'une augmentation générale des salaires ;
- l'effet effectif traduit les conséquences des variations d'effectifs par catégorie ;
- l'effet noria traduit les réductions de la masse salariale liées au remplacement des salariés partant en retraite par des plus jeunes, payés à des salaires plus faibles ;
- l'effet GVT (Glissement vieillesse technicité) agrège le glissement lié aux augmentations individuelles, l'effet du vieillissement sur les salaires, l'effet de la technicité correspondant aux conséquences des augmentations de qualifications ou de compétences ;
- l'effet report : il permet de tenir compte de l'effet réel des hausses de salaires décidées une année donnée. Ainsi une revalorisation des salaires au 1er novembre pèsera-t-elle peu sur la masse salariale de l'année N (sur deux mois) mais pleinement sur l'année suivante N + 1.

La maîtrise de la masse salariale

Maîtriser la masse salariale ne signifie pas réduire au maximum les rémunérations, mais ajuster la rémunération à la contribution réelle du salarié et la rendre flexible et adaptable en fonction des contraintes économiques. Dans cette optique, les outils les plus performants du mix-rémunération sont les primes (individuelles ou collectives) liées à la performance, ainsi que la participation et l'intéressement (du fait des exonérations de charges sociales et fiscales, et des modalités souples de calcul de l'intéressement).

LA GESTION DE LA MASSE SALARIALE : APPLICATION PRATIQUE

L'entreprise Belleboîte emploie, au 31 décembre N, 200 salariés, dont 25 ouvriers en CDD. Compte tenu de l'importante concurrence étrangère et du tassement des commandes, le PDG a pris la décision de réduire l'effectif des salariés de production. Il souhaite éviter les licenciements, mais en profitant du départ à la retraite fin juin N + 1 de dix ouvriers en CDI et en ne renouvelant pas les dix CDD qui prennent fin au 1er avril. L'accord salarial pour l'année N + 1 prévoit une augmentation générale de 2 % au 1er avril. Les effets conjugués des bonifications liées à l'ancienneté et des promotions individuelles génèreront, à effectif constant, une variation de 3 % de la masse salariale en N + 1.

Le tableau suivant résume la répartition de la masse salariale de l'entreprise Belleboîte pour l'année N – 1 :

Catégories	Effectif	Salaire mensuel moyen/individu (€)	Salaire de décembre N/individu (€)
Ouvriers CDI	95	1 200	1 215
Ouvriers CDD	25	1 125	1 125
Employés	20	1 230	1 245
Techniciens	30	1 800	1 845
Maîtrise	20	2 175	2 220
Cadres	10	2 925	3 000

Il s'agit de calculer les différents effets qui permettent d'analyser l'évolution de la masse salariale, ainsi que le montant de la masse salariale pour l'année N + 1.

Formules :

Masse salariale (MS) = effectif x salaire mensuel moyen x 12 mois

Effet report = (MS de décembre N x 12) ÷ MS réelle de l'année N

Correction

Effet report

= 3 578 400 ÷ 3 521 700 = +1,61 %

Effet GVT

= +3 % (donnée de l'énoncé)

Effet masse

= 2 % à partir d'avril = 2 % x (9 ÷ 12) = +1,5 %

Effet effectif

- Dix ouvriers en CDI prennent leur retraite au mois de juin, l'effectif passera donc de 95 à 85 ouvriers au 1er juillet N + 1.

Diminution MS des ouvriers CDI
= (– 10 CDI ÷ 95 CDI) x (6 mois ÷ 12 mois)
= (– 10 ÷ 95) x (6 ÷ 12)
= – 0,0526 = – 5,26 %.

La MS des CDI représente, en N, 38,84 % de la masse salariale globale.

Diminution de la masse salariale globale en N + 1 :
– 0,0526 x 0,3884 = – 0,0204, soit – 2,04 %.

- Dix CDD non renouvelés au 1er avril N + 1 diminueront la MS de 2006.

Diminution MS des ouvriers CDD
= (–10 ÷ 25) x (9 ÷ 12) = – 0,3 = – 30 %

La MS des CDD représente 9,58 % de la MS de l'année N.

Diminution de la MS globale en N + 1 :
– 0,3 x 0,958 = – 0,0288 = – 2,88 %.

L'effet effectif global est de :
– 2,04 % – 2,88 % = – 4,92 %.

Effet noria

Comme l'entreprise diminue ses effectifs, on suppose qu'il n'y aura aucune embauche, donc pas d'effet noria.

Variation totale de la masse salariale entre N et N + 1

1,61 % + 3 % + 1,5 % – 4,92 % = +1,19 %.

Montant de la masse salariale pour N + 1

3 521 700 x 1,0119 = 3 563 608 €.

La gestion de carrière

La gestion des carrières consiste pour l'entreprise à satisfaire à la fois les besoins de l'organisation (effectifs et compétences recherchées) et les aspirations individuelles des salariés, mais aussi à fidéliser les collaborateurs-clés. Elle se trouve donc au cœur de la GRH.

Définition

La gestion de carrière a pour objectif de gérer la relation entre les individus et l'organisation dans la durée. La carrière de chaque salarié est alors appréhendée comme une succession de postes, dans la même entreprise ou ailleurs, de recherches d'emploi, de périodes de formation, de processus d'évaluation…

On distingue généralement la planification des carrières et la gestion des carrières. Dans la planification, le salarié tente de gérer sa carrière individuellement ; dans la gestion des carrières, l'entreprise envisage les réponses possibles à des besoins futurs. Les deux processus sont cependant liés : un salarié qui considère que l'organisation ne lui permet pas de suivre son plan de carrière la quittera certainement.

Les facteurs d'influence des carrières

Les facteurs internes à l'entreprise :
- *sa taille* : les opportunités d'évolution sont proportionnelles à la taille de l'entreprise ;
- *sa stratégie RH* : fidélisation des éléments-clés ;
- *sa structure* : une structure fortement pyramidale facilite le diagnostic de possibilité de promotion interne ;
- *son taux de croissance* : une entreprise en forte croissance est prometteuse en termes de chances de poursuite de carrière en interne des salariés.

Les facteurs externes à l'entreprise :
- *les données démographiques* : elles peuvent être source d'opportunités de promotion pour de nombreux salariés (*papy-boom*) ;
- *le système éducatif* : les entretiens d'orientation influencent les choix de carrière des futurs salariés ;
- *l'évolution des aspirations individuelles* : les salariés peuvent être amenés à changer de trajectoire professionnelle et à modifier leur carrière ;
- *le contexte économique et technologique* : les évolutions technologiques rendent obsolètes certains métiers et en créent d'autres (gestionnaire de site Web, par exemple). Chacun doit donc se tenir aux courant de ces évolutions, afin de ne pas se retrouver dans une impasse.

Les principaux outils de la gestion de carrière

Trois grands outils servent à l'entreprise et aux salariés pour gérer les carrières :
- *les outils de planification des carrières* : plan de carrière, référentiel métiers (qui décrit les composantes principales des différents métiers présents dans l'entreprise) ;
- *les outils de mise en œuvre de la carrière* : bilans de compétences, comités de carrières, bourses d'emplois ;
- *les outils d'évaluation et de suivi des carrières* : entretien annuel d'évaluation.

LES ÉTAPES DE LA CARRIÈRE

Le modèle de carrière de Levinson

D. J. Levinson (1989) a identifié plusieurs périodes dans la vie professionnelle d'un salarié, correspondant chacune à des attentes différentes ou nouvelles.

Période	Tranche d'âge	Tâche de carrière	Type de période
Entrée dans la structure de vie en début d'âge adulte	23-28 ans	Création d'une structure de vie stable avec des engagements	Stable
Transition de la trentaine	28-33 ans	Réévaluation et modification de la structure initiale	Transitoire
Point culminant de la structure de vie en début d'âge adulte	33-40 ans	Mise en place d'une niche par la réalisation d'un objectif ambitieux	Stable
Transition de la quarantaine	40-45 ans	Réévaluation et reformulation des objectifs pour permettre à des parties négligées de la personnalité du salarié de s'exprimer	Transitoire
Entrée dans la structure de vie en milieu d'âge adulte	45-50 ans	Création d'une structure de vie productive et significative	Stable
Transition de la cinquantaine	50-55 ans	Évaluation, modification et amélioration de la structure en milieu d'âge adulte	Transitoire
Point culminant de la structure de vie en milieu d'âge adulte	55-60 ans	Réalisation des objectifs fixés pendant la cinquantaine	Stable

Les ancres de carrière

Chaque individu a des attentes ou des valeurs fondamentales à ses yeux, et qu'il cherche à préserver et à développer tout au long de sa carrière. C'est ce qu'E. Schein appelle son « ancre de carrière ». Chaque individu n'en a qu'une, qui le guide dans ses choix tout au long de sa carrière. E. Schein identifie en tout huit ancres de carrière possibles.

• ***La compétence technique/fonctionnelle***

– Elle concerne les personnes qui cherchent à être reconnues pour leur expertise.

– Leur identité est construite autour du contenu de leur travail. La décision de mobilité est favorablement perçue si elle est permet au salarié de se perfectionner ou de rester un spécialiste.

• ***La compétence manager général/gestion***

– Les choix de carrière sont dictés par l'ambition d'obtenir un poste de direction.

• ***L'autonomie/indépendance***

– Elle exprime le besoin primordial d'être libre des contraintes organisationnelles.

– La personne se tournera vers une profession libérale.

• ***La sécurité/stabilité***

– La priorité de ce segment est la continuité dans un emploi, une entreprise ou une zone géographique.

– Le contexte de travail peut être plus important que le contenu du travail.

• ***La créativité entrepreneuriale***

– La carrière repose sur le besoin de prouver sa capacité de création.

• ***Le dévouement à une cause***

– Les personnes ont le désir d'exprimer dans le travail des valeurs centrales pour elles.

– Carrière organisée autour de cette cause, de la volonté d'aider autrui (ex. : médecin)

• ***Le défi pur***

– L'individu définit sa vie en termes compétitifs.

– Le travail doit donner des occasions de se tester.

• ***Le style de vie/qualité de vie***

– L'individu parvient à faire coïncider les besoins de l'individu, de la famille et de la carrière.

– Le respect par l'entreprise des préoccupations de l'individu et de la famille est jugé fondamental.

L'employabilité

Le concept de l'employabilité est né dans les années 70, dans un contexte marqué par la montée du chômage et la nécessité de réviser les politiques et pratiques en matière de création, de développement et de sauvegarde des emplois. Le développement de l'employabilité des salariés s'avère favorable aussi bien aux salariés qu'à l'entreprise.

Définition

L'employabilité est la capacité d'un salarié à obtenir ou conserver un emploi : dans sa fonction actuelle ou dans une autre fonction, à son niveau de classification ou à un niveau au moins équivalent, dans son entreprise ou dans une autre.

Pour développer son employabilité, le salarié doit être en mesure d'évaluer le niveau actuel de ses compétences et, par conséquent, les actions de formations complémentaires nécessaires. Il doit également être informé des possibilités de mobilité (internes ou externes à l'entreprise) et avoir une vision claire des caractéristiques des métiers de demain.

Du point de vue de l'entreprise, l'employabilité favorise sa performance à court terme car cela lui permet de disposer, à chaque poste, de salariés possédant les compétences requises. Sa performance est également améliorée à moyen et long termes, car les salariés ayant une forte employabilité sont plus facilement redéployables au sein de l'entreprise en fonction des axes de développement de son activité et de l'éventuelle émergence de nouveaux métiers.

Employabilité et carrière

Avec l'augmentation massive du chômage et l'incertitude économique, les entreprises ne peuvent plus et/ou ne veulent plus véhiculer une promesse de carrière à vie à leurs employés. Cette situation est d'autant plus vraie que de nombreux niveaux hiérarchiques ont été supprimés (on parle d'aplatissement de la structure des entreprises), réduisant d'autant les possibilités de promotion.

Favoriser l'employabilité est alors un argument de l'entreprise pour attirer et fidéliser les salariés dont elle recherche les compétences : elle ne leur garantit pas un emploi à vie, mais la possibilité d'en retrouver un autre à tout moment.

Conditions du développement de l'employabilité

Le développement de l'employabilité suppose un comportement actif du salarié dans la gestion de sa carrière. Pour sa part, l'entreprise qui veut favoriser l'employabilité doit :

- transmettre aux salariés les informations relatives à sa stratégie RH et aux possibilités de mobilité interne ;
- structurer l'organisation de manière à faciliter la responsabilisation des salariés et le développement de leurs compétences (développement de l'autonomie, groupes projets, etc.) ;
- mettre en place une gestion par les compétences axée sur l'évaluation des compétences, la mise en place de formations ciblées sur les compétences à acquérir, et qui permet le développement de la mobilité interne ;
- obtenir le soutien des instances représentatives des salariés, pour que les salariés reconnaissent les logiques de compétences et non plus seulement les logiques d'ancienneté.

EMPLOYABILITÉ ET HANDICAP

La question de l'employabilité touche tout particulièrement les travailleurs handicapés. Leur accès à l'emploi est favorisé par la loi du 11 février 2005, qui pose le principe de non-discrimination et prévoit un certain nombre de mesures et d'aides à l'emploi. Le travailleur handicapé est avant tout embauché pour ses capacités et son potentiel, et peut bénéficier d'aides favorisant son insertion professionnelle. La loi oblige les entreprises d'au moins 20 salariés à employer des travailleurs handicapés, dans une proportion de 6 % de leurs effectifs. Elles peuvent s'acquitter de cette obligation de plusieurs manières : recrutements directs, contrats de sous-traitance, accueil de personnes handicapées en stage au titre de la formation professionnelle, contribution annuelle à l'Agefiph (Association de gestion du fonds pour l'insertion professionnelle des personnes handicapées). En cas de non-respect de l'obligation d'emploi, les employeurs doivent verser au Trésor public une pénalité dont le montant est calculé en multipliant le nombre de bénéficiaires manquants par 1 500 fois le SMIC horaire et ce, quel que soit l'effectif total des salariés de l'entreprise, majoré de 25 %.

Ranstad

Depuis 2014, Ranstad recrute ses futurs collaborateurs handicapés et les forme à différents métiers afin de lever le frein de l'embauche de ces travailleurs : la qualification. C'est le cas d'une ancienne pâtissière, ayant perdu l'usage de son poignet, reconvertie au métier de consultante RH après avoir suivi une formation d'un an en alternance. La société fait également partie des Hangagés, une association qui regroupe des entreprises avec des niveaux d'expertise différents (Bosch, Bouygues, Endered, Eram, FDJ, Quick, etc). Mobilisées pour l'emploi des personnes handicapées, ces entreprises échangent sur les bonnes pratiques, portent des projets communs autour de la responsabilisation sur la question du handicap. À ce titre, l'ensemble des collaborateurs de Ranstad ont notamment participé à des Serious Games sur le handicap.

Derichebourg et Bosch

Les deux sociétés sensibilisent leurs salariés à la question du handicap pour lever les tabous et les craintes. Les managers de Bosch ont suivi, par exemple, des simulations d'entretiens d'embauche avec des candidats fictifs mais en situation de handicap visible ou non, afin de lever les *a priori*. Depuis 2017, Derichebourg sensibilise ses collaborateurs au handicap en faisant intervenir régulièrement des athlètes paralympiques au travers d'ateliers et de partages d'expériences sur le dépassement de soi et le handicap en entreprise.

L'évaluation des salariés

L'évaluation – ou appréciation – constitue un moment important de la rencontre entre le salarié et l'entreprise. Cette évaluation annuelle est souvent menée par le responsable hiérarchique direct du salarié évalué.

Les objectifs de l'évaluation

L'objectif de l'évaluation est triple : il s'agit d'évaluer à la fois la performance et le potentiel du salarié et d'améliorer la communication entre encadrement et personnel.

- *Évaluation de la performance du salarié.* Un bilan des forces et faiblesses de l'évalué est établi afin de mesurer ses savoirs, savoir-faire et savoir-être, et de détecter ses besoins de formation. Ce bilan permet de déterminer les critères d'évaluation adéquats pour mesurer quantitativement et qualitativement la performance du salarié. Ce volet de l'évaluation s'inscrit dans le cadre de l'individualisation des politiques et pratiques de RH au service de la compétitivité à court terme de l'entreprise.
- *Évaluation du potentiel du salarié.* Cette évaluation permet d'envisager les opportunités de carrière du salarié – et notamment la perspective de promotions –, sur la base d'une analyse fiable des compétences du salarié et de définitions de fonctions précises. Ce volet de l'évaluation s'inscrit quant à lui dans le cadre d'une recherche de compétitivité à moyen et long termes.
- *Amélioration de la communication entre l'encadrement et le personnel.* Ces actions d'évaluation peuvent contribuer à assainir un climat social en désamorçant, par exemple, certains conflits hiérarchiques.

Les méthodes de l'évaluation

Il existe de nombreuses méthodes d'évaluation, parfois combinées dans les entreprises. Seules les principales sont présentées ci-dessous.

- *L'entretien individuel.* Cet entretien entre le salarié et son supérieur hiérarchique n + 1 (parfois n + 2) est l'occasion d'évoquer les échecs et réussites de l'année passée, les objectifs et le plan d'action de l'année à venir. La qualité de l'évaluation résultant de cet entretien dépend en grande partie de la pertinence des critères d'évaluation retenus. Il faut que la fiche de poste, dont sont souvent issus ces critères, soit régulièrement mise à jour ; sinon, le salarié risque d'être évalué sur des critères qui ne correspondent plus à son travail actuel.
- *L'autoévaluation.* L'évalué remplit un formulaire d'autoévaluation, qui est ensuite comparé à celui rempli par son supérieur hiérarchique. Cette méthode fait apparaître les divergences d'opinion sur des points précis et permet, au cours de l'entretien, d'éclaircir les zones d'ombre.
- *Le 360°.* Dans le cadre de cette méthode d'évaluation particulièrement ambitieuse, le salarié est évalué tout d'abord par lui-même, puis par ses collaborateurs et son n + 1. Le formulaire d'évaluation peut ainsi être distribué à plus d'une dizaine de personnes. Ce processus peut également être élargi au 540° : les clients et fournisseurs sont alors conviés à participer à l'évaluation.

ENTRETIEN PROFESSIONNEL ET ENTRETIEN D'ÉVALUATION

Quelles différences et quels points communs y a-t-il entre l'entretien professionnel et l'entretien d'évaluation, également appelé entretien annuel ou entretien d'appréciation ?

	Entretien professionnel	Entretien d'évaluation
Finalité	Définir des perspectives d'évolution en réalisant un bilan du parcours professionnel du collaborateur. Identifier les besoins de formation du collaborateur et l'orienter par rapport aux besoins de l'entreprise. Favoriser la mobilité interne.	Visée plus managériale. Dresser le bilan d'une période passée, évaluer la qualité du travail et la performance du collaborateur. Définir des objectifs pour la période à venir.
Interlocuteur du salarié	Manager dans les grandes entreprises. Dirigeant ou DRH dans les plus petites.	Manager dans les grandes entreprises. Dirigeant ou DRH dans les plus petites.
Contexte de l'entretien	Dans les locaux de l'entreprise et sur les horaires de travail.	Dans les locaux de l'entreprise et sur les horaires de travail.
Caractère obligatoire	Obligatoire.	Pas d'obligation.
Périodicité	Tous les deux ans (La loi du 5 septembre 2018 permet qu'un accord collectif d'entreprise ou de branche puisse prévoir une périodicité différente). À proposer suite à une période d'interruption liée à un : congé maternité, congé parental, congé sabbatique, arrêt maladie de plus de 6 mois, mandat syndical. Obligation de faire tous les 6 ans un état des lieux récapitulatif du parcours professionnel du salarié et vérifier qu'il a : suivi au moins une action de formation ; bénéficié d'une progression salariale ou professionnelle.	Généralement tous les ans.

Le déroulement de l'entretien professionnel

Le déroulement de l'entretien est très libre, au sens où la réglementation ne contraint pas son contenu. À titre d'exemple, il peut suivre la trame suivante.

1. Rappel de la situation du salarié : diplômes, parcours professionnel, formations suivies depuis son arrivée dans l'entreprise.

2. Les évolutions depuis le dernier entretien : changement de poste, réalisation de nouvelles activités dans son poste, acquisition de nouvelles compétences.

3. Si le salarié a suivi des formations depuis le dernier entretien : bilan que le salarié tire de ces formations.

4. Échange avec le salarié sur les compétences mises en œuvre dans son emploi actuel, éléments de satisfaction du salarié, son point de vue sur les compétences qu'il pense devoir développer.

5. Projet d'évolution professionnelle du salarié à court terme (1 à 2 ans) et à plus long terme.

6. Plan d'actions : acquisition de nouvelles compétences, changement de poste, formation, mobilité, etc., à court terme et à plus long terme.

7. Conclusion.

La formation professionnelle

La formation professionnelle est un droit pour les salariés et un devoir pour les entreprises. Un management stratégique de cette formation est nécessaire pour développer les compétences des salariés, constituant ainsi un véritable atout pour la performance et la compétitivité de l'organisation.

Définition

- La formation professionnelle est l'ensemble des dispositifs pédagogiques mis à la disposition des salariés. Elle s'inscrit dans le cadre d'une logique gagnant-gagnant entre l'entreprise et le salarié dans la mesure où elle permet d'augmenter le potentiel d'adaptabilité des salariés face aux changements organisationnels (ce qui contribue à la performance de l'entreprise) et de leur apporter des satisfactions professionnelles (satisfaction d'avoir acquis de nouvelles compétences, amélioration de leur employabilité, évolution professionnelle suite à la formation).
- Le management de la formation nécessite donc la prise en compte simultanée des dimensions individuelle et collective de la GRH. Il s'agit à la fois de veiller à la performance globale de l'entreprise et de prendre en compte les attentes individuelles des salariés. Dans cette optique, la formation peut apparaître comme un défi majeur au service d'une réconciliation de l'économique et du social dans les entreprises. Une politique de formation bien gérée contribue à améliorer le climat social de l'entreprise.

Les objectifs d'une politique de formation

Une politique RH de formation doit combiner deux types d'objectifs.

- *Objectifs à court terme* : il s'agit d'atteindre un niveau optimal de productivité par une adéquation des profils des salariés aux exigences des postes de travail.
- *Objectifs à moyen et long termes* : il s'agit d'anticiper et de planifier, dans le cadre plus global de la gestion prévisionnelle des emplois et des compétences, les changements organisationnels et leur impact sur les métiers. Parallèlement, la RH s'emploie à manager l'évolution professionnelle des salariés afin de maintenir un bon niveau de motivation.

Les droits des salariés en matière de formation

- La loi du 16 juillet 1971 fixe un cadre juridique à la formation professionnelle, complétée depuis par de nombreux textes. Les lois successives relatives à la formation tout au long de la vie professionnelle ont réaffirmé et renforcé les droits des salariés dans ce domaine.
- Le salarié peut suivre une formation à l'initiative de l'employeur dans le cadre du plan de développement des compétences (ex-plan de formation) de l'entreprise. Il peut également demander à suivre une formation de sa propre initiative, ce qui peut se faire par le biais de son compte personnel de formation (CPF).
- Le salarié a également la possibilité d'effectuer un bilan de compétences afin de faire le point sur sa situation professionnelle, ou encore d'obtenir tout ou partie d'un diplôme par la validation des acquis de l'expérience (VAE).

LA PARTICIPATION DES ENTREPRISES AU FINANCEMENT DE LA FORMATION PROFESSIONNELLE

En matière de formation professionnelle, l'employeur doit consulter les représentants du personnel sur la mise en œuvre de la formation dans l'entreprise et participer à son financement.
La contribution à la formation professionnelle continue, que doit verser l'entreprise tous les ans à l'OPCO (opérateur de compétences) dont elle relève, est fonction du montant total des rémunérations imposables et des avantages en nature versés pendant l'année au personnel : salaires, cotisations salariales, primes, gratifications, indemnités, pourboires, etc. Elle est variable selon la taille de l'entreprise.

Effectif moyen	Taux de cotisation	
	Entreprises générales	Entreprises de travail temporaire
Jusqu'à 10 salariés	0,55 %	0,55 %
À partir de 11 salariés	1 %	1,3 %

La répartition de cette contribution est, elle aussi, variable selon la taille de l'entreprise. L'idée est que plus l'entreprise est grande, plus elle investira volontairement (et donc au-delà de cette contribution obligatoire) dans son propre plan de développement des compétences.

Quelle que soit la taille de l'entreprise, la loi précise les dispositifs que la contribution finance :
- de l'alternance, à savoir les contrats de professionnalisation, l'apprentissage, la reconversion ou promotion par alternance (appelée dispositif Pro-A) ;
- du conseil en évolution professionnelle (CEP) pour les actifs du secteur privé ;
- du développement des compétences des salariés des entreprises de moins de 50 salariés ;
- de la formation des demandeurs d'emploi, notamment par la biais de la Préparation opérationnelle à l'emploi (POE) ;
- le CPF (compte personnel de formation) et le CPF de transition professionnelle.

Les actions de formation qui entrent dans le champ des dispositifs de la formation professionnelle visent principalement l'adaptation et le développement des compétences des salariés, l'accompagnement des promotions ou des reconversions professionnelles. Mais d'autres types de formations peuvent également être intégrés dans les dispositifs de formation professionnelle, par exemple :
- la promotion de la mixité dans les entreprises, la sensibilisation à la lutte contre les stéréotypes sexistes ;
- la lutte contre l'illettrisme et en faveur de l'apprentissage de la langue française ;
- la formation à l'économie et à la gestion, afin que les salariés comprennent le fonctionnement et les enjeux de l'entreprise ;
- l'acquisition ou le perfectionnement de connaissances permettant d'offrir aux travailleurs les moyens d'accéder à la culture, de maintenir ou de parfaire leur niveau culturel, ainsi que d'assumer des responsabilités accrues dans la vie associative.

Le bilan de compétences

Le bilan de compétences permet au salarié d'analyser ses compétences professionnelles et ses motivations, afin de définir un projet professionnel et, si besoin, un thème de formation. Il peut être décidé par l'employeur ou initié par le salarié, dans le cadre d'un congé spécifique.

Les enjeux du bilan de compétences

Pour le salarié, l'enjeu est multiple. Le bilan lui permet d'analyser ses compétences personnelles et professionnelles ainsi que ses motivations et, par la suite, de déterminer son niveau d'employabilité. Cela lui permet de mettre en exergue ses atouts pour un emploi, une formation ou une nouvelle orientation de carrière. Le bilan permet aussi d'analyser l'opportunité et la faisabilité d'un projet professionnel.

Pour l'entreprise, l'enjeu est triple : elle doit à la fois affiner la GPEC, renseigner l'élaboration du plan de formation, et faciliter la gestion des carrières et la mobilité professionnelle.

Le déroulement du bilan de compétences

Le bilan de compétences est réalisé par un prestataire extérieur à l'entreprise et s'inscrit dans un cadre réglementé. Deux conditions sont nécessaires pour que le bilan soit effectué :

- le salarié doit justifier de 5 ans d'ancienneté, dont 12 mois dans l'entreprise ;
- la durée du bilan ne peut pas excéder 24 heures et s'étale sur plusieurs jours.

Le bilan de compétences se déroule en trois étapes.

- *La phase préliminaire* : le salarié prend connaissance des conditions de déroulement du bilan, des méthodes et des techniques mises en œuvre. C'est pour lui l'occasion de préciser sa demande et ses attentes.
- *La phase d'investigation* : réalisée par le prestataire, l'investigation consiste à déterminer les compétences, le parcours professionnel et extraprofessionnel du salarié. Elle permet par ailleurs d'évaluer ses motivations et d'envisager des pistes d'évolution.
- *La phase de conclusion* : le prestataire remet une synthèse écrite et détaillée au candidat, fondée sur l'ensemble des entretiens et outils d'évaluation utilisés pendant le bilan. Cette synthèse ne pourra être communiquée à un tiers qu'avec l'accord du salarié. Il est toutefois parfois opportun de remettre ses conclusions à sa hiérarchie dans le but, par exemple, d'intégrer certaines propositions au plan de formation.

Les outils du bilan de compétences

L'entretien individuel. D'une durée moyenne de deux heures, il se déroule généralement sur la base d'un entretien relativement ouvert, offrant une grande liberté de parole au candidat.

Les outils d'évaluation. L'évaluation s'appuie en grande partie sur des tests (par exemple, tests de motivation ou tests d'aptitude) visant à éclairer certaines thématiques primordiales relevées dans l'entretien.

Le projet professionnel. Lorsque le candidat a clairement exprimé son intérêt pour un projet professionnel spécifique, ce projet peut être affiné par une étude documentaire ou par la consultation de certains spécialistes.

LA VALIDATION DES ACQUIS DE L'EXPÉRIENCE (VAE)

Principe de l'évaluation

La Validation des acquis de l'expérience (VAE), instituée par la loi de modernisation sociale du 17 janvier 2002, permet au salarié de faire reconnaître son expérience afin d'obtenir un diplôme. Cette procédure est la suite logique au bilan de compétences. Peut faire l'objet d'une validation l'ensemble des compétences acquises dans le cadre d'une activité professionnelle – salariée, non salariée ou bénévole –, en rapport direct avec le contenu de la certification visée. Il faut pouvoir justifier d'au moins un an d'expérience en rapport direct avec la certification visée.

Ainsi, l'épouse et collaboratrice d'un artisan, chargée de la comptabilité, de la gestion et de la relation clientèle, peut obtenir, si elle le souhaite et à condition de faire valoir son expérience dans les conditions prévues pour la VAE, un BTS d'assistante de gestion de PME-PMI.

Les certificats, diplômes et titres accessibles par la VAE sont inscrits dans le Répertoire national de la certification professionnelle (RNCP), disponible sur le site www.rncp.gouv.fr. Ces certificats à finalité exclusivement professionnelle peuvent être délivrés par un ministère, une université, un établissement public ou privé, une branche professionnelle. Sont toutefois exclus les diplômes généraux comme les baccalauréats ES, L, S ainsi que certaines certifications des secteurs de la défense nationale et de la santé.

Les étapes de la procédure

• *Le dépôt du dossier*

La demande de validation des acquis de l'expérience doit être adressée à l'institution ou à l'organisme valideur qui en vérifie la recevabilité. Une seule demande par an peut être déposée pour une même certification, trois au maximum quand elles sont différentes.

• *L'analyse par un jury*

Sur la base du dossier de validation, un jury composé de professionnels, d'enseignants ou de formateurs étudie la requête effectuée.

• *La décision*

À l'issue de l'étude des dossiers, le jury peut décider de l'attribution totale ou partielle du diplôme. Dans le cas d'une attribution partielle, il décide des compétences qui devront faire l'objet d'une évaluation complémentaire (dans un délai maximal de 5 ans) afin de permettre la délivrance du diplôme.

Les unités de valeur d'un diplôme acquises offrent aux candidats la possibilité de suivre les autres diplômes en formation continue.

Les attentes des entreprises envers la VAE

Une étude réalisée pour le ministère de l'Économie permet de mieux comprendre les attentes des entreprises vis-à-vis des démarches de VAE de leurs collaborateurs.

Attentes des entreprises (par ordre d'importance décroissant)	Motivation
(1) Valoriser et motiver le personnel	Humaine (reconnaissance, fidélisation, valorisation)
(2) Développer l'employabilité interne et externe des salariés (3) Accompagner l'évolution interne de certains salariés (4) Accompagner l'évolution de l'activité et des métiers	Management RH (gestion des compétences…)
(5) Mettre en adéquation les postes occupés et les qualifications	Organisationnelle (accompagner les choix d'organisation)
(6) Renforcer l'image qualité de l'entreprise vis-à-vis de l'extérieur (7) Valoriser certains métiers clés au sein de l'entreprise (8) Réduire les parcours de formation	Économique (compétitivité, productivité, réactivité, fluidité du système de production…)
(9) Favoriser le dialogue social	Facteur social (dialogue social…)

D'après le ministère de l'Économie, *Gagner en compétences pour gagner en compétitivité ; les pratiques de validation des acquis de l'expérience (VAE) dans les entreprises industrielles et des services à l'industrie*, www.industrie.gouv.fr.

Le Projet de transition professionnelle

Le Projet de transition professionnelle est une modalité particulière de mobilisation du Compte personnel de formation. Il permet aux salariés qui souhaitent changer de métier ou de profession de financer des formations certifiantes en lien avec leur projet. Il sert à financer des formations longues (de plusieurs mois à un an).

Les bénéficiaires

- Tout salarié en CDI, qui a une ancienneté de plus de 24 mois, consécutifs ou non, et qui est présent dans l'entreprise depuis plus de 12 mois, quelle que soit la nature des contrats de travail successifs.
- Les salariés en CDD, qui justifient de 24 mois d'activité professionnelle dans les 5 dernières années (tout type de contrat ou de statut) dont 4 mois en CDD au cours de la dernière année. La formation doit commencer au maximum 6 mois après la fin du CDD en cours.

La demande du salarié et la réponse de l'employeur

- Les actions de formation s'accomplissent pendant le temps de travail, sauf cas particulier. Le salarié doit donc informer l'entreprise par écrit de sa volonté de prendre un congé de transition professionnelle : 60 jours avant son début si l'action de formation est d'une durée maximale de 6 mois ; 120 jours si la durée de l'action de formation est de plus de 6 mois, qu'elle a lieu à plein temps et en continu.
- L'employeur dispose de 30 jours pour fournir une réponse écrite. Une absence de réponse équivaut à une autorisation. Deux cas de figure peuvent motiver un refus d'autorisation ou un report de départ :

• le salarié ne remplit pas les conditions requises : l'autorisation est alors refusée ;

• l'absence peut avoir des conséquences préjudiciables au fonctionnement de l'entreprise, ou il y a déjà un certain nombre de salariés absents : la demande sera alors provisoirement reportée, dans la limite de 6 mois.

- Les Commissions paritaires interprofessionnelles régionales (CPIR), dénommées « associations Transitions Pro », examinent la demande de prise en charge du projet. Trois critères doivent être respectés pour pouvoir en bénéficier :

• la cohérence du projet (par rapport au profil, au parcours, à la formation initiale du porteur du projet) ;

• la pertinence du parcours de formation (choix de la formation, coût, personnalisation) ;

• les perspectives d'emploi (les débouchés au niveau régional, par exemple). L'objectif est évidemment de financer des formations qui permettent de trouver un nouvel emploi.

La situation du salarié

- D'un point de vue juridique, le contrat de travail est maintenu : il est seulement suspendu pendant la durée de la formation. Le salarié doit donc, à son retour de congé, retrouver son emploi ou un poste équivalent.
- D'un point de vue financier, le salarié bénéficie d'une rémunération pendant toute la durée de l'action de formation (financée par les associations Transition Pro). Cette rémunération est fonction du salaire touché précédemment et de la durée de la formation.

LE COMPTE PERSONNEL DE FORMATION (CPF)

Le CPF permet à toute personne active, dès son entrée sur le marché du travail et jusqu'à sa retraite, d'acquérir des droits à la formation mobilisables tout au long de sa vie professionnelle. Il a ainsi pour ambition d'accroître le niveau de qualification de chacun et de sécuriser les parcours professionnels. Il est attaché au salarié et le suit au cours de sa carrière, d'entreprise en entreprise, mais également durant les éventuelles périodes de chômage.

Comment activer son compte ?

Le CPF est un droit mais les salariés doivent néanmoins activer leur compte depuis le site Internet www.moncompteformation.gouv.fr pour pouvoir activer et utiliser leurs droits.
Ce site permet également de rechercher des formations éligibles au CPF.

Qui est concerné et pour quoi ?

Tous les salariés et demandeurs d'emploi, dès l'âge de 16 ans et jusqu'à leur départ en retraite, bénéficient du CPF.
Les formations qui peuvent être suivies dans le cadre du CPF sont listées par les partenaires sociaux et concernent : des formations qualifiantes (qui conduisent à une qualification ou à une certification), l'accompagnement à la validation des acquis de l'expérience (VAE), les formations qui permettent l'acquisition d'un socle de connaissances en français, mathématiques, informatique, etc.

D'un point de vue pratique

Chaque année, le compte du salarié est crédité automatiquement en euros, sur la base de la déclaration de son employeur. Pour une personne travaillant au moins la moitié de la durée légale, il est alimenté à raison de 500 euros par an (le compte est plafonné à 5 000 euros). Pour une personne travaillant moins, les droits acquis sont proratisés en fonction du temps de travail effectué au cours de l'année. Les heures accumulées sur le compte ne sont pas perdues en cas de changement d'entreprise ou de chômage.
Si le coût de la formation est supérieur au solde de son compte, des possibilités existent, en fonction de la situation de la personne, pour que le montant restant soit financé par l'employeur, un opérateur de compétences, la Région, Pôle emploi, etc. À défaut, le salarié peut financer lui-même.

Le plan de développement des compétences

Le plan de développement des compétences est un document qui formalise l'ensemble des actions de formation envisagées par l'entreprise pour ses salariés. Élaboré après une consultation des représentants du personnel, c'est un outil majeur de la stratégie des ressources humaines de l'entreprise.

Les trois étapes d'élaboration du plan de développement des compétences

Identification et analyse des besoins de formation. Les besoins sont ceux issus de la démarche de Gestion prévisionnelle des emplois et des compétences (GPEC) et ceux relatifs aux attentes individuelles exprimées par les salariés, notamment à l'occasion des entretiens annuels d'évaluation.

Définition du plan de développement des compétences. Elle s'effectue tout d'abord au regard des orientations stratégiques définies par la direction de l'entreprise. Le rôle du responsable formation est de transformer ces orientations en actions dans le cadre d'un budget précis et de déterminer les dispositifs pédagogiques les plus adéquats à mettre en place.

Exécution et évaluation du plan de développement des compétences. Le plan de formation doit être diffusé à l'ensemble des parties concernées. Il faut cependant veiller à ce que la réalisation des actions prévues par le plan ne nuise pas au bon déroulement du travail dans les différents services. Il faut par ailleurs déterminer les modalités pertinentes d'évaluation du plan de développement des compétences afin de mesurer la qualité du retour sur investissement.

Le contenu du plan de développement des compétences

Le plan de développement des compétences se présente sous la forme d'un document écrit précisant :
- le contexte général du plan de développement des compétences (situation économique et sociale de l'entreprise) ;
- les objectifs (en termes de qualité, compétitivité, développement, maîtrise du changement) ;
- les catégories de salariés concernés (agents de maîtrise, ouvriers, etc.), les effectifs, les métiers concernés ;
- les actions programmées, leurs contenus, les modalités, le calendrier ;
- le budget et les affectations budgétaires ;
- les modalités d'évaluation (indicateur de suivi, tableau de bord...).

Le plan de développement des compétences peut comporter deux types d'actions :
- les actions de formation obligatoires, en application d'accords ou conventions collectives, qui servent à acquérir des compétences qui peuvent être directement utilisées par le salarié ou qui correspondent à une évolution de son métier ;
- les autres actions de formation, dites non obligatoires, qui permettront au salarié d'envisager des évolutions professionnelles au sein ou en dehors de l'entreprise.

Le plan peut contenir des actions de formation interne (assurées par des membres de l'entreprise) et des actions de formation externe (réalisées par un organisme de formation).

DISPOSITIONS JURIDIQUES RELATIVES AU PLAN DE DÉVELOPPEMENT DES COMPÉTENCES

Le rôle des représentants du personnel

• Tous les ans, le comité social et économique (CSE) doit être consulté en matière de formation professionnelle. Il doit l'être tout d'abord sur les orientations de la formation professionnelle dans l'entreprise, qui fait partie de la consultation plus large portant sur les orientations stratégiques de l'entreprise. Stratégie de l'entreprise et compétences des salariés sont en effet indissociables. Il doit l'être également plus spécifiquement sur le plan de développement des compétences , ce qui s'intègre à la consultation annuelle plus large du CSE sur la politique sociale de l'entreprise, les conditions de travail et l'emploi. Les représentants des salariés doivent pouvoir consulter les informations relatives au plan de développement des compétences dans la BDES (base de données économiques et sociales).

• L'objectif de cette procédure de consultation est de permettre aux représentants du personnel de faire des propositions pour modifier ou améliorer le plan de développement des compétences envisagé par l'employeur. Le CSE délibère et donne un avis qui ne contraint pas l'entreprise dans ses décisions sur le projet de plan de formation.

• Le salarié peut demander à suivre une formation prévue dans le plan de développement des compétences de l'entreprise. La loi n'impose aucune procédure : la demande et la réponse sont formulées librement, selon les usages ou les dispositions conventionnelles qui peuvent exister dans l'entreprise. Si l'employeur accepte, le départ en formation du salarié reste assimilé à l'exécution normale du contrat de travail.

• En revanche, un salarié ne peut refuser de suivre une formation dans le cadre du plan de développement des compétences s'il s'agit d'une action de formation « obligatoire ou nécessaire » : ne pas s'y soumettre peut être pénalisé comme faute professionnelle. Il existe cependant des exceptions :

– le bilan de compétences : l'employeur ne peut contraindre un salarié à suivre un bilan de compétences. Le refus de ce dernier ne peut constituer, selon le Code du travail, « ni une faute, ni un motif de licenciement » ;

– certaines conditions de départ en formation peuvent être assimilées à une modification du contrat de travail (formation particulièrement longue, très éloignée, demande de départ précipité) ou révèlent une volonté manifeste d'entraver l'exécution du mandat d'un représentant du personnel si le salarié concerné par la formation est également représentant du personnel. Par essence litigieuses, les conséquences de refus du salarié seront tranchées au cas par cas par les prud'hommes.

– La formation se déroule en tout ou partie en dehors du temps de travail. Le refus du salarié ne peut être considéré ni comme une faute, ni comme un motif de licenciement.

– La VAE devant un jury en vue d'obtenir tout ou partie d'un diplôme ou d'un titre professionnel. L'employeur ne peut imposer une telle validation : elle suppose le consentement du salarié et son refus ne constitue ni une faute, ni un motif de licenciement.

Source : ministère de l'Emploi, www.travail.gouv.fr

Les principales méthodes de formation

Il existe plusieurs méthodes de formation, allant de l'exposé classique aux jeux de rôles. Les formations peuvent être interentreprises (salariés de plusieurs entreprises) ou intra-entreprise (salariés d'une seule). Le responsable RH doit s'interroger sur le rapport coûts/avantages de ces formules.

Les méthodes de transfert de contenus et de savoir-faire

Ces méthodes sont à la fois les plus anciennes et les plus classiques, qu'elles soient théoriques ou très pratiques :

- *L'exposé*. Le formateur effectue une présentation devant un groupe de personnes, selon un plan précis et à l'aide de divers supports. Ce type de méthode permet de s'adresser à plusieurs personnes en même temps, mais elle peut devenir lassante pour l'auditoire et le formateur si ce celui-ci ne parvient pas à captiver son auditoire.
- *Le Training Within Industry* (TWY). Cette méthode se concentre sur la transmission de savoir-faire aux nouveaux employés par un encadrement de premier niveau. Elle s'avère efficace pour les emplois demandant un niveau de qualification relativement faible (notamment pour la prise de poste d'un opérateur sur une chaîne de travail).

Les méthodes de découverte

- *Le projet*. Le formé doit réaliser une étude sur une problématique liée à l'entreprise ; il développe ainsi sa capacité de diagnostic et de préconisation (par exemple, résoudre des problèmes chroniques de retards de livraison). Le formateur prodigue avant tout des savoirs relatifs à la conduite de projet.
- *La formation-action*. Elle a pour objectif d'accroître le pouvoir d'intervention des formés sur leur situation professionnelle. Ce type de formation, menée par un groupe-projet, s'apparente souvent à une résolution d'un problème organisationnel. Cela permet notamment de développer des compétences collectives (une formation-action peut être par exemple décidée dans le but de comprendre puis de réduire un trop fort taux d'absentéisme). Le formateur doit laisser au groupe une large autonomie pour la rédaction de l'analyse et des propositions, mais doit aussi favoriser une approche consensuelle parmi les formés.

Les autres méthodes classiques

- *Les jeux de rôles*. Les formés sont amenés à rentrer dans la peau d'un personnage (par exemple, un assistant RH jouera le rôle d'un délégué syndical) afin d'accroître leur compétence d'analyse des situations de relation. Cette expérience est fortement appréciée par les formés, mais elle nécessite un formateur expérimenté, attentif à rester au plus près des principaux objectifs de la formation.
- *La méthode des cas*. Cette méthode, très utilisée, consiste à développer la capacité d'analyse et de décision des formés en les soumettant à une simulation d'une situation réelle. Elle vient souvent en complément d'une formation théorique. Pour être effective, la méthode doit s'appuyer sur un cas éprouvé le plus proche possible de la réalité professionnelle des formés.

L'ÉVALUATION DE LA FORMATION

Les trois sources d'évaluation

Afin de mesurer l'atteinte des objectifs d'une politique de formation, il est indispensable d'évaluer les différentes actions engagées. Les résultats de trois sources d'évaluation sont ainsi associées : enquête de satisfaction auprès du salarié formé, évaluation de la réalité des transferts, évaluation du retour sur investissement.

Niveau 1. Cette enquête de satisfaction permet de mesurer l'efficacité pédagogique de la formation. Par le biais d'un questionnaire d'auto-évaluation, les salariés ayant suivi la formation peuvent se prononcer sur son contenu et son déroulement. Ce niveau d'évaluation ne permet cependant pas de mesurer précisément l'efficacité de la formation au regard des objectifs opérationnels précis qui lui ont été assignés.

Niveau 2. Cette mesure sert avant tout à vérifier que les salariés formés possèdent et utilisent les compétences professionnelles pour lesquelles ils ont été formés. Des modifications positives visibles dans leur comportement au travail doivent ressortir, par exemple, à l'occasion d'une supervision par un supérieur.

Niveau 3. Pour mesurer le retour sur investissement, il faut avoir identifié les indicateurs de l'efficacité à la formation. Il peut s'agir par exemple d'indicateurs relatifs à la productivité, à la diminution des problèmes « qualité », à l'amélioration du climat social, à la baisse de l'absentéisme...

Niveau 1 **Enquête de satisfaction auprés du salarié formé** Évaluation de l'efficacité pédagogique	→ Questionnaire d'autoévaluation
Niveau 2 **Évaluation de la réalité des transferts** Évaluation de l'impact réel sur la réalité du travail	→ Suivi du salarié
Niveau 3 **Évaluation du retour sur investissement** Évaluation de la rentabilité de la formation	→ Indicateurs de performance

Exemple de questionnaire de satisfaction, orienté vers l'évaluation de l'efficacité

0 = pas du tout capable
10 = tout à fait capable

	Avant la formation	Au terme de la formation
a. Planifier et gérer des projets par des objectifs	1 2 3 4 5 6 7 8 9 10	1 2 3 4 5 6 7 8 9 10
b. Développer des programmes d'activités et des plans de travail	1 2 3 4 5 6 7 8 9 10	1 2 3 4 5 6 7 8 9 10
c. Développer des plans budgétaires	1 2 3 4 5 6 7 8 9 10	1 2 3 4 5 6 7 8 9 10
d. Évaluer le projet	1 2 3 4 5 6 7 8 9 10	1 2 3 4 5 6 7 8 9 10
e. Construire et manager des équipes	1 2 3 4 5 6 7 8 9 10	1 2 3 4 5 6 7 8 9 10

Le e-learning

Avec le e-learning, c'est désormais la formation qui vient aux individus et plus l'inverse. Les avantages de cet outil sont multiples, aussi bien pour l'entreprise que pour ses salariés. Ce système doit néanmoins être géré de façon rigoureuse, afin d'éviter des dérives néfastes pour l'entreprise.

Objectifs et avantages du e-learning pour l'entreprise

- Le e-learning est la convergence de la formation et d'Internet. C'est un moyen de formation à distance. Encore peu répandu en France, il représente plus de la moitié des formations aux États-unis.
- L'entreprise peut y recourir en diverses occasions :
  - pour former les nouveaux embauchés aux méthodes de travail spécifiques de l'entreprise ;
  - pour aider les salariés à acquérir rapidement les connaissances requises lors d'une évolution ou d'un changement de poste (réponse à un besoin à court terme) ;
  - pour permettre aux salariés d'évoluer au sein de l'entreprise. Des outils de formation leur permettant d'acquérir de nouvelles connaissances sont alors mis à leur disposition (réponse à un souhait des salariés et à un éventuel besoin à long terme pour l'entreprise).
- Pour les entreprises en général, le e-learning présente l'avantage de réduire les coûts associés à la formation, notamment les frais de déplacement et d'hébergement, qui représentent parfois une part importante du budget de formation. Pour les grandes entreprises, il permet de standardiser la formation de salariés occupant des postes identiques à travers le monde.

Principes d'une formation en e-learning

- Le e-learning utilise différents formats (texte, image, vidéo, sons) pour transmettre aux formés le contenu de la formation, et alterne cours, exemples et exercices. Les cours en e-learning demandant une attention et une concentration importante, on estime généralement que les séquences d'apprentissage doivent durer 1 heure 30 au maximum.
- En plus des formations, les forums de discussion favorisent l'apprentissage : les personnes qui suivent la même formation peuvent échanger entre elles et enrichir leurs acquis.
- Le e-learning peut constituer à lui seul la totalité d'une formation ou être utilisé en soutien d'une formation en présentiel. Il intervient alors en amont, en aval ou au cours du stage.
- Pour les apprenants, le e-learning présente l'intérêt d'être disponible en permanence et souple quant au rythme d'apprentissage : toute séquence de formation mal comprise peut être recommencée jusqu'à la disparition des difficultés rencontrées.

Un risque pour l'entreprise ?

Le e-learning favorise l'employabilité des salariés en permettant à chacun de mettre à jour en permanence ses connaissances et d'en acquérir de nouvelles. Mais si l'entreprise met à disposition de tels outils en libre service, elle est confrontée à un risque de comportement opportuniste de la part des salariés : un individu peut profiter des outils de e-learning pour accroître ses connaissances, et se faire recruter ailleurs.

MOOC, COOC OU SPOC ?

Les MOOC

Les MOOC (*Massive Open Online Courses*), initialement lancés par de grandes universités américaines comme Harvard ou le MIT (Massachusetts Institute of Technology), sont des cours disponibles sur Internet ouverts à tous. De nombreux MOOC sont accessibles gratuitement et, selon les cas, offrent la possibilité de délivrer un certificat de réussite à l'issue de la formation et d'un examen final. Le site Internet de France Université Numérique (www.fun-mooc.fr) propose ainsi des cours sur des thèmes aussi variés que la gestion de crise, le traitement du signal, le dimensionnement en mécanique, la programmation informatique, etc.

Les COOC

Les COOC (*Corporate Online Open Courses*) ont fait leur apparition beaucoup plus récemment. Il s'agit de cours en ligne dispensés par une entreprise auprès de ses salariés ou, selon les cas, de ses clients.

C'est le cas, par exemple, de Bank of America (www.bettermoneyhabits.com), qui a lancé des modules de formation en gestion financière pour ses clients (près d'un tiers des Américains dit avoir pris de mauvaises décisions financières). De son côté, le Français Engie a lancé en 2015 son COOC « We Transform », centré sur la stratégie, la culture managériale et le digital, qui a attiré plus de 15 000 collaborateurs à travers le monde.

Les COOC sont donc particulièrement bien adaptés pour les équipes nombreuses, multinationales ou disséminées dans plusieurs villes.

Les SPOC

Les SPOC (*Small Private Online Courses*) sont des cours en ligne en cercle restreint, avec un nombre d'accès volontairement limité. C'est le cas, par exemple, de la formation « Building Bloc » de Lafarge, portant sur la segmentation des offres produits et solutions, destinée à une cinquantaine de cadres du service marketing, situés dans 20 pays.

Ces formations peuvent prendre différentes formes mais les *serious games* (jeux sérieux) sont en fort développement et visent à faire intégrer des connaissances aux participants à travers des situations actives et ludiques. Le jeu *Mecagenius* permet, par exemple, d'apprendre à optimiser une production et à usiner des pièces en utilisant des machines-outils à commande numérique.

Le coaching

Les nombreux changements que subissent les entreprises génèrent un fort stress chez les salariés, stress qui, dans la durée, peut nuire à la performance. Ce contexte explique le fort développement du coaching, méthode désormais considérée comme un outil privilégié des services RH.

Définition du coaching

- Le coaching désigne l'accompagnement limité dans le temps d'un salarié ou d'une équipe par une personne – le coach –, dans le but de développer des potentiels et des savoir-faire se rapportant à des objectifs professionnels.
- Coaching et psychothérapie se distinguent clairement : le coach intervient sur des problématiques d'entreprise et se focalise sur la liaison entre la situation présente et une projection future, tandis que la psychothérapie tente de résoudre des difficultés personnelles actuelles en cherchant des explications dans le passé de la personne.
- Le coaching diffère du conseil, car le coach ne se substitue pas à son client dans ses choix d'action. À la différence du consultant, il ne propose pas de solutions, mais aide le client à les trouver lui-même et à les mettre en œuvre.

Différents types de coaching

- *Le coaching individuel*. Il peut intervenir lors de la prise de poste. Il s'agit alors d'aider le salarié à clarifier les enjeux du poste et à déterminer les moyens d'y répondre. Il peut également intervenir dans une phase de transition professionnelle problématique, par exemple l'attribution de nouvelles responsabilités, la résolution de conflits managériaux, la gestion du changement de métier ou de pays. Dans ce cas, le coaching vise à mieux gérer le stress occasionné par ces situations.
- *Le coaching de groupe*. Cette méthode vise le plus souvent à aider au renforcement de la cohésion d'une équipe, en modifiant l'état d'esprit et les comportements. Cela permet de favoriser des modes de fonctionnement collectifs.

Principales techniques au service du coaching

Il existe de nombreuses techniques, qui reposent toutes principalement sur un art du questionnement et une écoute attentive.

- *L'analyse transactionnelle* (AT) : Elle distingue trois différents états du moi (manière dont une personne réagit, pense et agit dans sa vie) : l'enfant, l'adulte, le parent. Cette classification s'avère pertinente lorsqu'il s'agit d'étudier les comportements dans les entreprises et les caractéristiques des relations parfois très tendues entre certains salariés.
- *La programmation neuro-linguistique* (PNL) : modélisation des comportements humains, la PNL considère, dans le cadre d'une métaphore informatique, qu'il est possible de reprogrammer son cerveau afin d'arriver à un état souhaité. Cette approche résolument volontariste peut se traduire concrètement par un travail sur le développement des capacités de leadership d'un collaborateur récemment promu. Le salarié visualise alors l'état désiré, puis tente de déterminer, à l'aide du coach, les moyens d'y parvenir.

COACHING ET DÉONTOLOGIE

Un code de déontologie pour les coachs

Confrontés à une nette accélération de l'offre de coaching, où se côtoient sous la même appellation des interventions aussi diverses que le coaching de vie, le coaching sportif ou encore le coaching matrimonial, les professionnels du coaching en entreprise tentent d'établir des chartes de qualité et des principes déontologiques afin de minimiser les pratiques abusives. Créée en 1997, la Société française de coaching a défini le code de déontologie reposant sur six devoirs :

1. Exercice du coaching. Le coach exerce cette fonction en conscience, à partir de sa formation et de son expérience.

2. Confidentialité. Le coach s'astreint au secret professionnel.

3. Supervision établie. Les membres de la SFC sont tenus de disposer d'un lieu de supervision, et d'y recourir à chaque fois que la situation l'exige.

4. Respect des personnes. Le coach s'interdit d'exercer tout abus de confiance.

5. Obligation de moyens. Le coach prend tous les moyens propres à permettre, dans le cadre de la demande du client, le développement professionnel et personnel du coaché, y compris en ayant recours, si besoin, à un confrère.

6. Refus de prise en charge. Le coach peut refuser une prise en charge de coaching pour des raisons propres à l'organisation, au demandeur ou à lui-même. Il indique dans ce cas un de ses confrères.

Source : Site internet de la Société française de coaching, www.sfcoach.org

Les attentes des DRH face au coaching

Une étude réalisée auprès de 265 directeurs des ressources humaines, responsables RH et managers opérationnels, met en évidence l'importance prise par le coaching dans le monde de l'entreprise et la diversité des attentes en matière de coaching.

• Le coaching entre dans sa phase de maturité

Il correspond à une technique largement répandue : seuls 8 % des DRH interrogés ne le pratiquent pas encore. 85 % d'entre eux disent en avoir une bonne connaissance et la totalité des répondants en ont déjà entendu parler.

• Le coaching : une méthode utile pour gérer les situations à fort enjeu

Pour 39 % des DRH, le coaching est un « renforcement des capacités managériales dans les situations à fort enjeu », et pour 30 % « un outil efficace pour le développement professionnel », soit une majorité d'opinions favorables ; contre 1 % des DRH pour qui le coaching est « un phénomène de mode passagère ».

• Talents, aptitudes et compétences du coach

Pour un coach, le talent le plus largement plébiscité est l'écoute. Viennent ensuite la compréhension de l'entreprise, la psychologie ou l'empathie, la capacité à faire réfléchir, la pertinence du diagnostic et la méthodologie.

• Dedans/Dehors ?

Dans 55 % des cas, la préférence est donnée à un coach externe seul, et dans 43 % des cas, à un coach externe combiné à un coach interne, qui doit être un spécialiste habilité.

• Le juste prix

Le coaching est considéré comme un investissement à long terme bénéfique, selon 72 % des personnes consultées, à l'individu et à l'entreprise. 57 % des sociétés l'utilisent de façon occasionnelle contre 29 % qui l'utilisent de plus en plus souvent. Le budget alloué au coaching est dans 59 % des cas inférieur à 9 150 euros par personne, et la durée optimale se situe entre 4 et 8 mois pour 62 % des répondants.

La mobilité professionnelle

Confrontées à un environnement économique délicat, les entreprises cherchent à développer la flexibilité mais aussi l'employabilité de leurs salariés. Dans ce cadre, la gestion de la mobilité professionnelle des employés devient une préoccupation centrale de la direction des ressources humaines.

Définition de la mobilité professionnelle

La mobilité se définit comme la facilité à se mouvoir. La mobilité professionnelle s'apparente quant à elle aux mouvements vécus par les salariés lorsqu'ils passent d'un rôle organisationnel à un autre, aussi bien dans une même entreprise que dans des entreprises différentes.

On distingue toutefois la potentialité de la mobilité de son acceptation même : un salarié peut en effet préférer conserver sa situation actuelle alors que l'entreprise lui propose un changement d'affectation dans le cadre d'une politique d'amélioration de son employabilité.

Les formes de mobilité professionnelle

Il existe deux formes de mobilité professionnelle, l'une, organisationnelle, et l'autre, géographique.

La mobilité organisationnelle comprend la mobilité verticale, qui consiste à passer d'un niveau hiérarchique N à un niveau hiérarchique N +1. C'est la forme de mobilité la plus courante. Elle comprend par ailleurs la mobilité horizontale. Dans ce cas, le salarié conserve le même niveau hiérarchique, mais passe d'une fonction à une autre.

La mobilité géographique peut être intra-organisationnelle (elle a lieu à l'intérieur d'une même entreprise) ou interorganisationnelle (impliquant dans ce cas un changement d'entreprise). Elle peut en outre s'opérer à deux niveaux : mobilité nationale (le salarié est transféré du lieu d'exercice de son activité originelle à un autre) ; mobilité internationale (mutation du salarié hors de son pays d'origine).

Les enjeux de la mobilité professionnelle

La mobilité professionnelle n'est pas sans conséquences sur la flexibilité des entreprises. L'expérience de la mobilité rend un salarié plus apte au changement, en réduisant notamment le coût d'adaptation à la nouvelle situation : le changement fait moins peur puisqu'il a déjà été expérimenté à plusieurs reprises. Elle permet en outre une plus grande polyvalence, cette qualité étant particulièrement recherchée dans le cadre d'entreprises confrontées à des marchés instables.

La mobilité professionnelle a également des conséquences sur la motivation des salariés. L'expérience de la mobilité augmente le sentiment d'attachement à l'entreprise en permettant de découvrir, notamment pour la mobilité interne, différentes facettes de la même organisation. Elle contribue par ailleurs à améliorer l'employabilité des employés, ce qui est pour eux un atout dans un environnement économique turbulent. Elle constitue enfin une modalité pertinente de gestion des plafonnements de carrière dans les entreprises dont les structures fortement aplanies réduisent les possibilités de promotion directe.

LES FILIÈRES PROMOTIONNELLES

Dans la mesure où la mobilité verticale directe est devenue plus rare, l'intérêt pour la notion de filière promotionnelle s'est accru. Il s'agit de trajectoires alternant plusieurs postes d'un même niveau avant la progression hiérarchique. Tous ces postes d'un même niveau constituent davantage des possibilités de poste d'un poste unique et incontournable. Ainsi la filière promotionnelle permet-elle d'envisager différents scénarios pour gérer la carrière d'un salarié dans l'entreprise.

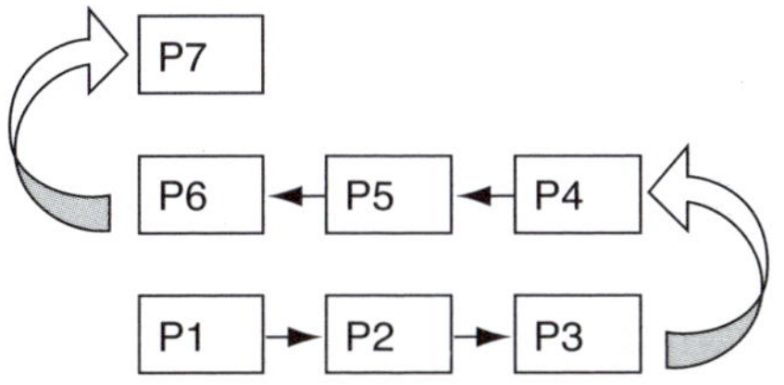

Le principe de Peter

Dans leur ouvrage *The Peter principle* (1969), J. Lawrence Peter et Raymond Hull souhaitent, sur un mode humoristique, fonder une nouvelle science : la « hiérarchologie » ou « science de l'incompétence au travail ».

Se basant sur leurs constatations empiriques relevées dans de nombreuses organisations, les auteurs soulignent qu'en général, lorsqu'un salarié effectue correctement son travail, on lui confie des tâches plus complexes ; s'il s'en acquitte également de façon satisfaisante, une nouvelle promotion lui sera proposée. Et ainsi de suite, jusqu'au moment où ce salarié se retrouvera dans un poste au-dessus de capacité, poste qu'il occupera indéfiniment.

Le fameux principe de Peter s'énonce alors de la manière suivante : « Dans une hiérarchie, chaque employé tend à s'élever jusqu'à son niveau d'incompétence ».

Le corollaire de Peter précise quant à lui qu'« avec le temps, tout poste sera occupé par un incompétent incapable d'en assumer la responsabilité ».

Afin d'éviter ce regrettable processus, les auteurs préconisent de favoriser le maintien d'un salarié à un poste correspondant à son niveau de compétence optimal. Toutefois, remarquant qu'il est bien difficile de refuser une promotion, les auteurs énoncent le concept d'incompétence créatrice, qui consiste à ménager consciemment ou pas de petits espaces d'incompétence, de façon à ce que la proposition de promotion ne survienne pas.

Le cône de Schein

Les travaux de Schein (1971) ont permis de mettre l'accent sur une dimension autre que verticale et horizontale : la dimension radiale ou latérale. Indépendante du niveau hiérarchique, cette mobilité reflète le rapprochement ou l'éloignement par rapport au noyau décisionnel de l'organisation.

Le « cône de mobilité » élaboré par cet auteur contribue ainsi à affiner une « macro-analyse » des mouvements de personnel au sein d'une entreprise.

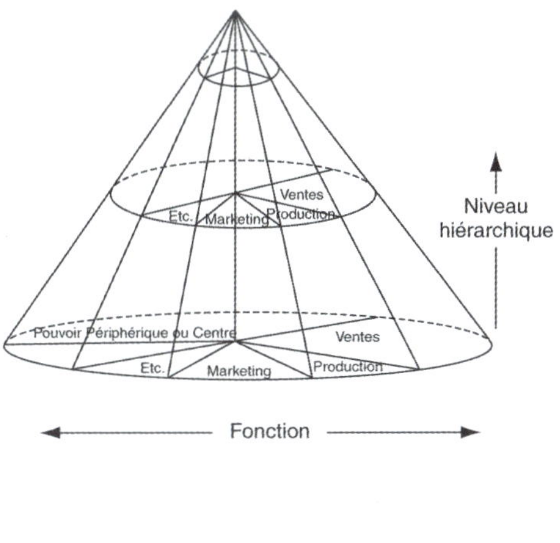

Les plafonnements de carrière

Les plafonnements de carrière correspondent à une interruption de progression de carrière du salarié. La DRH doit déterminer les modalités de gestion de ces plafonnements afin d'éviter ses conséquences néfastes, comme la perte de motivation des salariés plafonnés ou encore leur départ.

Les trois types de plafonnement de carrière

Le salarié a parfois l'impression de ne plus pouvoir progresser dans son entreprise. La DRH devra faire disparaître ce sentiment, qu'il soit fondé ou pas. Le salarié peut connaître trois formes de plafonnement.

- *Le plafonnement structurel.* Ce plafonnement correspond à une perspective limitée en matière de mobilité ; la personne concernée n'a, en général, pas eu de promotion pendant un certain nombre d'années. On considère que le plafonnement revêt un caractère objectif si aucune promotion n'est intervenue depuis cinq ans.
- *Le plafonnement de contenu.* Il correspond à la situation dans laquelle se trouve un salarié considérant avoir acquis une connaissance totale de son travail et dont le contenu n'est plus une raison suffisante pour le motiver. Ce plafonnement est subjectif, puisqu'il est fondé sur la perception que l'individu a du contenu de son travail et de la manière dont il le réalise.
- *Le plafonnement salarial.* Lié à l'évolution de carrière, il concerne le salaire et se définit en termes objectifs et subjectifs : objectifs si le salarié a atteint le maximum de son échelle salariale ; subjectifs si le salarié a le sentiment de n'avoir plus aucune chance d'augmentation.

La gestion des plafonnements de carrière

La DRH doit veiller à gérer les plafonnements. Cette gestion s'appuie sur quatre axes majeurs.

- *Former les salariés aux besoins futurs de l'entreprise.* L'un des risques majeurs est celui du départ des salariès plafonnés dans d'autres entreprises. La DRH forme ces salariés plafonnés pour les besoins futurs de l'entreprise. Cette première préconisation souligne ainsi la nécessité d'une gestion par les compétences.
- *Élargir les opportunités de carrière.* Il s'agit d'aider les personnes à appréhender autrement la carrière, qui ne doit pas être seulement entendue comme une succession d'échelons, mais aussi comme une série d'opportunités de développement des compétences. Ainsi, le fait de confier un salarié une fonction de formation traduit une reconnaissance de son expérience accumulée.
- *Rémunérer la performance.* Cette rémunération peut mettre l'accent sur la contribution du salarié à la performance de l'entreprise. Cela peut compenser un manque d'opportunités de promotion.
- *Offrir une meilleure visibilité sur la carrière.* Cela passe notamment par la tenue d'entretiens avec les supérieurs hiérarchiques au cours desquels le plan de carrière est évoqué. Dans le cas des salariés âgés, il importe que l'entreprise affiche une politique valorisant le travail après 50 ans : accès à la formation pour ces salariés, absence de pression pour un départ anticipé à la retraite...

DES SITUATIONS DE FIN DE MOBILITÉ ORGANISATIONNELLE

Le modèle de fin de carrière de Ferrence

Ce modèle permet de classifier les situations managériales en fonction de deux dimensions : le potentiel de l'individu (sa capacité à évoluer et sa probabilité de promotion), et la performance de l'individu (ses résultats).

	Potentiel	
Performance	Faible (plafonnés)	Élevé (non plafonnés)
Faible	Branches mortes	Espoirs
Élevée	Piliers	Étoiles

Dans les « non plafonnés », les espoirs (salariés qui ont une capacité d'évolution jugée importante par l'organisation, même si leur performance actuelle est considérée en-deçà des normes ou des attentes) se distinguent des « étoiles » (salariés qui sont à l'apogée, aussi bien en termes de potentiel que de performance). Ces deux profils ont une forte probabilité de promotion. Leur plus grand risque est de rejoindre la catégorie des « piliers », et par conséquent les « plafonnés ». Dans les « plafonnés », les « piliers » (salariés qui ont peu de chances de se voir offrir une promotion dans un avenir immédiat et même lointain, même si leur performance est bonne, notamment du fait de l'aplatissement des structures qui diminuent les possibilités de progression hiérarchique) se distinguent des « branches mortes » (salariés les plus problématiques pour l'organisation par leurs performances faibles et leurs faibles chances de promotion).
L'intérêt principal de ce modèle réside dans le fait qu'il permet à l'entreprise de dresser une cartographie de ses salariés (repérer ceux qui ont des perspectives de mobilité, ceux qui n'en ont plus). Elle constitue alors un préalable contribuant à dresser un état des lieux pour repérer les plafonnements de carrière qu'il va falloir gérer. Le modèle met en effet en évidence un « cycle naturel » que la majeure partie des salariés risque de suivre si la DRH n'y prend pas garde : commencer comme un espoir, monter comme une étoile, s'ancrer comme un pilier et finir comme une branche morte. Le vieillissement des salariés risque donc de se traduire par un amas de branches mortes…

Le sentiment de fin de vie professionnelle

Selon E. Marbot et J.-M. Peretti, ce sentiment traduit l'acceptation par l'individu des changements de ses engagements vis-à-vis de son travail et de la retraite. Ces auteurs déterminent cinq manifestations du sentiment de fin de vie professionnelle :

1. le recentrage sur soi (l'individu se consacre à lui-même, cherche à réaliser des désirs qu'il n'avait pas pu réaliser en travaillant) ;
2. le désengagement au travail (l'individu réduit la place du travail dans sa vie) ;
3. l'évolution des rôles (l'individu privilégie les sphères hors travail et valorise les rôles sociaux qu'il peut y tenir) ;
4. l'évolution des objectifs de vie (l'individu énonce des changements d'aspirations, de désirs et d'objectifs liés à l'âge) ;
5. l'acceptation de son âge (l'individu admet appartenir à un groupe d'âge dit de retraités et l'image dont il dépend).

Ce sentiment de fin de vie professionnelle peut être provoqué ou accentué par certains facteurs personnels ou organisationnels comme la perception de pratiques discriminatoires en matière d'âge dans l'entreprise, une idéalisation de la retraite, des modifications physiques et psychiques liés à des problèmes de santé, la mise à la retraite du conjoint…

La fin du contrat de travail

Les diverses situations conduisant à la fin du contrat de travail font l'objet de nombreuses dispositions légales. Il importe alors que le service des RH de l'entreprise puisse disposer d'une véritable aide juridique.

La démission du salarié

La loi stipule que la démission doit résulter d'un acte libre, clair et non équivoque. Une absence prolongée ne peut donc pas être automatiquement assimilée à une démission. Aucune condition de forme n'est prévue pour notifier la démission, mais un salarié doit effectuer la durée du préavis mentionnée dans son contrat de travail, sauf si l'employeur l'en dispense.

Le licenciement

- Selon la loi, un licenciement doit être justifié par un motif réel et sérieux. Si ce n'est pas le cas, un recours pour licenciement abusif est envisageable. La loi fixe également les cadres du versement de certaines indemnités (notamment relatives au préavis, au licenciement, ou aux dommages et intérêts pour rupture abusive).
- *Le licenciement pour motif personnel*. Dans le cadre de cette procédure, une convocation à un entretien préalable constitue une première étape obligatoire. Pendant cet entretien, l'employeur expose les faits reprochés au salarié. Ce dernier peut se faire assister par un représentant du personnel ou par un autre membre de l'entreprise. La lettre de licenciement ne peut intervenir au minimum que deux jours ouvrables après l'entretien et doit bien préciser les motifs du licenciement. Il arrive qu'en cas de faute grave, une mise à pied conservatoire soit prononcée dans le but d'éviter la présence du salarié dans les locaux de l'entreprise.
- *Le licenciement économique*. La loi le définit comme un licenciement individuel ou collectif pour des motifs extérieurs à la personne du ou des salariés concernés, résultant d'une suppression ou transformation d'emploi ou d'une modification du contrat de travail refusée par le salarié, consécutives notamment à des difficultés économiques sérieuses.
- L'employeur doit respecter trois types d'obligation : d'adaptation (par la formation) ; de reclassement (même si le poste est *a priori* bien différent) ; d'établissement de critères fixant l'ordre des licenciements (élaborés avec les représentants du personnel).
- La procédure prévoit une convocation à un entretien préalable, l'entretien, la notification du licenciement. La Direction départementale du travail doit en être informée.
- Dans le cas de licenciements collectifs, l'employeur doit élaborer un plan de sauvegarde de l'emploi (PSE).

La rupture conventionnelle du contrat de travail

Elle résulte de la volonté commune de l'employeur et du salarié de mettre fin au contrat de travail qui les lie. Après un entretien obligatoire, les deux parties rédigent une convention de rupture, qui précise notamment le montant de l'indemnité touchée par le salarié et la date de rupture. Chaque partie dispose de quinze jours pour se rétracter. La convention doit ensuite être transmise à la Direction départementale du travail pour accord.

LES PRUD'HOMMES

Une juridiction d'exception

Le 18 mars 1806, Napoléon créait une institution visant à régler les différends entre employeurs et salariés : les Prud'hommes. Le caractère exceptionnel de cette juridiction réside dans le fait qu'elle est composée de magistrats qui ne sont pas des professionnels de la justice. Le premier conseil de prud'hommes verra le jour à Lyon, à la demande des industriels de la soie.

La juridiction prud'homale est composée d'un nombre égal d'employeurs et de salariés. Ce caractère paritaire se retrouve dans chacune des formations d'un conseil de prud'hommes : sections, bureaux de conciliation et de jugement, référé.

Chaque conseil est en principe composé de cinq sections autonomes qui traitent les affaires propres à leur secteur d'activité et assurent ainsi une compréhension optimale du contexte économique et social dans lequel le conflit s'est développé. Les conseillers siégeant dans chaque section ont exercé leur activité professionnelle dans le secteur d'activité qui y est rattaché.

Un nombre égal de conseillers salariés et de conseillers employeurs (en principe, au moins trois par collège) siège dans chaque section. Un président et un vice-président (fonctions occupées alternativement par un conseiller salarié puis un conseiller employeur) sont élus tous les ans et sont responsables du fonctionnement de chaque section.

Ainsi à chacune des étapes de la procédure, chaque affaire est toujours examinée par le même nombre de conseillers « salarié » et de conseillers « employeur ». Le paritarisme constitue l'un des atouts-clés des Prud'hommes : il favorise le dialogue entre employeurs et salariés ainsi que la résolution des conflits à travers des décisions communes, équilibrées et impartiales.

Un barème légal des dommages et intérêts en cas de licenciement abusif

Les dommages et intérêts judiciaires sont la contrepartie financière accordée au salarié quand la juridiction prud'homale constate que le licenciement est abusif ou dépourvu de cause réelle et sérieuse. Ils s'ajoutent aux indemnités du licenciement qui ont été versées. Depuis 2016, un barème permet de réduire l'incertitude quant au montant des dommages et intérêts. Le montant de l'indemnisation varie selon l'ancienneté du salarié et le nombre de salariés dans l'entreprise. L'indemnité ne peut pas dépasser 20 mois de salaire brut, sauf dans un certain nombre de situations : faits de harcèlement moral ou sexuel, mesure discriminatoire, violation des dispositions relatives à la protection des salariées enceintes, des salariés victimes d'un accident du travail ou d'une maladie professionnelle, etc.

Composition et fonctionnement d'un conseil de prud'hommes

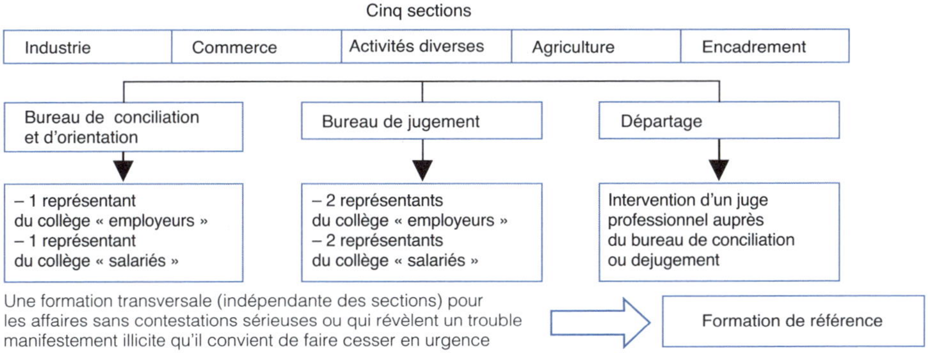

Source : ministère du Travail, www.travail.gouv.fr

Le temps de travail

Le temps de travail est un thème majeur de négociation dans les entreprises. La tendance est à la flexibilisation du temps de travail, rendue possible par une succession de lois depuis le début des années 2000. Le service RH a pour tâche de déterminer les modalités de réorganisation des horaires les plus adéquats.

La durée du travail

Depuis la loi sur la réduction du temps de travail (loi Aubry) en 2002, la référence en matière de durée légale du travail effectif est de 35 heures par semaine pour un salarié à temps plein (sauf pour certaines catégories comme les cadres dirigeants ou les VRP).

Le travail effectif est le temps durant lequel un salarié demeure à la disposition totale de son employeur. Certains salariés sont soumis à une astreinte, c'est-à-dire à une période pendant laquelle ils sont dans l'obligation de demeurer à proximité de leur entreprise (médecin d'une clinique, agent de maîtrise d'une usine chimique, etc.).

La durée maximale quotidienne de travail est de 10 heures, mais peut s'élever à 12 heures dans certains cas. Un contingent de 220 heures supplémentaires par an et par salarié peut être utilisé pour faire face à un surcroît exceptionnel d'activité (un accord d'entreprise ou de branche peut prévoir un volume supérieur ou inférieur à ces 220 heures). Ces heures sont majorées et donnent droit à un repos compensateur.

L'aménagement du temps de travail

Les horaires de travail d'un salarié sont en principe fixes, mais les entreprises permettent à certains salariés (administratifs notamment) de les aménager plus librement autour de périodes de présence obligatoire. En production, l'organisation du temps de travail est variée : équipes successives, chevauchantes, alternantes. Les horaires sont alors déterminés en fonction de la durée nécessaire d'utilisation des machines.

En cas de forte saisonnalité, un accord d'entreprise peut permettre de moduler le temps de travail. Sa durée varie alors mais n'excède pas 1 607 heures par an. Pendant la période forte, la durée maximale de travail est de 48 heures par semaine et 44 heures en moyenne sur une période de 12 semaines consécutives.

Les périodes de repos

Le repos quotidien. Le salarié bénéficie d'un repos journalier d'au moins 11 heures entre la fin de sa journée de travail et le début de la suivante. Il bénéficie également d'au moins 20 minutes de pause au cours de la journée de travail si celle-ci fait plus de 6 heures.

Le repos hebdomadaire. La loi du 19 janvier 2000 renforce la règle générale selon laquelle la durée minimale du repos hebdomadaire est de 24 heures consécutives. Le repos intervient habituellement le dimanche. Des dérogations sont cependant envisageables, en fonction notamment de la nature des activités.

Les congés payés. Depuis 1936, la loi stipule le droit d'un salarié à bénéficier d'une période de repos annuel payée par son employeur. La durée de ce congé est calculée en fonction du temps de travail effectif accompli. Pour une année de travail complète, elle est de 30 jours ouvrables, soit 5 semaines. C'est l'employeur qui décide des dates de congés.

LES ENJEUX DE L'ORGANISATION DU TEMPS DE TRAVAIL

Pour M. Pépin, économiste, « réunir aménagement et réduction sous une seule notion d'organisation du temps de travail reflète le problème central d'un projet sur le temps de travail : la concentration en une seule démarche de logiques diverses à articuler pour intégrer simultanément des objectifs économiques et sociaux ». Il propose la schématisation suivante des enjeux de l'organisation du temps de travail.

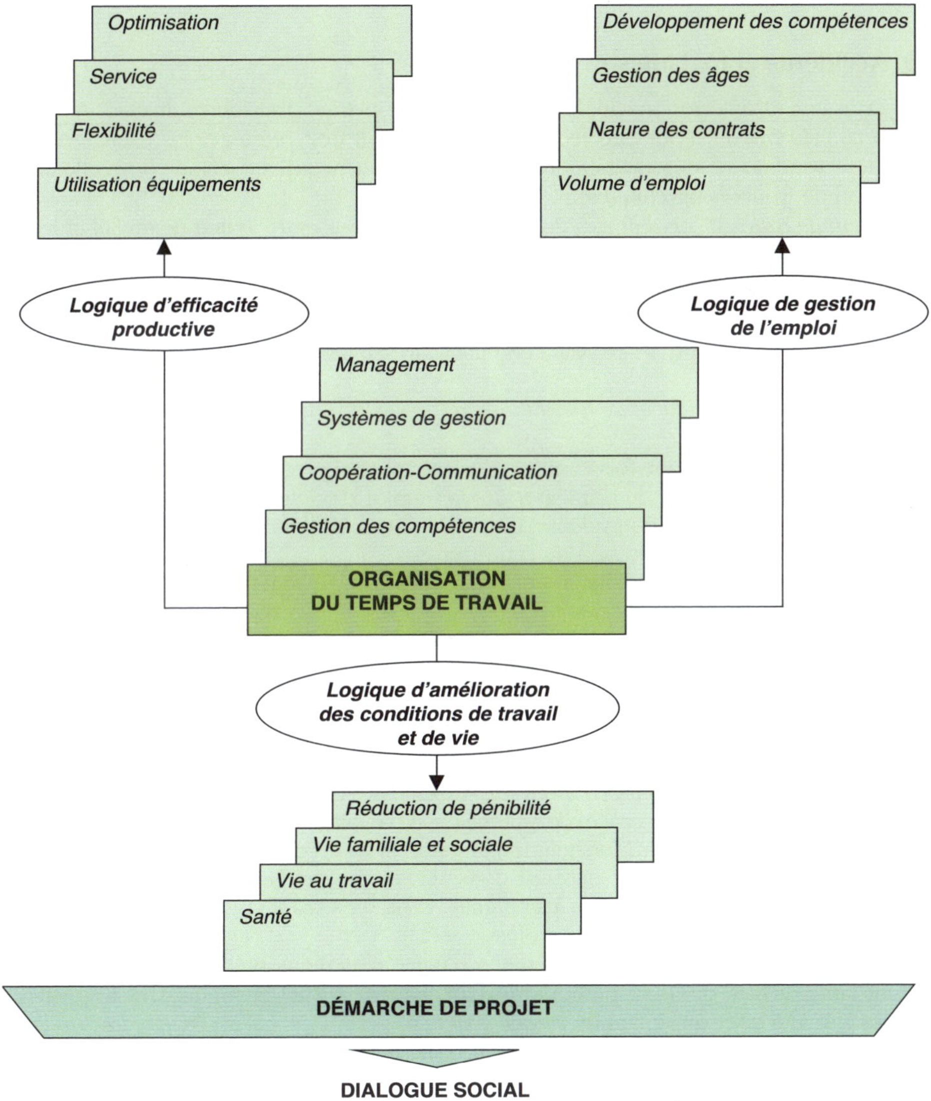

Les risques liés aux conditions de travail

Tout travail présente des risques pour le salarié : risques physiques et psychologiques, à effets immédiats ou futurs. Transformés en accidents, ils ont un coût social et économique : interruption de l'activité, absence de l'accidenté, embauche pendant la durée de l'interruption du travail...

Accidents et maladies professionnelles

Dans le cadre de son travail, le salarié peut être victime d'accidents divers :
• *accident du travail*. Pour être reconnu comme tel, il doit présenter les caractéristiques suivantes : soudaineté, déroulement lors du travail, existence d'une lésion corporelle (voire apparition de troubles psychiques) ;
• *accident de trajet*. Il survient lors du trajet aller ou retour entre le lieu de travail et le lieu de résidence, ou le lieu de travail et le lieu du déjeuner ;
• *maladie professionnelle*. Elle est inscrite dans l'un des tableaux des maladies professionnelles (CSS art. R. 461-3) reconnues comme telles.

Le salarié victime d'un de ces accidents bénéficie de plusieurs protections dont l'employeur doit tenir compte :
• *pendant la durée de l'arrêt de travail* : interdiction de rompre le contrat de travail, quel qu'il soit ;
• *à la reprise du travail* : une fois le salarié déclaré apte à reprendre le travail par le médecin du travail, l'employeur doit le réintégrer à son emploi d'origine ou à un emploi similaire assorti d'une rémunération équivalente. L'arrêt de travail ne doit avoir aucune conséquence sur l'avancement du salarié au sein de l'entreprise.

La DRH calcule et suit régulièrement deux ratios afin d'évaluer la situation et l'évolution des accidents du travail :
• *taux de fréquence* = nombre d'accidents ÷ nombre d'heures travaillées ;
• *taux de gravité* = nombre de jours perdus pour accidents ÷ nombre d'heures travaillées.

Harcèlement sexuel et harcèlement moral

Il y a *harcèlement sexuel* lorsqu'une personne fait subir à un salarié ou à un candidat à l'embauche des contraintes ou pressions en vue d'obtenir des faveurs de nature sexuelle. Cela peut prendre la forme d'ordre, de menaces de représailles, de chantage à l'embauche, de promesse, etc.

Il y a *harcèlement moral* lorsqu'une personne a, à l'encontre d'un salarié, des agissements répétés ayant pour objet ou pour conséquence une dégradation des conditions de travail susceptible de porter atteinte à sa dignité, d'altérer sa santé physique ou mentale, ou encore de compromettre son avenir professionnel.

Dans les entreprises de vingt salariés et plus, le règlement intérieur indique obligatoirement l'interdiction de toute pratique de harcèlement sexuel et moral. Ces dispositions doivent être affichées sur le lieu de travail.

La victime de harcèlement peut avoir recours au conseil de prud'hommes pour faire cesser le harcèlement et demander réparation du préjudice subi. Elle peut également déposer plainte (les sanctions pénales peuvent aller jusqu'à un an d'emprisonnement et 15 000 euros d'amende).

TMS, LA MALADIE PROFESSIONNELLE DU SIÈCLE

Les TMS

La première cause de maladie au travail est vieille… comme le tricot.
Au début du siècle dernier, les tricoteuses qui effectuaient des mouvements fins et répétitifs pour travailler la laine souffraient de maladies du travail, cette même maladie aujourd'hui reconnue et avérée, que l'on appelle TMS, ou troubles musculo-squelettiques. Cette affection périarticulaire concerne les tissus mous situés autour des articulations qui souffrent tout particulièrement lorsque les gestes répétitifs se multiplient.
Les TMS constituent un risque croissant pour les entreprises et les salariés. Les cadres, avec l'utilisation intensive des ordinateurs, ne sont plus épargnés.
Les symptômes les plus courants des TMS sont des douleurs aux poignets, aux épaules et aux coudes, au moindre mouvement ou au moindre effort. Ces troubles, parfois sévères, ont été reconnus maladie professionnelle au milieu des années 1980. Aujourd'hui, selon les données de l'Assurance Maladie, plus de 40 000 cas de TMS sont détectés chaque année chez les salariés en France uniquement. À eux seuls, les TMS représentent 3/4 des maladies professionnelles. Un phénomène qui n'inquiète pas uniquement la médecine du travail, mais aussi les entreprises.

La prévention des TMS

L'INRS (Institut national de recherche et de sécurité pour la prévention des accidents du travail et des maladies professionnelles) publie sur son site des fiches téléchargeables sur les bonnes pratiques au travail, par exemple :
– postures de travail statiques et repères techniques sur les sièges de travail : http://www.inrs.fr/media.html?refINRS=ED%20131 ;
– travail sur écran en 50 questions : http://www.inrs.fr/media.html?refINRS=ED%20923

Le coût des TMS

Tous les secteurs sont concernés, l'agroalimentaire, la métallurgie, la construction automobile et le BTP concentrent la majorité des cas de TMS. Le risque est également présent dans les activités comme la bureautique (travail sur écran) ou les services à la personne.
Les conséquences des TMS pour les entreprises sont loin d'être négligeables. À titre d'exemple, le coût moyen (soins + indemnisations) d'un TMS est supérieur à 21 000 euros.
En 2012, les TMS indemnisés ont entraîné la perte d'environ 10 millions de journées de travail et 1 milliard d'euros de frais couverts par les cotisations d'entreprise.

Source : INRS.

Les chiffres des TMS en France

En 2017, les TMS des membres et les lombalgies représentaient 87 % des maladies professionnelles reconnues par le régime général, avec 42 349 cas représentant 3/4 des maladies professionnelles reconnues.
Les TMS constituent également la première cause de journées de travail perdues du fait des arrêts de travail, avec la perte, en 2015, de plus de dix millions de journées de travail pour les seuls TMS reconnus en maladie professionnelle. Ils se situent au 2e rang des causes médicales de mise en invalidité, après les affections psychiatriques et au premier rang des causes de mise en invalidité de première catégorie (invalides « capables d'exercer une activité rémunérée »).

Source : www.santepubliquefrance.fr

« Six secteurs sont particulièrement touchés : transport et logistique, commerce, le secteur agroalimentaire, le bâtiment et les travaux publics (BTP), la propreté, aide et soins à la personne notamment au sein des établissements d'hébergement pour personnes âgées dépendantes (Ehpad). Ces 6 secteurs représentent plus d'un tiers (35 %) des troubles musculosquelettiques (TMS) reconnus d'origine professionnelle en France. 95 % des indemnités journalières liées à une maladie professionnelle ont été versées pour des TMS. »

Source : www.ameli.fr

Le stress

Les pathologies associées à des situations de stress mal gérées peuvent engendrer des coûts importants pour les entreprises. Il est alors important pour les responsables RH de mettre en place des actions de prévention et de régulation efficaces, impliquant à la fois une prise en charge individuelle mais aussi organisationnelle du problème.

La définition du stress

Le stress ne constitue pas en lui-même une maladie. Selon l'Agence européenne pour la sécurité et la santé au travail, le stress apparaît lorsqu'une personne perçoit un déséquilibre entre les contraintes que lui impose son environnement et les ressources dont elle dispose pour y faire face. Les effets du stress peuvent alors affecter la santé psychique, physique, le bien-être et la productivité d'un salarié.

On distingue classiquement deux types de stress :

– *le stress « bon »* qui motive le salarié et l'amène à être plus efficace au travail ;

– *le stress « mauvais »* qui conduit le salarié à commettre des erreurs dans son travail et qui a des conséquences néfastes sur sa santé.

Une absence totale de stress s'avère toutefois aussi préoccupante : elle peut être interprétée comme une absence d'implication dans l'entreprise.

Les sources du stress

Le stress peut être le fruit de différents paramètres :

- *de mauvaises conditions de travail* (niveau sonore, luminosité, température, horaires…) ;
- *une mauvaise organisation du travail* (travail trop répétitif, par exemple) ;
- *l'absence d'évolution de carrière* ;
- *le contexte extra-entreprise* : la situation économique et sociale influe sur la qualité de vie au travail et en dehors du travail.

La gestion du stress

Le responsable RH doit tout d'abord repérer les salariés subissant un stress négatif. Des actions de coaching seront ensuite envisagées, pour les aider.

Une politique préventive est nécessaire afin de minimiser les coûts associés au stress (coûts relatifs à la baisse ou à l'absence de qualité, à l'absentéisme, aux démissions…) : les managers veilleront, par exemple, à accorder une plus grande attention à la conception des postes de travail, ou permettront une plus grande participation des salariés aux processus d'évaluation de leur travail.

Former le management à la gestion du stress est un préalable indispensable : le niveau de stress des salariés dépend en grande partie de la perception qu'ils ont de leurs relations avec leur hiérarchie.

Par ailleurs, un salarié conscient de subir un mauvais stress peut également effectuer un travail sur lui-même. Cette réflexion le conduira peut-être à remettre en cause la hiérarchie de ses objectifs, son incapacité à dire non…

LE *BURN-OUT*

Des situations d'épuisement professionnel

Le *burn-out* est l'une des conséquences possibles d'une situation de stress mal gérée. Cette appellation (« brûlure interne » en français) a été utilisée par Herbert J. Freudenberger dans son ouvrage consacré au phénomène d'épuisement professionnel : il s'agit d'un état de stress permanent, engendré principalement par la non-atteinte d'objectifs professionnels, souvent irréalistes, qui ont pourtant mobilisé un très fort engagement du salarié. Cette sensation d'échec conduit à un véritable épuisement mental et physique.

Des études récentes soulignent que, contrairement à une idée reçue, ce syndrome touche non seulement les professions impliquant une relation d'aide (comme les infirmiers ou encore les enseignants), mais également les autres (managers, programmeurs informatiques…). Le désir de reconnaissance, la difficulté à déléguer ou encore un trop fort degré de perfectionnisme peut être à l'origine du *burn-out*.

Les principaux symptômes permettant de diagnostiquer la présence d'un salarié burn-outé sont : un état de fatigue général ; une forte irritabilité ; un sentiment permanent d'ennui au travail ; le refermement sur soi-même ; une faible estime de soi ; des troubles de la concentration…

Le *burn-out* est en forte progression et nécessite une véritable prise de conscience par les services de RH. La prévention de l'épuisement professionnel des salariés est en effet indispensable au regard des conséquences de la démotivation (baisse de rendement, absentéisme…) accompagnant le *burn-out*. Il convient d'aider le salarié à déterminer des objectifs plus réalistes et de favoriser un meilleur équilibre entre vie professionnelle et vie privée.

Le syndrome général d'adaptation

Le terme de stress a été introduit pour la première fois par Hans Selye (1907-1982), médecin-endocrinologue autrichien. Pour Selye, le stress est […] à l'origine du concept de syndrome général d'adaptation (1935), c'est-à-dire la réaction de l'organisme en trois phases face à un stimulus stressant.

- ***Phase 1 : réaction d'alarme***

Dès la confrontation à la situation évaluée comme stressante, des hormones sont libérées par l'organisme *via* la glande médullosurrénale. Ces hormones augmentent la fréquence cardiaque, la tension artérielle, les niveaux de vigilance, la température corporelle, et provoquent une vasodilatation des vaisseaux des muscles. Toutes ces modifications ont pour but de préparer l'organisme au « combat ou à la fuite ».

- ***Phase 2 : résistance***

Si la situation stressante persiste, l'organisme entre en phase de résistance. Un second axe neurohormonal est activé, préparant l'organisme aux dépenses énergétiques que nécessitera la réponse au stress. De nouvelles hormones sont sécrétées : elles augmentent le taux de sucre dans le sang pour apporter l'énergie nécessaire aux muscles, au cœur et au cerveau, en y maintenant un apport constant en glucose.

- ***Phase 3 : épuisement***

Si la situation stressante se prolonge ou s'intensifie, les capacités de l'organisme peuvent être débordées. L'organisme entre dans une phase d'épuisement. L'organisme est alors submergé d'hormones activatrices pouvant nuire à la santé.

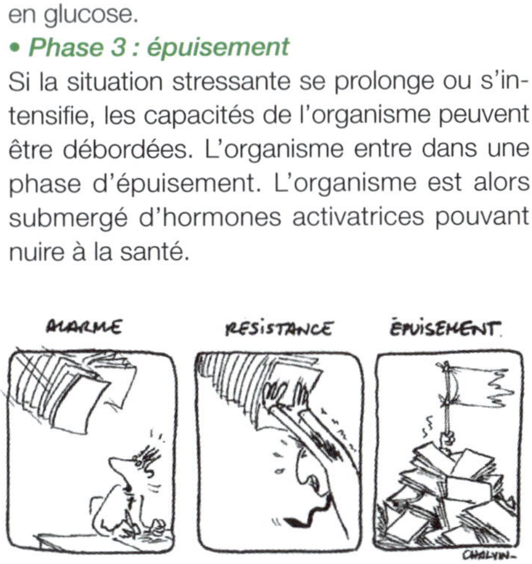

© Marc Chalvin, extrait du site internet de l'INRS, www.inrs.fr.

La prévention des risques professionnels

La prévention des risques professionnels est une obligation pour tout employeur. Il doit supprimer, ou tout du moins réduire les risques d'accidents ou de maladies des salariés. Cela suppose un important travail de collecte d'informations, d'analyse et de synthèse par la DRH.

La démarche de prévention des risques

L'entreprise, par l'intermédiaire de la DRH et des responsables hiérarchiques, doit faire respecter les consignes de sécurité et agir pour la prévention des risques professionnels. Cette démarche se déroule en trois étapes successives.

- *Évaluation des risques.* Cette première étape permet de détecter toutes les sources de danger pour la santé et la sécurité des salariés. Le recensement des risques concerne les machines, les outils, les substances utilisées (peinture, acide, etc.), les contraintes de travail (poids à porter, par exemple), les conditions de travail (bruit, luminosité, etc.). Cette évaluation doit être faite pour chaque poste ou ensemble de postes identiques au moins une fois par an. Elle est obligatoire en cas de modification substantielle de l'organisation du travail, de réaménagement des locaux ou de changement des machines et/ou substances utilisées.
- *Synthèse des résultats dans un document unique.* Le document unique dresse la liste des risques repérés pour chaque poste de travail ou groupe de postes. Sa rédaction et sa mise à jour sont des obligations légales.
- *Mise en œuvre des actions de prévention.* Un programme annuel de prévention des risques professionnels, listant les actions à mettre en œuvre pour l'année à venir, est établi. Par ailleurs, des séminaires de formation à la sécurité des salariés sont organisés, afin de les aider à assurer leur propre sécurité et celle de leurs collègues.

Les attributions du comité social et économique (CSE)

- Depuis 2018, le CSE regroupe les attributions qui étaient auparavant celles du CHSCT. En ce sens, le CSE contribue à garantir la sécurité des salariés et leur santé au travail, ainsi qu'à améliorer leurs conditions de travail. Ses actions concernent aussi bien les salariés de l'entreprise que les intérimaires qui y travaillent.
- Le CSE analyse les conditions de travail et les risques professionnels auxquels sont exposés les salariés, ainsi que les circonstances et les causes des accidents du travail ou des maladies professionnelles. Il développe par ailleurs la prévention par des actions d'information et de sensibilisation.
- Le CSE doit se réunir sur ces questions au moins une fois par trimestre, ainsi qu'après chaque accident du travail. Il doit également être consulté par la direction avant tout aménagement important entraînant une modification des conditions de travail, d'hygiène ou de sécurité.
- Le CSE a également un rôle en matière de lutte contre les discriminations et le harcèlement. Ainsi, il contribue notamment à faciliter l'accès des femmes à tous les emplois, à inciter à l'adaptation et à l'aménagement des postes de travail afin de faciliter l'accès et le maintien des personnes handicapées à tous les emplois, et peut susciter toute initiative qu'il estime utile et proposer notamment des actions de prévention du harcèlement moral et du harcèlement sexuel.

PRÉVENTION DES RISQUES PROFESSIONNELS EN FRANCE

Les organismes de prévention des risques

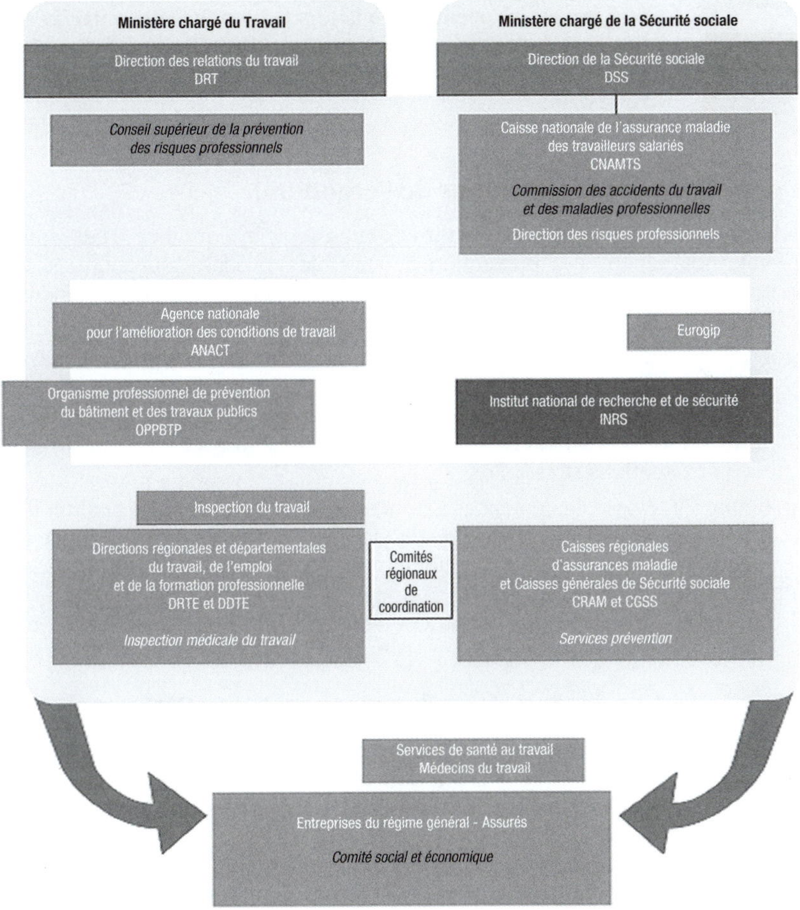

Source : Institut national de recherche et de sécurité.

Le droit de retrait

Un salarié qui estime être confronté à un danger grave, imminent et présentant des risques pour sa santé ou pour sa sécurité, bénéficie d'un « droit de retrait ». Il peut arrêter son travail immédiatement et quitter son lieu de travail afin de se protéger de ce danger, sans en demander l'autorisation à son employeur. Il doit néanmoins l'en informer immédiatement (ou informer l'un de ses supérieurs hiérarchiques). Celui-ci n'a pas le droit de lui imposer de reprendre le travail si le danger persiste.

Si le danger est justifié, le droit de retrait ne peut entraîner ni sanction ni retenue sur salaire.

L'actualité fournit ainsi des exemples concrets de l'exercice du droit de retrait par des conducteurs de bus ou d'enseignants confrontés à des agressions.

L'ergonomie

L'ergonomie est la recherche d'adéquation entre les êtres humains et les différentes composantes de leur environnement de travail. Son but est de permettre à la fois le bien-être des salariés et l'efficacité globale des entreprises. Cette discipline place l'analyse des conditions de travail et leur amélioration au cœur de ses réflexions.

Les principales préoccupations de l'ergonomie

L'attention d'un ergonome se porte sur la dimension physique liée à l'exécution d'un travail. Il veille notamment à la prévention des troubles musculo-squelettiques. Ces TMS étant la source de nombreux arrêts de travail et de maladies professionnelles, l'aménagement physique du poste de travail devient une préoccupation centrale.

L'ergonome attache également une grande importance aux processus mentaux découlant d'une activité professionnelle. Dans ce cadre, une analyse de l'environnement de travail permettra de vérifier s'il participe à l'épanouissement du salarié, et ainsi, à son efficacité. Le diagnostic porte sur les problématiques de la charge mentale associée au travail, ou encore de l'expérience de situations stressantes.

L'ergonomie s'intéresse également aux caractéristiques structurelles et culturelles d'une entreprise, à son organisation. L'ergonome se focalise alors sur les procédures de travail et détermine éventuellement des axes d'amélioration en matière de communication, d'organisation du travail (par exemple, de manière à limiter la répétitivité des tâches) ou du temps de travail (par exemple, limiter les alternances fatigantes entre travail de jour et travail de nuit).

Le cas particulier des interfaces homme-machine (IHM)

L'une des composantes de l'ergonomie est l'analyse et l'amélioration de l'interface homme-machine (IHM), c'est-à-dire la façon dont les humains interagissent avec les ordinateurs, ou entre eux à l'aide d'ordinateurs. L'utilisation des interfaces entre l'homme et la machine doivent être rapides : cela implique que les outils soient facilement utilisables d'une part, en parfaite adéquation avec leur environnement d'autre part. Une interface ergonomique est source de productivité dans la mesure où elle réduit significativement le temps d'adaptation à un nouveau poste de travail (les éditeurs de logiciels travaillent ainsi à rendre leurs logiciels plus « intuitifs » à l'aide d'icônes, afin que l'utilisateur trouve immédiatement la fonction dont il a besoin).

L'aménagement physique d'un poste informatique constitue une préoccupation essentielle et sérieuse : en effet, le travail sur ordinateur se généralise et peut engendrer de nombreux troubles (migraines, maux de dos, douleurs aux poignets…).

Toute conception d'interface place l'utilisateur au centre de la problématique. Dans le cadre de l'analyse d'un logiciel par exemple, l'ergonome effectue le plus souvent une évaluation avec l'aide de tests utilisateurs : il observe concrètement l'utilisation de l'outil par des utilisateurs potentiels et détermine ainsi d'éventuels dysfonctionnements ou pistes d'amélioration.

EXEMPLE D'INTERVENTION DE L'ANACT

L'Agence nationale pour l'amélioration des conditions de travail (ANACT) et ses antennes régionales (ARACT) ont pour vocation d'améliorer à la fois la situation des salariés et l'efficacité des entreprises, et de favoriser l'appropriation des méthodes correspondantes par tous les acteurs concernés. Elles aident les entreprises et les autres organisations à développer des projets innovants touchant au travail, comme dans l'exemple suivant, qui concerne un fabricant de machines pour le soufflage de bouteilles en PET.

• **Demande de l'entreprise.** L'une des unités de cet atelier faisait part de nombreux problèmes : allergies à l'huile utilisée sur l'une des machines, déplacements et manutentions inadéquats pour les opérateurs, problèmes de bruit, flux de fabrication inadapté par rapport à l'implantation des machines… « Nous avons d'abord fait plusieurs tentatives d'amélioration de la principale machine posant des difficultés. Aucune n'étant concluante, nous avons finalement décidé de la remplacer, et l'avons annoncé en CSE (comité social et économique) », explique le responsable de l'unité autonome de production. « Restait à choisir de nouvelles machines et à réimplanter l'atelier. Nous nous sentions compétents sur les aspects techniques, les process… mais pas sur l'ergonomie […]. » Parallèlement, la direction de l'entreprise souhaitait qu'un regard attentif soit porté sur les impacts organisationnels de ce projet, afin de ne pas reproduire les expériences passées et d'engager les investissements sur de bonnes bases. Ces intérêts convergents et le besoin de faire appel à une aide extérieure à l'entreprise amènent l'entreprise à contacter l'ARACT […].

• **Démarche.** Après une analyse de la demande, l'ARACT propose à l'entreprise une démarche en deux temps.

La première phase est celle du diagnostic : il s'agit d'analyser les situations de travail à transformer et de recueillir les points de vue des acteurs de l'entreprise sur l'organisation du travail dans l'atelier concerné. Chaque poste de travail est étudié, ainsi que les manutentions et les déplacements des opérateurs dans leurs zones de travail. Ces observations, réalisées en collaboration avec deux membres du CSE afin de permettre une appropriation de la méthodologie en interne, ont par la suite servi de base de discussion pour les améliorations à apporter.

Deuxième étape : aider l'entreprise dans sa prise de décision. Pour cela, l'ARACT propose la constitution d'un groupe de travail, réunissant le département sécurité, le médecin du travail, l'infirmière, deux opérateurs, deux membres du CSE, la responsable de production et le chef de projet. Ils se sont réunis plusieurs fois pour réfléchir à des scénarios d'implantation possibles. « Nous avons surtout travaillé sur la base de maquettes en volume », précise un des membres du groupe. « Cette méthode de simulation des situations de travail nous a permis de détecter de nombreuses problématiques. » Finalement, le travail du groupe aboutit à la proposition et à la validation en CSE d'une implantation définitive des nouvelles machines. En tout, la démarche aura pris cinq mois. Le responsable de l'entreprise ne regrette pas ce temps passé : « Au regard des problèmes que nous allons éviter sur ce projet, je pense que le retour sur investissement sera rapidement visible. De plus, nous sommes satisfaits d'avoir engagé une démarche qui impliquait tout le monde et conciliait les aspects économiques, productifs et humains. » […] Aujourd'hui, l'implantation des nouvelles machines est en cours, et l'objectif de l'entreprise est d'étendre cette démarche d'anticipation des conditions et de l'organisation du travail à tous les projets d'investissements importants.

D'après l'ANACT.

L'organisation du travail

Le succès d'une entreprise repose sur la motivation de ses salariés, sur leur niveau de compétences et la performance de sa propre organisation du travail. Ces trois facteurs complémentaires montrent qu'il est impératif de croiser les problématiques de GRH et celles touchant aux conditions de travail.

La performance organisationnelle

Pour P. Lawrence et J. Lorsch, professeurs à Harvard, le degré de performance d'une entreprise dépend du degré d'adéquation entre sa structure et son environnement. La performance organisationnelle peut être appréhendée comme une combinaison de pertinence (rapport entre les objectifs de l'organisation et les moyens mis en œuvre pour y parvenir), d'efficacité (rapport entre les résultats de l'organisation et ses objectifs initiaux) et d'efficience (rapport entre les résultats de l'organisation et les moyens mis en œuvre pour y parvenir).

Les principales caractéristiques des nouvelles organisations du travail

- *La décentralisation.* Les dirigeants de l'entreprise laissent les personnes au plus près du terrain prendre des décisions dans leur domaine de responsabilité. Le but de la décentralisation est de parvenir à une plus grande responsabilisation du management, ainsi qu'à une réactivité améliorée de l'entreprise (l'information n'ayant plus besoin de remonter la ligne hiérarchique pour que la décision soit prise au sommet).

- *La poursuite des logiques « projet ».* Les salariés représentatifs des différentes composantes de l'entreprise sont regroupés au sein d'une même équipe afin d'étudier l'opportunité et/ou la faisabilité d'un projet comportant une dimension transversale. La logique « projet » est associée à un mode de gestion participatif.

- *La polyvalence des salariés.* La logique de polyvalence constitue une véritable rupture avec les principes de l'organisation scientifique du travail de Taylor : elle mise en effet sur la capacité d'un salarié à réaliser un plus grand nombre de tâches différentes ou à occuper différents postes de travail. La polyvalence permet d'accroître l'intérêt du salarié pour son travail en réduisant notamment les risques de monotonie ; elle permet également de diminuer les risques liés à l'absentéisme de certains salariés (lorsqu'ils sont les seuls détenteurs de compétences clés, par exemple).

Le *reengineering*

- Cette méthode a pour but de re-concevoir l'organisation comme si elle n'existait pas. Elle modélise l'organisation comme un ensemble de processus transversaux ayant pour finalité de répondre aux attentes des clients. Au-delà de cette motivation, les objectifs recherchés sont le plus souvent une réduction des coûts.

- Apparu au début des années 1990, le *reengineering* fait toujours l'objet d'un engouement certain mais suscite aussi de nombreuses polémiques. Il a ainsi rarement été suivi d'une réorganisation complète de l'entreprise. L'histoire de l'entreprise, les structures existantes, les routines organisationnelles, sont autant de facteurs d'inertie.

LES MÉCANISMES DE COORDINATION

Les six manières de coordonner le travail

H. Mintzberg, professeur de management à l'Université Mc Gill de Montréal, montre que six mécanismes de coordination semblent suffisants pour expliquer la façon dont les organisations coordonnent le travail des salariés.

- ***L'ajustement mutuel.*** La coordination du travail se fait par un simple processus de communication informelle. L'ajustement mutuel est naturellement utilisé dans les organisations les plus simples, constituées d'un petit nombre de personnes (ex. : quelques personnes dans un atelier artisanal).
- ***La supervision directe.*** Quand le groupe devient plus important, il est plus difficile à coordonner de manière informelle. Il y a alors un besoin de commandement : la supervision directe devient le mécanisme de coordination, par lequel une personne a la responsabilité du travail des autres : elle leur donne des ordres, des instructions, et contrôle leur travail. C'est le cas du chef d'équipe.
- ***La standardisation des procédés de travail.*** Lorsque le travail devient encore plus complexe, le superviseur risque d'être surchargé et de ne plus pouvoir coordonner le travail des différents membres de son équipe. La standardisation prend la relève : la coordination est faite avant même que le travail ne commence véritablement. L'entreprise coordonne le travail en définissant clairement les tâches et leur déroulement (ex : chaîne de production, opération chirurgicale, etc.).
- ***La standardisation des résultats.*** L'organisation doit parfois standardiser les résultats, en laissant au salarié le choix de la méthode. Dans ce cas, on spécifie plutôt le résultat à atteindre. Libre alors à chacun de s'organiser comme il le souhaite (ex. : volume de ventes à réaliser, amener 80 % d'une classe d'âge au Bac, etc.).
- ***La standardisation des qualifications*** (et du savoir). Dans les cas encore plus complexes, l'organisation doit se contenter de standardiser les qualifications des salariés. Lorsqu'on embauche pour un certain travail un salarié ayant une formation précise, on standardise la qualification et le savoir. On estime alors que les personnes ayant reçu le même type de formation réagiront plus ou moins de la même manière au quotidien, et seront immédiatement en mesure de se comprendre les unes les autres (ex : embauche d'un diplômé d'un master GRH pour un poste d'assistant RH).
- ***La standardisation des normes.*** Le dernier mécanisme de coordination est celui de la standardisation des normes, dans laquelle ce sont les normes qui dictent le travail, qui sont contrôlées et, en général, diffusées à travers toute l'organisation. Ainsi, chacun des membres de l'organisation travaille à partir d'une certaine culture d'entreprise, d'un ensemble de croyances, d'idéologies.

Si le travail est vraiment trop complexe, l'entreprise sera obligée de retourner à l'ajustement mutuel, qui a l'avantage d'être le plus souple, le plus adaptable. Les décideurs qui sont face à des situations extrêmement complexes doivent en effet communiquer directement et de façon informelle pour réussir à prendre leurs décisions.

Un *continuum* entre les mécanismes de coordination

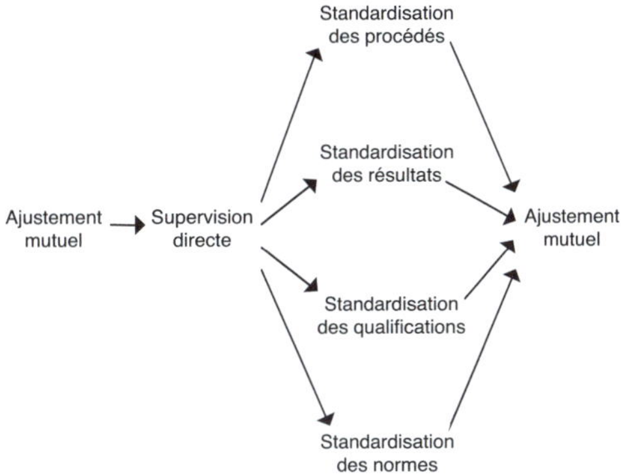

La gestion du changement

Dans une économie mondialisée, la survie d'une entreprise passe par sa capacité de réactivité et d'adaptation. Piloter efficacement les démarches de changement constitue donc une mission prioritaire des services RH, mais s'avère l'un des actes les plus difficiles de management.

Les résistances au changement

Afin d'expliquer le taux d'échec important constaté lors de la mise en place de changements (par exemple, une nouvelle organisation du travail ou un réaménagement des horaires), leurs promoteurs évoquent le plus souvent la résistance des salariés au changement.

Toutefois, faire de cette résistance un invariant naturel, irrationnel et irréductible du salarié est trop simpliste. Ce n'est pas tant le changement qui inquiète, que la trop forte incertitude qui résulte de la majorité des démarches de changement : s'il ne peut correctement comparer les avantages et inconvénients des différentes situations (*ante* et *post*-changement), le choix du *statu quo* par un salarié apparaît comme une décision rationnelle.

Pour dépasser ces résistances, la RH doit adopter une démarche aussi consensuelle que possible, permettant aux salariés d'avoir une vision partagée, d'une part de la situation existante et, d'autre part, de la situation à venir. Ce type de démarche, fortement participative, se traduit souvent par des logiques de type « projet » et requiert un temps et une énergie non négligeables. Le niveau d'implication et d'exemplarité des managers est primordial pour la réussite d'un processus de changement, puisque d'eux dépendra en partie l'adhérence des salariés aux changements proposés.

Les trois phases du changement

Parmi les nombreuses tentatives de modélisation des processus de changement, celle, pionnière, du psychosociologue K. Lewin, établie en 1951, fait toujours figure de référence. Cet auteur distingue trois phases :

- *le dégel* : cette première phase consiste en un état des lieux de l'entreprise et la mise en place des conditions nécessaires au changement. La RH et les managers doivent expliquer en quoi consiste le changement et le justifier. Cette phase permet notamment d'identifier les forces motrices et les forces résistantes au changement ;
- *le changement* : la faisabilité du changement dépend de la diminution des forces résistantes. Les promoteurs du changement doivent pour cela éclairer l'avenir et permettre une réelle implication de l'ensemble des salariés concernés dans cette réorganisation ;
- *le regel* : dans cette dernière phase, l'entreprise cherche à faire en sorte que les changements obtenus soient durables. Au cours de cette phase, les nouveaux comportements consécutifs au changement se mettent en place et remplacent les anciens. Les promoteurs du changement veillent tout particulièrement pendant cette période à accompagner cette évolution, tout en restant ouverts aux critiques afin de désamorcer une éventuelle remise en cause tardive.

Le nombre des changements à gérer est parfois si important que certains spécialistes estiment que ces mutations sont devenues l'état stable des organisations.

LE CONSULTANT : UN FACILITATEUR DU CHANGEMENT

Définition du conseil

Selon J. Ardoino, le conseil, ou « intervention », est une démarche plus ou moins systématique effectuée, à titre onéreux, par des praticiens à la demande d'une entreprise cliente. Cette démarche a pour but de pallier les difficultés rencontrées au sein de l'entreprise afin d'obtenir le changement souhaité.

Types de consultants

• ***Le consultant externe.*** Cet expert ne dépend pas de l'entreprise qui le sollicite. Il appartient à un cabinet de conseil ou intervient dans le cadre d'une activité libérale.

• ***Le consultant interne.*** Certaines entreprises choisissent de créer des postes de consultants en interne. Le recours à ce type de salariés est justifié, notamment dans un contexte de changement : une grande connaissance de la culture de l'entreprise et de ses procédures est nécessaire pour le bon déroulement des restructurations. Or un consultant externe ne dispose pas de ces connaissances.

Apports du consultant

• ***Expertise technique et méthodologique.*** Un consultant peut parfois être sollicité dans une logique d'expert dans la mesure où il s'agit d'une problématique pour laquelle ses connaissances sont fortement reconnues (membre d'organismes référents…).
Un bon consultant saura orienter une entreprise vers une démarche de changement adaptée au problème posé, en déterminant la façon dont va s'organiser son intervention (logique-projet, réunion d'experts…) et les outils adéquats (questionnaires, entretiens, observation…)

• ***Capacité de recul.*** Elle concerne surtout les consultants externes : n'étant pas directement rattachés à l'entreprise, ils peuvent en théorie exposer plus librement leurs analyses sans crainte des réactions du management. Cette objectivité et cette neutralité sont parfois mises à mal : un consultant aspirant à conserver son client peut être tenté d'orienter ses recommandations dans le sens voulu par le dirigeant de l'entreprise.

• ***Le benchmarking.*** Il consiste à analyser les pratiques de plusieurs entreprises d'un même secteur d'activité pour déterminer la plus efficace parmi elles. Le consultant aidera ensuite l'entreprise dans laquelle il intervient à mettre en place cette pratique jugée optimale, la faisant ainsi profiter de l'ensemble de son expérience acquise à l'occasion d'autres démarches de changement. Il devra néanmoins respecter certaines garanties relatives à la confidentialité des missions de conseil.

Rôles du consultant

Le consultant est avant tout un facilitateur du changement. Il est, dans ce contexte, amené à jouer différents rôles.

Rôle	Description du rôle du consultant
Danseuse	Il occupe le devant de la scène pendant que de réelles décisions sont prises dans l'équipe dirigeante.
Alibi	Il fait croire au corps social de l'entreprise que l'on agit, tout en faisant en sorte qu'aucun changement n'apparaisse.
Fusible	Il se trouve dans l'entreprise afin d'assurer des mesures impopulaires, il « sautera » juste après.
Porte-parole	L'entreprise cliente se sert de la légitimité du consultant pour faire passer son propre message.
Réserve d'énergie	En plus de son soutien méthodologique, le consultant doit porter le projet, le faire vivre, l'expliquer, le soutenir.
Catalyseur	La présence du consultant déclenche le développement d'une opération de changement.

Les styles de leadership

Le style leadership du dirigeant détermine en grande partie les relations sociales au sein de l'entreprise, selon qu'il est très directif ou, à l'inverse, très participatif. La DRH peut aider le dirigeant et les managers à faire évoluer leur style de leadership.

Définition du leadership

Le leadership correspond à la manière dont un individu occupant une position hiérarchique dans l'entreprise exerce son autorité sur ses subordonnés. On parle du « leadership du manager sur son équipe », mais aussi plus généralement du « leadership du dirigeant de l'entreprise par rapport à l'ensemble des salariés ». Il s'agit donc de la manière de mobiliser les ressources humaines afin d'atteindre des objectifs organisationnels.

Des styles différents de leadership

Plusieurs typologies permettent d'analyser les styles de leadership. Deux des typologies principales sont celles de Lewin et de Likert.

- K. Lewin, psychologue, distingue trois styles de leadership : *le leadership autoritaire*, où le chef donne des ordres à l'équipe et sanctionne ; *le leadership démocratique*, qui encourage les salariés à faire des suggestions et à utiliser leur créativité ; *le leadership permissif*, où le chef laisse les salariés faire ce qu'ils veulent. Selon K. Lewin, c'est le leadership démocratique qui permet d'obtenir les meilleurs résultats.
- R. Likert, psychologue, en distingue quatre : 1) *le système exploiteur autoritaire*, très directif ; *le système autoritaire bienveillant*, qui correspond au paternalisme ; 3) *le système consultatif*, où les salariés sont consultés sur les décisions les concernant ; 4) *le système participatif de groupe*, où les décisions sont décentralisées et prises par l'équipe. C'est ce dernier qui semble le plus efficace à R. Likert, car il favorise la coopération entre salariés.
- Actuellement, le leader efficace semble moins autoritaire et davantage axé sur l'encouragement de son équipe et le développement de sa motivation. Cette évolution est liée à celle de l'organisation du travail, qui favorise l'autonomie des salariés. Le leader efficace développe une vision de l'entreprise partagée par ses membres, met l'accent sur la coopération entre les individus, l'établissement de liens de confiance et le maintien d'une bonne ambiance de travail.

L'adaptation du style de leadership

Au-delà de l'opposition classique entre management directif et management participatif, P. Hersey et K. Blanchard, consultants, mettent l'accent sur l'impact de l'interaction manager-équipe sur le leadership. Selon eux, le manager doit choisir et adapter son style de leadership en fonction de la maturité de l'équipe, c'est-à-dire de son degré de compétences dans un domaine donné. Moins l'équipe est mature, plus elle a besoin d'être encadrée : le leadership doit être directif. Plus elle est mature (les salariés sont motivés et compétents) plus elle peut être autonome : le leadership peut alors être beaucoup plus participatif, déléguant les responsabilités.

MANAGEMENT ET PRODUCTION

La grille de Black et Mouton

La grille des styles de management de R.R. Blake et J.-S. Mouton, consultants, est l'un des modèles les plus classiques d'analyse du leadership. Les auteurs s'intéressent au comportement du manager : porte-il une grande attention aux individus ou à la production ? En fonction du degré d'attention porté à l'une et à l'autre de ces deux dimensions, les auteurs distinguent cinq styles de management :

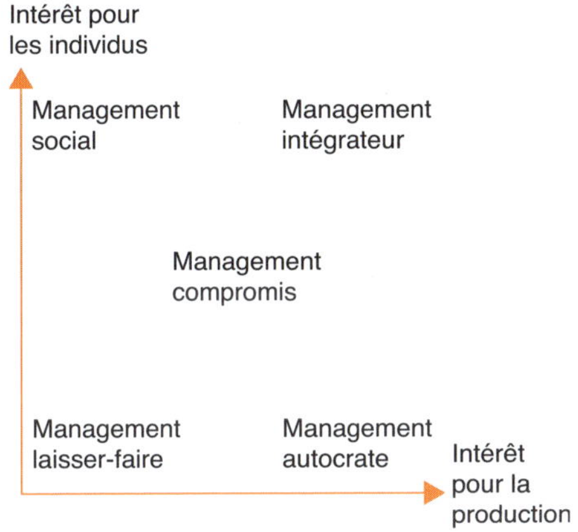

Plus l'intérêt du manager pour la production est marqué, plus son style de management est « autocrate », c'est-à-dire centré sur l'efficacité du système productif. La dimension sociale est évacuée : les salariés sont considérés comme des outils qui doivent interférer le moins possible avec le processus de production. Il y a un risque évident de dégradation du climat social. À l'inverse, plus l'intérêt du manager pour les individus est marqué, plus son style de management est « social » : il cherche à maintenir un climat social optimal, à faire plaisir, porte une grande attention aux membres de son équipe. S'intéressant peu à la production, il y a un risque de dégradation de la qualité et de la productivité.

Le manager qui ne s'intéresse ni à la production ni aux individus adopte un management « laisser-faire », qui se révèle inefficace. Il se réfugie derrière le règlement, tente de passer inaperçu, se reporte sur ses propres supérieurs hiérarchiques. Le manager peut également chercher un équilibre entre efficacité de la production et moral des salariés, adoptant un style de management « compromis ». Il cherche à convaincre, à motiver les membres de l'équipe. Il fait des concessions tantôt sur les exigences de production, tantôt sur le climat social. Plus efficace que le « management autocrate », que le « management social » et que le « management laisser-faire », ce style de management donne cependant des résultats relativement moyens.

Le management le plus efficace est le « management intégrateur ». Il permet d'obtenir le rendement le plus élevé par la participation de tous. Le manager cherche à impliquer les membres de son équipe à travers un objectif commun. Il délègue les responsabilités et décisions, gère les conflits et établit des relations d'adulte à adulte : exigence, mais respect et compréhension.

L'échec des cercles de qualité

Idée importée des entreprises japonaises à la fin des années 1970 et au début des années 1980, les cercles de qualité sont des petits groupes de salariés (généralement entre 3 et 10) qui se réunissent volontairement et régulièrement pour résoudre les problèmes qu'ils rencontrent dans leur travail et ainsi participer à une amélioration continue de la qualité. Les cercles de qualité s'inscrivent dans une logique de management participatif, qui recherche l'implication des salariés dans la prise de décision afin d'améliorer la performance de l'entreprise.

Les cercles de qualité ont désormais quasiment disparu dans les pays occidentaux. Plusieurs raisons expliquent cette disparition : importance du temps passé en réunion, faiblesse des gains financiers obtenus par les entreprises, manque de formation des animateurs, mais aussi manque d'engagement réel de directions générales pratiquant fréquemment un management froid et distant.

Les flux d'information

L'entreprise peut être analysée comme un système d'information : l'information y entre, en sort, est créée en interne, stockée, traitée, échangée... Les flux d'informations sont considérables. Certaines informations sont nécessaires à la gestion sociale de l'entreprise et au management des salariés, et méritent toute l'attention de la DRH.

L'information descendante

L'information descendante est émise par la direction à destination des salariés. Elle descend donc les différents niveaux hiérarchiques de l'entreprise. Il s'agit d'informations de différente nature :

- ordres, instructions, transmission de procédures et de règles de fonctionnement à appliquer, objectifs à atteindre, moyens disponibles. Ces informations sont nécessaires à chacun pour réaliser son travail ;
- informations générales, d'ordre économique ou social : situation économique et financière de l'entreprise, actualité d'un service en particulier, innovations, commandes exceptionnelles, etc. Elles ont pour objectif de renforcer le lien qui unit les salariés à l'entreprise.

Les supports sont multiples pour l'information descendante :

- livrets d'accueil, plaquettes de présentation de l'entreprise pour les nouveaux salariés ;
- messagerie électronique, intranet (réseau interne à l'entreprise) ;
- journaux d'entreprise, réunions d'équipe...

L'information ascendante

L'information ascendante est issue de la base et remonte le long de la ligne hiérarchique. On distingue deux principaux types d'informations :

- les informations relatives au fonctionnement et aux résultats des salariés ou des équipes de travail. Il s'agit d'une logique de *reporting* : remontée de rapports de gestion périodiques comprenant différents indicateurs de performance économique et sociale ;
- les informations relatives au climat social, nécessaires pour la DRH.

Les supports de l'information ascendante sont tout aussi multiples :

- entretien annuel d'évaluation ;
- réunions d'équipe ;
- enquêtes d'opinion ;
- observatoires sociaux ;
- boîtes à idées.

L'information transverse

Un troisième type d'informations – l'information transverse – circule dans l'entreprise entre salariés. Elle ne suit pas les circuits de communication formalisés dans l'organigramme de l'entreprise ni dans les définitions de processus.

Ce type d'information, beaucoup plus informel que les deux précédents, est très révélateur du climat social, puisqu'elle est issue de relations libres et informelles entre salariés. Elle reste néanmoins très difficile à recueillir pour la DRH, mettant ainsi en exergue l'absolue nécessité pour la DRH de s'ouvrir sur l'entreprise et ses salariés.

L'INFORMATION : DE LA MACHINE À CAFÉ AU BLOG

La pause café

L'information transverse circule lors des relations informelles entre les individus. L'un des lieux les plus propices à son partage est… la machine à café. La pause café constitue souvent l'un des moments privilégiés de discussion et d'échange entre des personnes qui ne sont pas directement en relation les unes avec les autres dans leur travail, ou qui ne le sont que par l'intermédiaire d'outils tels que la messagerie électronique ou le téléphone. La rencontre directe favorise l'échange spontané.

Les personnes appartenant à des services différents de l'entreprise se transmettent alors des informations qui peuvent être utiles dans le cadre de leur travail : telle panne récurrente sur une machine, tel salarié ayant eu un accident, tel manager ayant des difficultés dans les relations avec son équipe, etc. Cela correspond à ce que H. Mintzberg, professeur de management à l'Université McGill de Montréal, appelle « la coordination par ajustement mutuel » : les individus coordonnent leur travail par simple communication informelle. Conclusion : supprimer les pauses café peut créer des dysfonctionnements et se révéler contreproductif.

Cependant, les pauses café favorisent également la propagation de la rumeur. Il est ensuite difficile pour la direction, la DRH et les managers de les démentir, de rétablir la vérité et de convaincre tout le monde.

@noo, l'intranet RH de France Telecom

Tous les membres de l'entreprise n'ont pas besoin d'accéder aux mêmes informations. Plus encore, il n'est pas souhaitable que n'importe qui accède à certaines informations présentes dans l'intranet : chaque utilisateur doit par conséquent s'identifier lorsqu'il souhaite se connecter.

@noo, l'intranet RH de France Telecom, est organisé autour de trois espaces :

- *l'espace @tous* : tout salarié de l'entreprise peut s'y connecter pour y trouver entre autres les règles de base RH, les informations générales d'actualité RH ;
- *l'espace salariés* : les salariés ont leur espace personnel où se trouvent leur état civil, les informations sur leur solde de congé, etc.
- *l'espace managers* : seuls les managers y ont accès. Ils y trouvent notamment des informations spécifiques, comme les marges de manœuvre dont ils disposent pour gérer leur équipe.

Les nouveaux outils informatiques d'information

L'intranet d'Alcatel abrite une douzaine de blogs collectifs [sites Internet sur lequel plusieurs personnes peuvent s'exprimer en déposant leur contribution] permanents, orientés métiers et animés par des experts, à l'instar de celui dédié à la veille concurrentielle. « Dans le mesure où les échanges concernent le travail, je ne vois pas d'objection de principe à ce que chaque salarié puisse ouvrir son propre blog en interne », avance Caroline Mille, directrice de la communication du groupe, qui réfléchit sur les possibilités de diffusion, à coût réduits, de journaux audio (*podcast*) et vidéo (*vidéocast*). Guillaume Pépy, ancien directeur général exécutif de la SNCF, auteur d'un blog interne à succès, plaide également pour les blogs de salariés sur l'intranet. Cette pratique reste néanmoins peu répandue […].

Le *chat* [système permettant à plusieurs personnes d'échanger des messages écrits en temps réel] est un autre canal que testent actuellement les entreprises. […] « Notre dernier baromètre interne avait révélé une remontée d'informations insuffisante. C'était le moment de laisser les salariés poser leurs questions sur des sujets bien définis », explique Albane Delorme, responsable de la communication interne de l'Association pour l'emploi des cadres. Du coup, deux autres *chats* ont été organisés, dont le plus récent, en novembre 2005, animé par le DRH sur le thème de l'intéressement.

Extraits de : *Entreprise & Carrières*, n° 800.

La communication interne

Au-delà de la transmission d'informations, la communication interne, mise en place par l'entreprise à destination des salariés, est un instrument essentiel de cohésion et de motivation des salariés. Elle doit être pratiquée avec subtilité, sous peine d'aboutir à des résultats inverses aux objectifs.

Les objectifs de la communication interne

- La communication interne véhicule les messages et les valeurs que l'entreprise souhaite communiquer aux salariés. Véritable investissement, elle détermine en partie la qualité du fonctionnement de l'entreprise.
- L'objectif global de la communication interne est de créer une identité collective, une cohésion entre les salariés, afin que tout le monde travaille à la réussite de l'entreprise.
- La communication interne passe par la diffusion et l'explication à tous des orientations stratégiques de l'entreprise, de ses objectifs, de ses résultats. Les salariés doivent être entendus sur la manière dont ils perçoivent et ressentent ce qui leur est transmis.

Les acteurs de la communication interne

- *Le responsable de la communication interne*, dans les grandes entreprises : il peut être rattaché à la direction de la communication (qui s'occupe dans ce cas de la communication interne et externe), ou plus fréquemment à la DRH. Dans la plupart des entreprises, c'est la DRH qui prend en charge la communication.
- *Les managers* : dans le prolongement du rôle qu'ils ont acquis avec le partage de la fonction RH, les managers deviennent les relais de la communication interne. Ils déclinent la stratégie générale au niveau de l'équipe dirigée, l'expliquent et montrent en quoi l'équipe participe à la réussite de l'entreprise. Puis ils en discutent avec les membres, confrontent les différents points de vue et convainquent l'équipe du bien-fondé des décisions des dirigeants.

Les conditions d'efficacité de la communication interne

- Pour être convaincante et efficace, la communication doit être cohérente, afin que les salariés ne perçoivent pas d'écarts ou de contradictions :

• *entre plusieurs thèmes traités par la communication interne* : par exemple, communiquer dans un intervalle de temps rapproché, d'une part sur la politique qualité de l'entreprise, et d'autre part sur sa volonté de sous-traiter une partie de la production (à des entreprises du sud-est asiatique, par exemple) ;

• *entre la communication interne et la communication externe* : par exemple, annoncer en externe que l'entreprise est florissante et rentable, et en interne, que la situation est difficile et qu'il faut s'attendre à des sacrifices pour sauver l'entreprise ;

• *entre la communication interne et les actes* : par exemple, dire que les salariés sont la plus grande richesse de l'entreprise, et mettre en place dans le même temps des licenciements économiques.

- Toutes ces contradictions sont source de démotivation pour les salariés et de défiance vis-à-vis de la direction, de la fonction RH et des managers. L'effet est alors inverse de celui attendu, qui était de mobiliser les salariés.

ÉVALUER LA COMMUNICATION INTERNE

La personne en charge de la communication interne au sein de la DRH doit pouvoir évaluer la qualité de la communication qu'elle propage. Une simple grille d'autodiagnostic, comme ci-dessous, permet de s'en faire une première idée.

Grille d'autodiagnostic de la communication interne

ORGANISATION	–	=	+
J'ai défini les besoins de l'équipe de direction.			
Je connais les attentes des salariés.			
J'ai défini des objectifs de communication.			
J'ai défini des messages clés par cible.			
Les objectifs de communication sont déclinés en actions.			
L'équipe de direction pilote la communication interne.			
L'encadrement est formé à la communication interne.			
Les outils de communication fonctionnent efficacement.			
J'évalue régulièrement l'impact de la communication.			

ACTIONS ET OUTILS	–	=	+
Les actions de communication sont définies et planifiées.			
Les moyens de communication sont adaptés à la structure, au style de management et au style de communication de l'équipe de direction.			
Les réunions sont efficaces et appréciées des participants.			
Les collaborateurs bénéficient au moins une fois par an d'entretiens personnalisés.			
Les responsables de service et d'équipe sont appréciés pour leurs qualités d'animateurs d'équipes.			
Des moments et un espace de convivialité sont prévus.			

RÉSULTATS	–	=	+
L'information correspondant aux besoins et attentes circule bien dans l'entreprise (descendante, ascendante, latérale).			
Les comportements d'échange, de dialogue et d'écoute orientés vers l'efficacité et la qualité des relations humaines favorisent la cohésion des équipes.			
Les moyens de communication mis en œuvre favorisent le décloisonnement des services et la collaboration.			
La cohérence des messages avec le style de management et l'histoire de l'entreprise, la constance des messages et les attitudes favorisent le développement d'une culture commune et d'une image interne de l'entreprise.			
Les rapports directs et naturels et les échanges informels permettent des réunions conviviales avec la participation active du plus grand nombre.			
L'ambiance de travail et le climat social favorisent l'intégration des nouveaux embauchés et limitent la rotation du personnel.			

Source : *Capital RH, Les ressources humaines en pratique,* CCI Paris-Ile-De-France, www.entreprises.cci-paris-idf.fr

Le comité social et économique

Les ordonnances dites « Macron » ont renouvelé l'organisation du dialogue social et économique dans l'entreprise, en remplaçant et fusionnant le comité d'entreprise (CE), les délégués du personnel (DP) et le comité d'hygiène, de sécurité et des conditions de travail (CHSCT) en une seule entité à partir de 2018 : le comité social et économique (CSE).

Les missions du CSE

Le comité social et économique est mis en place dans les entreprises d'au moins 11 salariés, mais ses attributions sont d'étendue variable selon que l'entreprise compte plus ou moins de 50 salariés. Son rôle est large : représentation des salariés auprès de l'employeur, consultation et information, base de données économiques et sociales, droit d'alerte économique, prévention des risques professionnels, amélioration des conditions de travail, activités sociales et culturelles, etc. Le CSE peut exercer des recours en justice.

Dans les entreprises de plus de 50 salariés, il doit être consulté une fois par an sur trois grands thèmes :

- les orientations stratégiques de l'entreprise (leurs conséquences sur l'activité, l'emploi, l'évolution des métiers et des compétences, l'organisation du travail, etc.) ;
- la situation économique et financière de l'entreprise ;
- la politique sociale de l'entreprise, les conditions de travail et l'emploi : évolution de l'emploi, programme pluriannuel de formation, durée du travail, égalité professionnelle entre les femmes et les hommes, etc.

Un accord majoritaire d'entreprise peut également instituer un « conseil d'entreprise », afin d'intégrer les délégués syndicaux. Dans ce cas, ce conseil d'entreprise viendrait remplacer le comité social et économique. Il ne se limite plus à un rôle de consultation mais devient le seul compétent pour négocier, conclure et réviser les conventions et accords d'entreprise.

Le mode de fonctionnement du CSE

Au regard de l'étendue de ses missions, le CSE est composé de plusieurs commissions qui travaillent sur des sujets spécifiques : une commission santé, sécurité et conditions de travail (dans les entreprises d'au moins 300 salariés) ; une commission de la formation (idem) ; une commission d'information et d'aide au logement (idem) ; une commission de l'égalité professionnelle (idem) ; une commission des marchés ; une commission économique (dans les entreprises de plus de 3 000 salariés). Un accord peut prévoir la création de commissions supplémentaires pour l'examen de problèmes particuliers.

L'entreprise verse au CSE une subvention de fonctionnement égale à 0,2 % de la masse salariale brute annuelle. Elle peut également lui verser une contribution aux activités sociales et culturelles que le CSE gère au profit des salariés (aucun taux n'est imposé). Cela permet au CSE d'organiser diverses activités : sorties culturelles, colonies de vacances, etc.

LE CSE : COMPOSITION ET ÉLECTION

Composition du CSE

Le comité social et économique comprend l'employeur et une délégation du personnel. Le nombre de représentants élus (en principe pour 4 ans et sans pouvoir effectuer plus de 3 mandats successifs) doit être fixé en fonction de l'effectif de l'entreprise (le tableau ci-dessous présente la situation pour les entreprises ayant jusqu'à 999 salariés). Chaque organisation syndicale représentative dans l'entreprise ou l'établissement peut également désigner un représentant syndical au comité. Il assiste aux séances avec voix consultative. Selon les thèmes des réunions, d'autres personnes peuvent être invitées : médecin du travail, responsable interne du service de sécurité et des conditions de travail, inspecteur du travail.

Effectif de l'entreprise (nombre de salariés)	Nombre de titulaires	Nombre mensuel d'heures de délégation par titulaire
11 à 24	1	10
25 à 49	2	10
50 à 74	4	18
75 à 99	5	19
100 à 124	6	21
125 à 149	7	21
150 à 174	8	21
175 à 199	9	21
200 à 249	10	22
250 à 299	11	22
300 à 399	11	22
400 à 499	12	22
500 à 599	13	24
600 à 699	14	24
700 à 799	14	24
800 à 899	15	24
900 à 999	16	24

L'élection des membres de la délégation du personnel

Tous les quatre ans l'employeur doit convoquer des élections pour renouveler le CSE. Il sollicite en ce sens les organisations syndicales pour qu'elles établissent la liste de leurs candidats.

Il y a deux collèges électoraux, ce qui veut dire deux grandes catégories de salariés au sein desquelles se déroule un vote :

– le collège des ouvriers et employés ;

– le collège des ingénieurs, chefs de service, techniciens, agents de maîtrise et assimilés.

La répartition des sièges entre les différents établissements et collèges fait l'objet d'un accord entre l'employeur et les organisations syndicales.

Pour chaque collège électoral, les listes de candidats sont composées d'un nombre de femmes et d'hommes correspondant à la part de femmes et d'hommes inscrits sur la liste électorale. Les listes sont composées alternativement d'un candidat de chaque sexe.

Le scrutin est de liste à deux tours avec représentation proportionnelle à la plus forte moyenne (le second tour n'a lieu que si le nombre de votants au premier tour est inférieur à la moitié des électeurs inscrits).

Les organisations syndicales

Les syndicats sont la pierre angulaire des relations sociales en France, c'est-à-dire des rapports individuels et collectifs qui se nouent autour du travail, au niveau de l'entreprise ou du pays. Le nombre de syndiqués est faible, mais la présence des syndicats dans les entreprises reste importante.

Les syndicats en France

La création de syndicats professionnels de salariés et d'employeurs est autorisée par la loi en 1884. La CGT, le plus vieux syndicat français, voit le jour en 1895. Les quatre autres syndicats majeurs sont la CFDT, la CGT-FO, la CFTC et la CFE-CGC. D'un point de vue historique, on assiste à un déclin du syndicalisme depuis les années 1970. Actuellement, environ 9 % des salariés du secteur privé sont syndiqués. Les syndicats restent cependant présents dans plus de 40 % des entreprises privées.

La loi accorde une place importante aux syndicats. Ainsi, seuls des salariés présentés par des syndicats représentatifs peuvent être candidats au premier tour des élections du comité social et économique. De même, la loi impose des négociations régulières entre la direction de l'entreprise et les délégués syndicaux.

Les délégués syndicaux

Dans toute entreprise de 50 salariés et plus, chaque syndicat représentatif peut nommer un délégué syndical. Le nombre de délégués syndicaux de chaque syndicat augmente avec l'effectif de l'entreprise. Le mandat de délégué syndical est d'une durée indéterminée. Il prend fin avec la démission de son titulaire ou sur décision du syndicat.

Dans les entreprises de moins de 50 salariés, les syndicats peuvent désigner un délégué du personnel comme délégué syndical. Dans ce cas, son mandat de délégué syndical est limité à la durée de son mandat de représentant du personnel.

Les délégués syndicaux ont trois missions :

- représenter leur syndicat pour formuler des propositions ou des revendications à la direction de l'entreprise ;
- faire le lien entre leur syndicat et les salariés ;
- négocier et conclure, au niveau de l'entreprise, des accords collectifs. À cette fin, l'entreprise doit mettre à la disposition des délégués syndicaux les documents nécessaires aux négociations : convention collective et accords applicables dans l'entreprise, bilan social, rapport annuel sur l'égalité entre hommes et femmes, etc.

Pour assurer leurs missions, les délégués syndicaux bénéficient d'un crédit d'heures (variable selon la taille de l'entreprise) assimilé à du temps de travail (les réunions à l'initiative de l'employeur n'étant pas décomptées sur ce crédit d'heures), et d'un droit à se déplacer librement dans l'entreprise pendant les heures de délégation ou en dehors du temps de travail.

Les délégués syndicaux bénéficient d'une protection : ils ne peuvent pas être licenciés (qu'il s'agisse d'un licenciement individuel ou d'un licenciement collectif) sans l'autorisation de l'inspecteur du travail.

LES SYNDICATS REPRÉSENTATIFS

Les règles de représentativité syndicale

La loi du 10 août 2008 sur la rénovation de la démocratie sociale a supprimé l'arrêté du 31 mars 1966 qui établissait la liste des cinq organisations syndicales reconnues pour représentatives au niveau national (CGT, CFDT, la CGT-FO, CFTC, CFE-CGC). Désormais, un syndicat est considéré ou non comme représentatif en fonction de son audience.

Cela veut dire que, pour être représentatif et donc pour pouvoir négocier des accords d'entreprise avec l'employeur, un syndicat doit avoir recueilli au minimum 10 % des suffrages à l'occasion des dernières élections professionnelles (élections du comité social et économique). La représentativité d'un syndicat sera par conséquent remise en question à chaque élection, soit généralement tous les quatre ans.

Généalogie du syndicalisme français

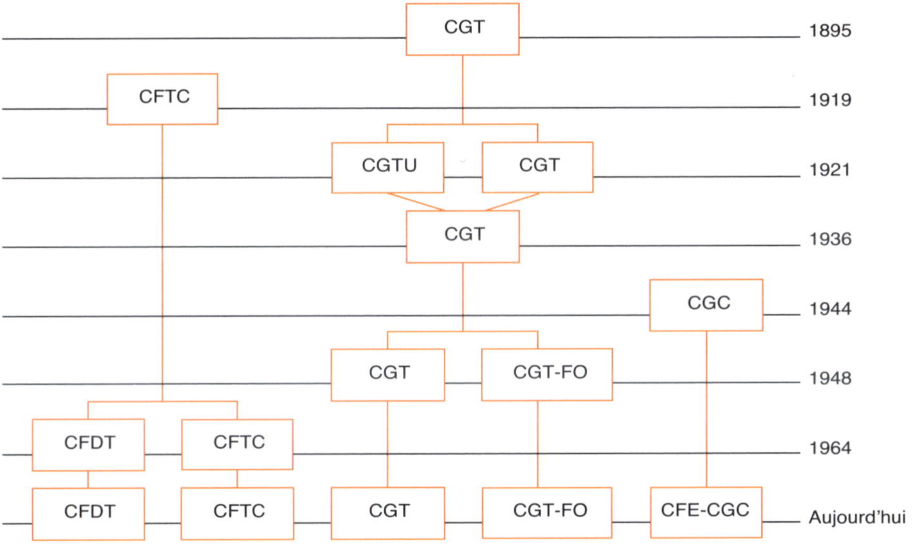

La CGT est créée en 1895, la CFTC en 1919. Après la Première Guerre mondiale et la prise du pouvoir par le parti communiste en Russie, la CGT fait scission pour la première fois et la CGTU est créée en 1922 par des militants proches des communistes. La dynamique du Front populaire amène la réunification syndicale en 1936. Après la Seconde Guerre mondiale, la CGT, reconstituée en 1944, se divise à nouveau. Les réformistes créeront la CGT-Force Ouvrière en 1948. En 1964, la majorité de la CFTC (Confédération française des travailleurs chrétiens) opte pour la « déconfessionnalisation ». La CFDT est créée. La minorité décide de maintenir la CFTC.

Source : d'après H. Landier, D. Labbé, *Les Organisations syndicales en France*, Paris, Éditions Liaisons, 1998.

La négociation collective

Les traditionnelles oppositions entre employeurs et salariés étant susceptibles de dégrader le climat social dans l'entreprise, la législation du travail impose que de nombreuses thématiques fassent régulièrement (au moins une fois l'an) l'objet de négociations. D'autres négociations, libres, s'y ajoutent.

Définition de la négociation

- La négociation est un processus de régulation des rapports sociaux, par lequel les partenaires sociaux tentent, *via* la discussion, de concilier des points de vue et des intérêts qui ne sont pas toujours convergents.
- La négociation peut avoir lieu au niveau national, au niveau des branches d'activité, ou au niveau de l'entreprise.

Les partenaires de la négociation

- Les négociations au niveau de l'entreprise sont menées par l'employeur. Il peut s'agir du chef d'entreprise lui-même ou du DRH qui le représente. Les négociations se déroulent avec les délégués syndicaux. Le DRH doit obligatoirement inviter à la négociation toutes les organisations syndicales représentatives présentes dans l'entreprise.
- Lorsqu'il n'y a aucun délégué syndical dans l'entreprise, les modalités de négociation dépendent de la taille de l'entreprise. Dans les entreprises de moins de 11 salariés, l'employeur peut proposer un projet d'accord collectif qui est soumis à un référendum des salariés. Dans les entreprises de plus grande taille, l'idée est que les membres de la délégation du personnel du comité social et économique peuvent négocier, conclure et réviser des accords collectifs de travail.

Les thèmes de négociation

- Certaines négociations sont obligatoires. Elles doivent avoir lieu, selon leur thème, tous les ans ou tous les trois ans.
  - *Négociations annuelles* : elles concernent les salaires, la durée et l'organisation du temps de travail, l'évolution de l'emploi, les mesures relatives aux travailleurs handicapés, les objectifs en matière d'égalité professionnelle hommes-femmes et les moyens à utiliser, l'épargne salariale (si aucun dispositif ne couvre déjà les salariés), la prévoyance maladie (si les salariés ne sont pas déjà couverts).
  - *Négociation triennales* : elles concernent les modalités d'information et de consultation du comité social et économique sur la stratégie de l'entreprise et ses effets prévisibles sur l'emploi ainsi que sur les salaires, la mise en place d'un dispositif de GPEC et les mesures l'accompagnant (formation, validation des acquis de l'expérience, bilan de compétences, accompagnement de la mobilité), les conditions d'accès et de maintien dans l'emploi des salariés âgés et leur accès à la formation professionnelle.
- Obligation de négocier ne veut pas dire obligation d'aboutir à un accord : en cas d'échec de la négociation, l'entreprise doit établir un procès-verbal de désaccord et doit le transmettre à la Direction départementale du travail.
- Des négociations libres peuvent être engagées par l'employeur et les syndicats. Elles portent alors sur les thèmes qu'ils souhaitent.

LES CONDITIONS DE VALIDITÉ DES ACCORDS D'ENTREPRISE

Syndicat représentatif, ayant donc obtenu au moins 10 % des suffrages au premier tour des élections du comité social et économique

↓

Désignation de délégués syndicaux

Entreprise avec délégués syndicaux

→ Signature par un ou plusieurs syndicats représentant au moins 50 % des suffrages au premier tour des élections du CSE

→ Signature par un ou plusieurs syndicats représentant au moins 30 % des suffrages au premier tour des élections du CSE → Demande des signataires d'un référendum des salariés pour ratifier l'accord

Si pas de demande au bout d'un mois : possibilité pour l'employeur de mettre en place unilatéralement ce référendum (sauf si opposition de l'ensemble des syndicats signataires)

Entreprise de 11 et plus, sans délégué syndical et sans salarié mandaté

→ Négociation avec un ou des membres de la délégation du personnel du CSE → Signature par un ou des membres du CSE représentant au moins 50 % des suffrages au premier tour des élections du CSE

Entreprise de moins de 11 salariés

→ Proposition aux salariés d'un projet d'accord par l'employeur → Approbation de l'accord par un vote des salariés à la majorité des suffrages exprimés

Les tableaux de bord sociaux

Les ERP gèrent d'importants volumes de données relatives aux ressources humaines. Il est possible d'en extraire des indicateurs permettant de constituer un tableau de bord social de l'entreprise, utile en vue de piloter les ressources humaines au service des objectifs de l'entreprise.

Définition et objectifs

Un tableau de bord social est un ensemble d'instruments mis à la disposition des responsables, rassemblant et présentant l'information en vue de favoriser la décision sociale et le pilotage social. Il est à la gestion des ressources humaines ce qu'est le tableau de bord à un avion ou à une voiture : un ensemble d'indicateurs, de paramètres de fonctionnement à suivre et à analyser afin d'atteindre un objectif. Souvent établi mensuellement, le tableau de bord social sert à :

- *avoir une visibilité* permanente sur les principaux indicateurs RH relatifs à la santé de l'entreprise et à analyser les écarts éventuels entre la situation prévue et la situation réelle ;
- *décider rapidement* : l'entreprise doit fréquemment prendre des décisions dans un contexte où elle est contrainte par le temps (lors de négociation avec les syndicats, par exemple). Il est nécessaire dans ce cas de disposer d'informations claires et à jour sur la situation de l'entreprise.

Les domaines analysés par les tableaux de bord

Tous les domaines liés à la présence et au travail des salariés font potentiellement l'objet d'un suivi par le biais d'un tableau de bord social. Cinq domaines principaux sont analysés.

- *Le pilotage des effectifs*. Les indicateurs du tableau de bord permettent une analyse démographique de l'entreprise, notamment afin d'éviter une trop forte proportion de salariés âgés, qui à court terme, pèse sur la masse salariale, et à long terme, risque de se traduire par une pénurie de main-d'œuvre lors de leur départ à la retraite.
- *Le pilotage des rémunérations et de la masse salariale*. Compte tenu du poids important que représente la masse salariale dans les finances de l'entreprise, il est nécessaire de suivre son évolution afin d'éviter toute dérive et d'évaluer les marges de manœuvre dans le cadre des négociations collectives.
- *Le pilotage de la formation*. L'avenir de l'entreprise étant notamment dépendant des compétences futures de ses salariés, et donc des investissements en formation, les efforts de formation pour les différentes catégories de salariés doivent également être suivis.
- *Le suivi des dysfonctionnements sociaux*. L'absentéisme, les accidents du travail, le *turnover*, les conflits sont recensés avant de faire l'objet de statistiques. Ils sont le reflet du climat social de l'entreprise.
- *Le suivi des performances*. Il est nécessaire de suivre la performance des salariés au travail, notamment leur productivité, pour assurer la santé économique de l'entreprise.

Comme tout système de pilotage par le biais d'indicateurs, le tableau de bord social génère un effet pervers : les individus gèrent davantage les indicateurs que la réalité qu'ils sont censés représenter.

EXEMPLES D'INDICATEURS

Activité	Indicateurs possibles
Pilotage des effectifs	• Répartition des effectifs par tranche d'âge et par ancienneté (présentée sous forme graphique : pyramides). • Âge moyen : somme des âges ÷ effectif total. • Ancienneté moyenne : somme des anciennetés ÷ effectif total. • Nombre de salariés de plus de 55 ans ÷ effectif total. • Effectif mensuel en fonction des différents contrats de travail (CDI, CNE, CDD, intérim), mesuré en nombre de salariés ou en ETP (Équivalents temps plein). • Répartition des effectifs par catégorie : ouvriers, ETAM (employés techniciens agents de maîtrise), cadres. • Taux d'encadrement : nombre de cadres ÷ effectif total.
Pilotage de la masse salariale	• Masse salariale mensuelle. • Salaire moyen. • Salaire médian (la médiane est la valeur qui sépare les effectifs en deux groupes égaux). • Taux des rémunérations variables : montant des rémunérations variables ÷ montant des rémunérations fixes. • Écarts entre les différents niveaux de rémunération moyen des différentes • Indicateur de disparité : les 10 % de salaires les plus élevés ÷ les 10 % de salaires les plus faibles.
Pilotage de la formation	• Taux d'investissement en formation : montant des dépenses consacrées à la formation ÷ masse salariale. • Taux de départ en formation par catégorie : nombre de salariés par catégorie partis en formation au cours de l'année ÷ effectif de la catégorie hiérarchique. • Taux de formation : nombre de jours de formation par métier ÷ nombre de salariés occupant ce métier. • Pourcentage de salariés n'ayant pas suivi de formation depuis trois ans.
Suivi des dysfonctionnements sociaux	• Absentéisme : nombre d'heures d'absence sur une période ÷ temps de travail théorique de la période. • *Turnover* : (entrées dans l'entreprise + sorties de l'entreprise) ÷ effectif. • Nombre de journées perdues pour cause de grève. • Taux de fréquence des accidents du travail : (nombre d'accidents du travail avec arrêt × 1 000) ÷ nombre d'heures travaillées. • Taux de gravité des accidents du travail : (nombre de jours d'arrêt de travail × 1000) ÷ nombre d'heures travaillées.
Suivi des performances	Ratios de productivité : • chiffre d'affaires réalisé ÷ masse salariale • chiffre d'affaires réalisé ÷ effectifs • valeur ajoutée ÷ masse salariale • valeur ajoutée ÷ effectifs.

La plupart de ces indicateurs peuvent se décliner selon les différentes catégories de salariés (ouvriers, ETAM, cadres).

L'association Entreprise & Progrès, quant à elle, recommande pour les petites entreprises un tableau de bord social composé de six indicateurs (Weiss, 2005) :

– *un indicateur de structure* : les effectifs par catégorie professionnelle ;

– *trois indicateurs de politique* :
• rémunération : valeur moyenne du point = salaire moyen ÷ coefficient moyen,
• sécurité : taux de fréquence = (1 000 × nombre d'accidents avec arrêt) ÷ nombre d'heures de travail,
• formation : nombre d'heures de formation pendant le temps de travail ÷ nombre d'heures de travail ;

– *deux indicateurs de comportement* :
• absentéisme : nombre de jours d'absence ÷ nombre de jours de travail théorique,
• rotation : nombre de départs ÷ effectifs inscrits.

Le bilan social

Le bilan social, document rendu obligatoire par la loi, est plus exhaustif et plus normalisé que le tableau de bord social, mais il n'est réalisé qu'une fois par an. Plus qu'un outil de pilotage de la GRH, il s'agit surtout d'un support d'information et d'un outil de dialogue social.

Les objectifs du bilan social

En prenant modèle sur la gestion financière et comptable qui s'opère sur des éléments chiffrés, la loi sur le bilan social de 1977 répond à la nécessité de disposer d'informations quantitatives pour la gestion des ressources humaines. L'obligation pour les entreprises de plus de 300 salariés de publier chaque année un bilan social vise à :

- aider à une meilleure planification dans le domaine social ;
- aider au dialogue avec les partenaires sociaux ;
- être une source d'information pour les salariés, les actionnaires, les partenaires sociaux, les pouvoirs publics.

Le contenu du bilan social

Le bilan social récapitule en un seul document les principales données chiffrées permettant d'évaluer la situation de l'entreprise dans le domaine social, d'enregistrer les réalisations effectuées et de mesurer les changements intervenus au cours de l'année écoulée et des deux années précédentes.

La loi ne contraint l'entreprise qu'à publier des données chiffrées. Cependant dans les faits, les entreprises y ajoutent des explications et des commentaires afin de rendre compréhensibles ces données et de les resituer dans leur contexte.

Le bilan social doit comporter sept chapitres : l'emploi, la rémunération, les conditions d'hygiène et de sécurité, les autres conditions de travail, la formation, les relations professionnelles, les autres conditions de vie relevant de l'entreprise.

L'élaboration du bilan social

La première phase de préparation du bilan social par la DRH est le recueil de toutes les informations nécessaires à son établissement. La DRH possède souvent déjà la plupart des informations, mais un à deux mois sont toutefois souvent nécessaires pour recueillir les informations manquantes, synthétiser les informations comme le prévoit la loi, et mettre en forme le document papier.

Le bilan social doit être présenté au comité social et économique dans le cadre de la consultation sur la politique sociale de l'entreprise. Le CSE émet un avis qui est uniquement consultatif. Le bilan social, éventuellement modifié pour tenir compte de l'avis du comité social et économique, doit être adressé dans les quinze jours à l'inspection du travail, qui enregistre son dépôt. L'inspection du travail n'exerce pas de contrôle sur son contenu.

Le bilan social est mis à la disposition des actionnaires et des salariés qui en font la demande.

Le bilan social n'a pas besoin de prendre la forme d'un document papier. Il faut uniquement que toutes les informations demandées soient accessibles aux représentants du personnel dans la base de données économiques et sociales (BDES) de l'entreprise.

LES RUBRIQUES DU BILAN SOCIAL

Chacun des sept chapitres du bilan social est composé d'un nombre variable de rubriques, elles-mêmes déclinées en indicateurs. Toute entreprise devant réaliser un bilan social doit remplir les informations correspondant à l'ensemble de ces indicateurs. À titre d'exemple, voici les indicateurs à renseigner pour le premier chapitre, « l'emploi ».

Activité	Indicateurs possibles
1.1. Effectifs	111. Effectif rémunéré au 31 décembre 111bis. Effectif absent 111ter. Total 111.qrt. Effectif à temps partiel en équivalent temps plein 112. Effectif permanent à temps plein au 31 décembre 113. Total des salariés titulaires d'un contrat à durée déterminée 114. Moyenne annuelle des équivalents temps plein mensuels 115. Répartition par sexe de l'effectif au 31 décembre 116. Répartition par âge de l'effectif au 31 décembre 117. Répartition par ancienneté de l'effectif au 31 décembre 118. Répartition de l'effectif total au 31 décembre selon la nationalité 119. Répartition de l'effectif rémunéré au 31 décembre selon une structure de qualification détaillée
1.2. Travailleurs extérieurs et divers	121. Nombre de salariés appartenant à une entreprise extérieure 122. Nombre de stagiaires dans l'année 123. Nombre moyen mensuel de travailleurs temporaires 124. Durée moyenne des contrats de travail temporaire 125. Nombre total d'heures effectuées par le personnel de ménage
1.3. Embauches au cours de l'année	131. Nombre d'embauches par contrat à durée indéterminée 132. Nombre d'embauches par contrats à durée déterminée 133. Nombre d'embauches de travailleurs saisonniers 134. Nombre d'embauches de salariés de moins de 25 ans
1.4. Départs au cours de l'année	141. Total des départs [...]
1.5. Promotions	151. Nombre de salariés promus à un niveau supérieur
1.6. Chômage	161. Nombre de salariés mis au chômage partiel 162. Nombre total d'heures de chômage partiel
1.7. Handicapés	171. Nombre de travailleurs handicapés au 31 décembre
1.8. Absentéisme	181. Nombre de journées d'absence/nombre total de journées payées (en %) 181bis. Nombre total de journées d'absence 182. Nombre de journées d'absence pour maladie 183. Répartition des absences pour maladie selon leur durée 184. Nombre de journées d'absence pour accidents de travail et de trajets 185. Nombre de journées d'absence pour maternité ou adoption 186. Nombre de journées d'absence pour congés autorisés 187. Nombre de journées d'absence pour d'autres causes

Les limites du bilan social

Le bilan social est souvent ressenti par les DRH comme une contrainte légale, n'ayant d'utilité qu'en termes d'information des partenaires sociaux. Mais, afin de respecter la neutralité du document qu'impose la loi, les DRH se limitent souvent aux chapitres et rubriques légales, alors que d'autres informations et indicateurs pourraient être plus pertinents. Il faut noter également que les salariés ne demandent quasiment jamais à avoir accès au bilan social.

Le bilan social permet de garder une mémoire de l'évolution historique de la dimension sociale de l'entreprise, mais il ne reflète pas l'activité quotidienne de l'entreprise et peut par conséquent difficilement être un outil de gestion et d'aide à la décision. Par ailleurs, il inclut trop peu de ratios ou de valeurs en pourcentage, qui sont pourtant utiles pour l'analyse.

L'absentéisme

L'absentéisme, phénomène fréquent ayant des causes extrêmement diverses, a des conséquences économiques directes et indirectes sur l'entreprise : il est en effet aussi bien la cause que la conséquence d'une dégradation du climat social. La DRH doit par conséquent trouver des solutions afin de le réduire.

Définition

L'absentéisme est la période pendant laquelle un salarié n'est pas présent à son travail, alors qu'il est censé l'être d'après les termes de son contrat de travail. Il correspond à la différence entre le temps de travail théorique et le temps de travail réel, génère un manque à gagner et des coûts pour l'entreprise : perte de productivité, heures supplémentaires des collègues, embauche d'intérimaires, etc.

Les causes de l'absentéisme

- Les causes de l'absentéisme sont multiples : maladies non liées au travail, accidents du travail et maladies professionnelles, conditions de travail génératrices de stress (objectifs trop élevés, cadences trop rapides, etc.), relations difficiles et tendues avec la hiérarchie… Les absences permettent de réduire les tensions psychologiques qui résultent de ces relations et la démotivation des salariés, ayant elle-même des causes diverses (travail répétitif, carrière bloquée, crainte de l'avenir, etc.).
- Si l'absentéisme est le reflet d'un mal-être du salarié, il est fort probable que, de retour au travail, sa motivation et donc sa performance soient faibles. L'absentéisme est par conséquent un indicateur social important à suivre.

Les solutions pour réduire l'absentéisme

Les entreprises disposent de tout un panel de solutions pour tenter de réduire l'absentéisme des salariés.

• *La contre-visite médicale* : l'entreprise a le droit de faire passer au salarié en congé maladie une contre-visite afin d'évaluer le bien-fondé de son arrêt de travail. Il lui suffit de faire appel à un prestataire de services, qui mandate un médecin pour réaliser la contre-visite. Il est déconseillé d'appliquer cette pratique de manière systématique, car cela risque de dégrader le climat social en donnant aux salariés l'impression d'être surveillé en permanence.

• *La prime de présence* : elle peut prendre la forme d'un lien entre présence et intéressement, participation, ou part variable de la rémunération. Elle a comme limite le risque de voir émerger deux catégories de salariés : ceux qui acceptent de perdre la prime et s'absentent encore plus ; et ceux qui cherchent à tout prix à conserver la prime en venant travailler au risque de nuire à leur santé psychologique et physique (ce qui générera un arrêt maladie plus long).

• *La communication* auprès des salariés et des managers, leur sensibilisation sur l'absentéisme et ses conséquences néfastes sur l'entreprise.

• *L'amélioration des conditions de travail* (en fonction des causes détectées) : fixer les objectifs plus réalistes, rendre le travail moins répétitif…

• *Les autres mesures de prévention* : formation à la gestion du stress, prévention des risques professionnels…

COÛT DE L'ABSENTÉISME… ET DU PRÉSENTÉISME

Le coût de l'absentéisme

Avec 10,1 jours d'absence par employé et par an dans le secteur privé (soit 70,8 h et un taux moyen d'absentéisme de 6 %, tous secteurs d'activité confondus), l'absentéisme coûte environ 108 milliards d'euros aux entreprises françaises. Il est très difficile pour une entreprise de quantifier le coût réel que génère l'absentéisme. En effet, en plus des coûts directs (maintien éventuel du salaire, coût des heures supplémentaires, des CDD ou des intérimaires pour remplacer l'absent), l'absentéisme génère des coûts indirects plus difficiles à mesurer : coût de la gestion administrative de l'absence, moins grande productivité des CDD ou intérimaires, consommation éventuelle de matières premières supplémentaires, dégradation éventuelle de la qualité, risque d'insatisfaction des clients, etc.

Le suivi du taux d'absentéisme

Comment suivre le taux d'absentéisme au sein de l'entreprise ? Là encore, la réponse n'est pas si simple. Une première règle paraît pourtant évidente : ne pas se limiter à compter le nombre d'absences ! Celui-ci est en effet lié au nombre de salariés et ainsi, si l'effectif augmente, le nombre d'absences risque lui aussi d'augmenter, comme le montre ce tableau :

	Année N	Année N+1	Année N+2	Variation N / N+2
Nombre d'absences	750	795	870	+ 16 %
Nombre de salariés	250	265	290	+ 16 %
Nombre d'absences moyen	3	3	3	0

S'il vaut donc mieux prendre en compte un nombre d'absences moyen, cet indicateur reste peu pertinent car il ne prend pas en compte la durée des absences. Généralement, on rapporte donc le nombre d'heures de travail perdues pour cause d'absence au nombre d'heures de travail théoriques.

Mais si le taux d'absentéisme moyen est de 6 %, quel est le « bon » taux pour l'entreprise ? Quel objectif doit-elle se fixer ? Il importe pour cela de réussir à distinguer l'absentéisme *compressible*, sur lequel on peut agir (comme les absences de courte durée pour maladie, les accidents du travail, les absences injustifiées), de l'absentéisme *incompressible*, sur lequel il est plus difficile d'agir (longue maladie, congé maternité, etc.).

Le coût du présentéisme

Certaines méthodes, telles que prendre en compte les absences dans les critères de répartition des primes d'intéressement, sont un moyen pour l'entreprise de lutter contre l'absentéisme. Cela peut cependant générer des effets pervers, en favorisant la présence au travail de salariés qui ne sont pas en mesure de travailler correctement car ils sont réellement malades. Les salariés sont alors peu productifs, font des erreurs, et leur présence peut perturber le travail de leurs collègues. C'est le coût du présentéisme. Il représenterait ainsi entre 13 et 25 milliards d'euros par an pour les entreprises françaises.

Les conflits collectifs

Le conflit dans l'entreprise peut prendre différentes formes : freinage de la production, sabotage, etc. La forme la plus visible et la plus classique reste la grève. Le droit de grève est inscrit dans le préambule de la Constitution. Quelle qu'en soit l'issue, une grève est toujours un événement marquant dans les relations entre employeur et salariés.

Définition de la grève

- La grève se définit, d'après la Cour de cassation, comme la cessation collective et concertée du travail par des salariés en vue d'appuyer des revendications professionnelles. Pour être légale, la grève doit se traduire par un arrêt complet du travail des salariés. Il est interdit aux salariés de travailler au ralenti sans véritable interruption de leur activité (ce que l'on appelle « grève perlée »). L'employeur a, dans ce cas, le droit de prendre des sanctions disciplinaires.
- La grève doit en outre être motivée par des revendications professionnelles (conditions de travail, rémunération, évolution de l'emploi, stratégie de l'entreprise, etc.). La grève en réponse à des décisions purement politiques n'est pas légale.
- La grève, du côté des syndicats et des salariés, constitue un levier pour faire pression sur la direction de l'entreprise afin de faire aboutir leurs négociations. Elle peut résulter de l'échec des négociations entre l'entreprise et les délégués syndicaux, ou être pour les syndicats un moyen de mener les négociations.

La gestion de la grève

Une grève suit classiquement trois étapes.

- *Le déclenchement.* Avant de déclencher la grève, les grévistes (ou un délégué syndical) doivent présenter leurs revendications à l'employeur. Une conciliation peut être envisagée mais elle n'est pas obligatoire. La grève peut être tout d'abord limitée à une catégorie professionnelle, puis se diffuser aux autres salariés.
- *Le déroulement.* En cas d'échec des négociations, le conflit peut virer à l'épreuve de force entre syndicats et direction. Les deux parties doivent envisager le recours à un médiateur externe à l'entreprise afin de tenter de résoudre le conflit. L'entreprise n'a pas le droit de recruter des salariés en CDD ou de faire appel à des travailleurs intérimaires pour remplacer les salariés grévistes.
- *Le dénouement.* Il correspond à la signature d'un accord et à la reprise du travail, ou à la seule reprise du travail si les syndicats n'ont pas obtenu satisfaction.

Conséquences sur l'entreprise et les salariés

- La grève représente un coût important pour l'entreprise. Elle a également des conséquences sur son image de marque : les clients peuvent estimer qu'il est risqué de faire appel à une entreprise souvent en grève.
- Le salaire des grévistes subit une diminution proportionnelle à la durée de la grève. Les éventuelles primes d'assiduité sont réduites ou perdues. La grève a également des conséquences sur le montant de la participation et de l'intéressement, dans le cas où leur répartition entre les salariés se fait au moins pour partie en fonction du temps de présence sur l'année.

ÉVOLUTION, LIMITES ET DISPARITÉS RELATIVES À LA GRÈVE

Les grèves dans le secteur privé

Malgré des pics en 2010 et dans une moindre mesure 2016 (en lien avec la « loi Travail »), le pourcentage d'entreprises ayant connu un mouvement de grève est tendanciellement en baisse depuis une quinzaine d'années. Ainsi, 1,9% des entreprises de 10 salariés et plus du secteur marchand non agricole déclarent avoir connu un ou plusieurs arrêts collectifs de travail en 2017 (grèves ou débrayages). Les rémunérations sont le premier motif de grève, cité par 40 % des entreprises ayant connu au moins une grève en 2017. La contestation des ordonnances du 22 septembre 2017 réformant le code du travail a été évoquée comme motif de grève dans 8 % de ces entreprises.

Les autres formes de mobilisation (les rassemblements, les manifestations, les pétitions, les occupations, etc.) peuvent être pour les salariés soit une alternative, soit un complément à la grève. Elles peuvent être privilégiées à la grève car elles sont moins coûteuses pour les salariés. À l'inverse, elles peuvent venir appuyer un mouvement de grève, notamment pour sensibiliser l'opinion publique.

Les limites au droit de grève

Au fil des ans, la loi a listé un certain nombre de professions n'ayant pas le droit de grève (militaires, magistrats, police, administration pénitentiaire) ou disposant d'un droit de grève limité (contrôle aérien, télévision et radio publiques). La question de la mise en place d'un service minimum dans les services publics reste régulièrement posée (à la SNCF, à l'Éducation nationale, etc.), mais n'a pas encore trouvé d'issue.

Le droit de grève en Grande-Bretagne

Les réglementations relatives au droit de grève diffèrent d'un pays à l'autre. En Allemagne et au Danemark par exemple, les fonctionnaires n'ont pas le droit de grève. En Grande-Bretagne, la législation du travail autorise l'employeur à inclure dans le contrat de travail une clause de « non-grève ». Les syndicats tentent actuellement de recouvrer leur droit de grève mis à mal par Mme Thatcher, Premier ministre dans les années 1980. Ils souhaitent ainsi faire voter au Parlement un texte prévoyant par exemple que l'arrêt de travail n'est plus un motif de licenciement et simplifiant la procédure de vote préalable au déclenchement de la grève sans pour autant l'abroger.

Entreprises ayant déclaré au moins une grève et nombre de jours de grève pour 1 000 salariés

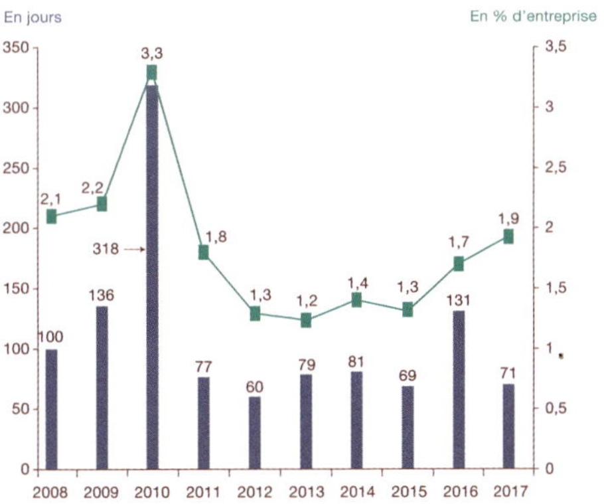

Source : d'après DARES, enquête ACEMO « Dialogue social en entreprise ».

Les ruptures collectives

Les évolutions des marchés et des techniques entraînent des mutations industrielles. Les entreprises s'adaptent en faisant évoluer leur stratégie et leur appareil productif. Elles sont parfois contraintes de se séparer d'une partie du personnel par une rupture conventionnelle collective ou un Plan de sauvegarde de l'emploi.

L'obligation de mise en place d'un Plan de sauvegarde de l'emploi (PSE)

Avant d'envisager un licenciement économique, l'entreprise doit former les salariés à l'évolution de leur emploi. Si malgré ces mesures, l'entreprise (de plus de 50 salariés) licencie pour motif économique 10 personnes ou plus sur une période de 30 jours (on parle alors de licenciement collectif), elle est dans l'obligation de mettre en place un PSE.

La procédure de licenciement collectif impose à l'employeur de consulter le comité social et économique sur les projets de licenciement ainsi que sur le PSE qu'il va rédiger et mettre en œuvre. Le CSE peut faire appel à un expert-comptable pour l'aider à analyser la situation économique de l'entreprise. L'employeur donne des informations sur les motifs économiques des licenciements, le nombre de licenciements envisagé, les catégories professionnelles concernées, les critères utilisés pour définir les salariés qui seront licenciés, le calendrier prévisionnel des licenciements.

Le contenu du PSE

Le PSE, piloté par la DRH, est constitué de toutes les mesures que l'entreprise se propose de mettre en œuvre pour limiter le nombre de licenciements et pour favoriser le reclassement des salariés qui seront licenciés. Ces mesures sont par exemple :

- le reclassement de certains salariés dans l'entreprise ou dans le groupe à un poste jugé équivalent ;
- la réduction et l'aménagement du temps de travail ;
- des actions de formation et de VAE (Validation des acquis de l'expérience) pour aider les salariés licenciés à se reclasser en interne ou en externe ;
- le soutien à la création d'entreprise par les salariés licenciés.

La rupture conventionnelle collective

Plutôt que d'imposer aux salariés leur licenciement, l'employeur peut proposer une procédure de rupture conventionnelle collective, sur le même principe que la rupture conventionnelle individuelle.

Il doit pour cela négocier un accord d'entreprise avec les syndicats, qui détermine notamment : le nombre maximal de départs envisagés ; les conditions que doit remplir le salarié pour en bénéficier ; les modalités de calcul des indemnités de rupture garanties (qui ne peuvent être inférieures aux indemnités légales dues en cas de licenciement économique) ; les mesures visant à faciliter le reclassement externe des salariés sur des emplois équivalents (actions de formation, de soutien à la création d'activités, etc.).

Une fois la candidature d'un salarié reçue, son acceptation a pour conséquence la rupture du contrat de travail d'un commun accord entre les deux parties.

Si employeur et syndicats n'aboutissent pas à un accord, l'entreprise doit alors recourir à des licenciements économiques classiques.

LA REVITALISATION DES BASSINS D'EMPLOI

Une obligation imposée aux entreprises

Les effets des licenciements affectent directement les salariés concernés, mais indirectement aussi toutes les entreprises sous-traitantes, les fournisseurs, les commerces du bassin d'emploi (commune, canton…). La loi de cohésion sociale du 18 janvier 2005 oblige les entreprises à participer à la revitalisation d'un bassin d'emploi touché par des licenciements économiques importants.

Les obligations sont différentes selon la taille de l'entreprise.

• *Entreprises de 50 à 1 000 salariés*. La convention entre le préfet et l'entreprise fixe le montant de la contribution de l'entreprise, en fonction de ses capacités financières et du nombre d'emplois supprimés.

Les entreprises en redressement ou en liquidation, quelle que soit leur taille, ne sont pas concernées par ces dispositions.

Classiquement, trois champs d'action sont envisageables pour favoriser la revitalisation :

• réindustrialiser les sites de production éventuellement fermés lors des licenciements économiques ; chercher des repreneurs ;

• attirer de nouvelles entreprises ;

• accompagner les projets créateurs d'emploi : extension d'activités d'entreprises déjà existantes ; création d'entreprises par les salariés licenciés.

• *Entreprises de plus de 1 000 salariés.* Lorsque les licenciements mis en place par une entreprise déstabilisent l'équilibre d'un bassin d'emploi, l'entreprise doit contribuer à la création d'activités et au développement des emplois et atténuer les effets du licenciement envisagé sur les autres entreprises dans le bassin d'emploi. Le montant de sa contribution ne peut être inférieure à deux fois la valeur mensuelle du SMIC par emploi supprimé. Une convention est signée entre l'entreprise et le préfet. Elle fixe la nature et les modalités des actions de revitalisation.

Les experts-comptables au service du CSE

Les membres du comité social et économique peuvent demander l'assistance d'un expert-comptable afin d'analyser la situation de l'entreprise, la qualité du Plan de sauvegarde de l'emploi proposé, et l'aider à négocier avec la direction des mesures plus favorables aux salariés. Les deux cabinets Secafi-Alpha et Syndex sont les leaders sur ce secteur.

Le travail de l'expert

Nommé dès la première réunion d'information du CSE, l'expert :

• analyse le projet de restructuration, ses attendus économiques et son impact sur la situation de l'entreprise ;

• recherche si les motifs invoqués sont les véritables motifs et si le nombre et la répartition des postes mis en cause coïncident avec les objectifs affichés ;

• examine les analyses et stimulations qui sous-entendent les licenciements, dans le contexte de la branche concernée si nécessaire ;

• analyse le coût du projet de plan social ;

• étudie les plans de redressement, y compris les suggestions et propositions alternatives avancées par les représentants du personnel afin de limiter ou annuler les suppressions de postes prévues.

Un cas concret

Une PME se préparait à des suppressions d'emplois pour ajuster les effectifs à une baisse d'activité. L'expert a démontré qu'une relance de l'activité était prévisible, que l'entreprise souffrait d'un manque de savoir-faire sur de nouvelles machines à commandes numériques, mais que la situation financière était en revanche très saine. Des propositions alternatives ont permis d'éviter les licenciements économiques et ont suscité un plan de formation pour adapter le savoir-faire aux besoins.

Source : Secafi-Alpha.

La Responsabilité sociale de l'entreprise (RSE)

Souvent pilotée par la DRH, la RSE consiste à intégrer des préoccupations sociales et écologiques aux objectifs économiques de l'entreprise. Elle assure ainsi des conditions de travail acceptables à ses salariés et à ceux de ses fournisseurs, ainsi que des impacts positifs sur son environnement.

Les facteurs d'émergence de la RSE

La sensibilisation croissante des entreprises à leur responsabilité sociale résulte :

- *des pressions sociales* : la médiatisation des catastrophes écologiques, les scandales économiques et politico-financiers soulèvent de vives réactions chez les citoyens, qui peuvent aller jusqu'au boycott des produits de certaines entreprises ;
- *des opportunités stratégiques et financières* : certains fonds de placement « éthiques » n'investissent que dans les entreprises au comportement responsable ;
- *des contraintes juridiques :* depuis le début des années 2000, différentes lois obligent les grandes entreprises à publier des informations quant à leur performance en matière de RSE : loi sur les Nouvelles Régulations Économiques de 2001 (pour les entreprises cotées), loi dite Grenelle 2 de 2010 (qui étend les obligations aux entreprises non cotées), ordonnance de 2017 sur la déclaration de performance extrafinancière (qui est une transposition d'une directive européenne).

Les principes de l'entreprise citoyenne

Dans une logique de développement durable, les générations présentes doivent satisfaire leurs besoins sans remettre en cause la capacité des générations futures à satisfaire les leurs. Ce concept s'est largement médiatisé depuis l'adoption de l'Agenda 21, à l'occasion de la conférence de la Terre à Rio de Janeiro en 1992.

Les principes sur lesquels est fondée l'éthique de l'entreprise peuvent être inscrits dans une charte. Mais au-delà des discours et des textes, la citoyenneté de l'entreprise se mesure concrètement dans ses réalisations sociales et environnementales.

La poursuite d'un développement durable

L'entreprise citoyenne s'estime solidaire de la communauté dans laquelle elle vit. Dans ce cadre, si elle recherche bien évidemment à dégager des profits, elle veille néanmoins à équilibrer les intérêts de l'ensemble des parties prenantes : actionnaires, salariés, clients, fournisseurs, société civile en général, riverains.

La performance de l'entreprise est évaluée selon trois axes complémentaires :

- *sa performance environnementale* : adéquation générale entre l'activité de l'entreprise et le maintien des écosystèmes ;
- *sa performance sociale* : caractère positif des impacts sociaux de l'activité de l'entreprise pour l'ensemble de ses parties prenantes ;
- *sa performance économique* : au-delà de la seule performance financière, contribution au développement économique général de la zone d'implantation de l'entreprise et à celui de ses parties prenantes.

LA NORME ISO 26000

Elle donne des lignes directrices aux entreprises et aux organisations pour opérer de manière socialement responsable. Elle ne se prête donc pas à la certification, contrairement à d'autres normes très connues de l'ISO (ISO 9001, par exemple). Elle permet, en revanche, de clarifier la notion de responsabilité sociétale et d'aider les entreprises et les organisations à traduire les principes en actes concrets.

Les lignes directrices relatives aux droits de l'homme et aux relations et conditions de travail sont très directement liées à la prise en compte des conséquences sociales de l'activité et du mode de fonctionnement de l'entreprise. En termes de relations et conditions de travail, elles concernent : l'emploi et les relations employeur/employés, les conditions de travail et de protection sociale, le dialogue social, la santé et la sécurité au travail, le développement du capital humain.

Vue d'ensemble de l'ISO 26000

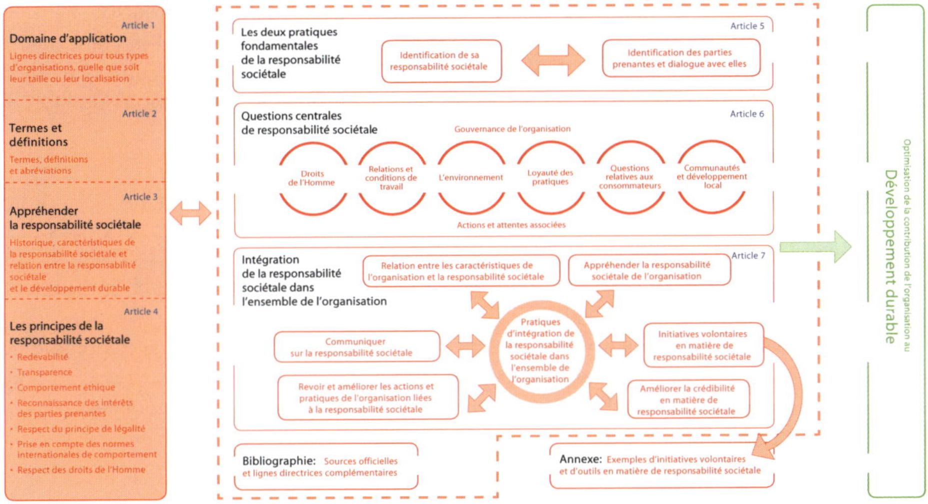

Source : www.iso.org

Les normes sociales internationales

Les premières ont été éditées par l'Organisation internationale du travail (OIT) pour faire respecter les droits fondamentaux des travailleurs sans nuire à la compétitivité de l'entreprise. La DRH les intègre dans les politiques et pratiques RH. Ces normes sont diffusées à travers le monde.

Le caractère pionnier des normes sociales de l'OIT

Depuis sa création en 1919, l'OIT a édicté un certain nombre de conventions, socles des droits fondamentaux des travailleurs, relatives à la liberté syndicale et à la protection du droit syndical (1948), au droit d'organisation et de négociation collective (1949), à l'égalité des rémunérations (1951), à l'abolition du travail forcé (1957), à la discrimination (1958), à l'âge minimum du travail (1973), aux pires formes de travail des enfants (1999).

Ces normes ont une vocation universelle et ne peuvent donc être, selon cette organisation, refusées au nom de spécificités nationales, politiques, sociales ou culturelles. À ce jour, seule une centaine d'États (dont la France) a ratifié toutes les conventions de l'OIT.

Normes sociales et compétitivité des entreprises

De nombreuses recherches démontrent que l'existence et le respect de ces normes sociales ne nuisent pas à la compétitivité des entreprises et, par extension, aux pays dans lesquels elles sont en vigueur :

- *à court terme*, la mise en place des normes peut générer une hausse du coût du travail, contribuant à une perte de productivité ;
- *à moyen et long termes*, ces normes conduisent à des gains de productivité, notamment par le meilleur niveau de qualification des travailleurs.

Ces conséquences plaident en faveur de l'adoption par les pays pauvres de ces normes sociales internationales.

Des initiatives privées pour l'application des normes

Des pratiques de *dumping* social, exploitation d'une main-d'œuvre très peu payée et non protégée par des lois sociales, peuvent être assimilées à une forme de concurrence déloyale. La médiatisation de certains scandales (par exemple le scandale de 1996 sur la fabrication des ballons de football de Nike et d'Adidas par des enfants pakistanais) a contribué au développement d'initiatives privées pour faire appliquer ces normes internationales.

Parmi les initiatives les plus importantes, on peut relever celles des organismes suivants :

- *Social Accountability International* : à l'origine de la diffusion de la norme sociale SA 8000 qui permet de vérifier que les principes fondamentaux établis par l'OIT sont respectés dans les entreprises qui le souhaitent. Le groupe Carrefour a fait office de pionnier en France en poursuivant cette labellisation ;
- *Global Reporting Initiative* cherche à standardiser les rapports annuels des entreprises sur le plan social et environnemental.
- *International Organization for Standardization* : développe dans la norme ISO 26000 les lignes directrices à respecter en matière de responsabilité sociale et sociétale.

LES DÉMARCHES DE QUELQUES ENTREPRISES

Carrefour

Le groupe de grande distribution met la diversité et l'égalité des chances au cœur de son contrat social. Ainsi, l'entreprise a mis en œuvre les programmes *Jóvenes con futuro* et *Yo trabajo* pour favoriser l'insertion des jeunes sans formation et des personnes âgées de plus de 40 ans éloignées de l'emploi en Argentine, ou encore le programme *Conexão Varejo,* au Brésil, permettant de former et d'accompagner vers l'emploi des personnes issues de quartiers défavorisés. L'entreprise déploie également un programme volontariste, *Women Leaders*, qui promeut l'égalité hommes-femmes à tous les niveaux (recrutement, promotion, rémunération). Il est décliné et renforcé, chaque année, par de nombreuses actions dans tous les pays.

Bouygues : favoriser l'épanouissement des collaborateurs

La politique de responsabilité sociale du groupe Bouygues, définie en 2015, vise à favoriser l'épanouissement de ses collaborateurs, tout en veillant à préserver leur intégrité physique et l'équité du traitement qui leur est réservé, ainsi qu'à lutter contre toute forme de discrimination. Concrètement, cela revient à : 1) donner accès à la formation à tous ses collaborateurs ; 2) respecter les conventions fondamentales de l'Organisation internationale du travail et confirmer son engagement vis-à-vis du pacte mondial des Nations unies ; 3) concevoir et déployer un système de management de la santé et de la sécurité.

L'Oréal : partager la croissance

L'entreprise met l'accent sur le partage de la croissance avec ses 77 000 collaborateurs à travers le monde (dont 67 % de femmes dans les effectifs globaux et 45 % dans les comités de direction). Ainsi, le programme *L'Oréal Share & Care*, lancé en 2013, a pour but d'assurer une protection sociale de haut niveau pour l'ensemble des salariés, quel que soit leur pays. Il constitue ainsi un socle commun d'avantages sociaux au meilleur niveau du marché, tout en s'inspirant des initiatives et des spécificités locales.

Chez L'Oréal Allemagne, une *hotline* a été mise en place pour les familles. Cinq ans après la création d'un des premiers jardins d'enfants chez L'Oréal, l'entreprise confirme ainsi son engagement en faveur de l'équilibre familial de ses collaborateurs avec le lancement du programme *Services Familiaux*. Ouvert aux 2 000 salariés dans tout le pays depuis la fin de l'année 2012, il leur offre un ensemble de services téléphoniques et de conseils personnalisés en face-à-face pour la prise en charge de leurs enfants, de leurs parents âgés ou pour tout autre type de difficulté familiale.

Peugeot : la possibilité pour les salariés de donner leur avis sur l'entreprise

Team Connect est une enquête de perception interne destinée à mesurer l'engagement des salariés de manière approfondie et à élaborer des plans d'action concrets et ciblés. Les questions permettent d'explorer un certain nombre de dimensions relatives à la motivation et à la perception de l'environnement de travail par les salariés : stratégie, confiance, qualité et orientation client, respect et reconnaissance, opportunités de développement, salaire et avantages sociaux, responsabilité sociale, évaluation de la performance, autorité et responsabilisation, ressources, formation, coopération, structure et process, encadrement direct, etc. Au total, plus de 40 000 salariés dans 33 pays ont eu la possibilité de donner leur avis sur le groupe.

D'après www.carrefour.com, www.bouygues.com, www.loreal.fr et www.psa-peugeot-citroen.com

L'audit social

Les normes sociales et la RSE ont relancé l'engouement des entreprises pour l'audit social : des auditeurs viennent vérifier si l'entreprise respecte les normes. Celle-ci peut ensuite s'en servir dans sa communication. L'audit social sert également à évaluer la plus ou moins grande performance des outils et des pratiques de GRH.

Définition de l'audit social

- L'audit social est une démarche d'observation, de contrôle et d'analyse de la gestion sociale réalisée par l'entreprise. Il n'est pas réalisé par la DRH (l'audit nécessite une vision externe à l'entreprise) mais la concerne très directement.
- L'audit social connaît depuis quelques années une nouvelle jeunesse. En effet, en raison des obligations de responsabilité sociale et de respect des normes sociales, les entreprises font auditer leurs filiales à l'étranger mais aussi leurs fournisseurs.

Différents types d'audit social

Comme tout audit, l'audit social peut avoir différents objectifs.

- *L'audit de conformité* contrôle la bonne application des différentes réglementations s'appliquant en matière de gestion des ressources humaines (droit du travail, conventions collectives, accords d'entreprise, normes sociales), mais également celle des procédures définies en interne (par exemple, une procédure qui aurait été définie pour réussir à traiter les CV de manière anonyme). Il vérifie également des données chiffrées présentées par l'entreprise.
- *L'audit de pertinence* cherche à évaluer le degré d'adéquation entre les objectifs fixés et les moyens mis en œuvre pour les atteindre. Par exemple, la procédure et les outils informatiques utilisés pour traiter les CV de manière anonyme sont-ils adaptés pour atteindre cet objectif ?
- *L'audit d'efficacité* compare les objectifs fixés aux résultats réellement atteints et cherche à comprendre les raisons de l'écart entre les deux.

La démarche de l'audit social

Une démarche d'audit social se déroule selon une succession d'étapes.

- *Définition du type d'audit à réaliser et de l'entité concernée* : l'entreprise dans son ensemble, une usine, un sous-traitant, etc.
- *Définition de la méthodologie adoptée* : documents à transmettre aux auditeurs, visites à prévoir, personnes à rencontrer, etc.
- *Prédiagnostic par les auditeurs* : analyse de l'environnement dans lequel se déroulera l'audit (une usine en particulier, ses liens avec la maison mère, etc.) et analyse des données déjà disponibles (analyse du bilan social, procédures existantes, etc.), conditions de travail, d'hygiène et de sécurité, entretiens avec des managers et des salariés choisis au hasard (entretiens confidentiels, dans une salle à part).
- *Réunion de clôture* : les auditeurs présentent les résultats de leur audit à la direction. Si nécessaire, un programme d'actions correctrices est défini en partenariat avec la direction et la DRH.

LES AUDITS SOCIAUX DES FOURNISSEURS

Danone : la démarche RESPECT

Dans le cadre global de ses achats, le groupe Danone traite avec des milliers de fournisseurs dans le monde. La responsabilité des entreprises est élargie à l'amont des activités de leurs fournisseurs, même si leur influence ne peut être qu'indirecte. Parmi les différents enjeux se pose la question des conditions de travail. Comme toutes les grandes entreprises, le groupe Danone est de plus en plus interrogé sur le respect des principes sociaux fondamentaux chez ses fournisseurs.

L'engagement de Danone en terme de responsabilité sociale, fondé sur le double projet économique et social, fait partie de son héritage. Pour Danone, performance économique et progrès humain sont étroitement liés. Le groupe Danone s'implique dans une approche proactive et positive de ses fournisseurs, de façon à mieux les évaluer en termes de respect des Principes sociaux fondamentaux (PSF) adoptés par Danone.

Ces PSF se fondent sur les conventions de l'Organisation internationale du travail : travail des enfants, travail forcé, discriminations, liberté d'association et droit de négociation collective, santé et sécurité au travail, horaires et paie.

Les PSF fixent des standards minimaux partout dans le monde, que Danone s'engage à faire respecter par ses filiales et ses partenaires commerciaux. Dans ce cas, l'application des PSF est contrôlée en fonction des situations locales, à travers la signature d'une clause spécifique intégrée dans les conditions générales d'achat, une autoévaluation au moyen d'un questionnaire social, des visites sur le terrain effectuées par des managers Danone, et le déploiement d'audits sociaux externes et/ou internes. Cette démarche s'intitule RESPECT. [...]

La démarche RESPECT repose sur une approche de progrès mise en œuvre avec les fournisseurs. La présence de non-conformités sur un site ne signifie pas un arrêt brutal des relations commerciales. En revanche, si le fournisseur concerné refuse, après dialogue, de mettre en œuvre les mesures correctives adéquates, le groupe Danone se réserve le droit de cesser toute activité avec ce fournisseur. C'est pourquoi les programmes doivent être élaborés et mis en place au cas par cas. [...]

Cette démarche RESPECT se déploie depuis 2005 sur l'ensemble de la chaîne d'approvisionnement de l'entreprise, notamment auprès de ses fournisseurs majeurs. Si les normes ne sont pas respectées, Danone cherche à trouver avec eux des solutions.

Source : www.danone.com

Les supermarchés Casino

Depuis 2000, le groupe Casino déploie un programme d'éthique sociale visant à évaluer le niveau d'engagement de ses fournisseurs par rapport aux critères d'exigence formalisés dans sa Charte d'éthique Fournisseurs. La direction de la RSE a en charge le pilotage de la démarche d'éthique sociale et, en particulier, le contrôle des conditions de travail dans les usines qui travaillent pour le groupe, en toute indépendance des directions achats du groupe.

Chaque année, elle met en œuvre des campagnes d'audits sociaux planifiées et suivies par le responsable Éthique sociale. Parmi les pays où sont conduits ces audits, figurent, de façon récurrente, la Chine, l'Inde et le Bangladesh. Les secteurs du textile habillement et des jouets font l'objet de contrôles systématiques.

Source : www.groupe-casino.fr

Bibliographie

Quelques ouvrages pour aller plus loin

- F. Autier, M.-R. Jacob, M. Perezts, *Des ressources ou des hommes ? L'antibible des RH*, 2e édition, Paris, Pearson, 2016.
- P. Boxall, J. Purcell, *Strategy and Human Resource Management*, Palgrave, 2016.
- M. Dickmann, C. Brewster, P. R. Sparrow, *Contemporary HRM Issues in Europe*, 3e édition, Londres, Routledge, 2016.
- B. Martory, *Contrôle de gestion sociale*, Paris, Vuibert, 2018.
- Laroche P., Guery L., Moulin Y., Salesina M., Stevenot A., GRH. *Théories et nouvelles pratiques de la fonction RH*, De Boeck, 2019.

Les revues indispensables

- *Personnel* (revue éditée par l'ANDRH, Association nationale des directeurs des ressources humaines)
- *Entreprises & Carrières*
- *Liaisons sociales Magazine*

Webographie

Quelques sites Internet

- Sites d'actualité en ressources humaines : www.focusrh.com, www.rhinfo.com, www.journaldunet.com/management, www.actuel-rh.fr
- ANDRH (Association nationale des directeurs des ressources humaines) : www.andrh.fr
- Sites de cabinets de conseil en management qui mettent à disposition des analyses, des exemples de cas concrets et parfois des outils :
  - Ernst & Young (par exemple, www.ey.com/FR/fr/Issues/Talent-management)
  - PwC (par exemple, www.pwc.fr/fr/vos-enjeux/people-organization.html)
  - Le groupe Bernard Julhiet (www.julhiet-sterwen.com)
  - LHH (www.lhh.com)

Quelques vidéos, cours, MOOC et conférences sur Internet

- Le cours « Human Resource Management » de Armin Trost sur YouTube
- La conférence de Daniel Pink sur la motivation (www.ted.com/talks/dan_pink_the_puzzle_of_motivation/transcript?language=fr)
- France Université Numérique : www.fun-mooc.fr
- Xerfi Canal (Web TV de la réflexion sur l'économie, la stratégie et l'entreprise)

Signification des sigles utilisés dans l'ouvrage

AAH	: Allocation adulte handicapé
ANACT	: Agence nationale pour l'amélioration des conditions de travail
ANDCP	: Association nationale des directeurs et cadres de la fonction personnel
APE	: code attribué à chaque établissement ou entreprise française par l'INSEE caractérisant son activité principale par référence à la nomenclature d'activités française
APEC	: Association pour l'emploi des cadres
API	: Allocation de parent isolé
APROCERD	: Association professionnelle des conseils d'entreprises pour la recherche de dirigeants
ARTT	: Aménagement et réduction du temps de travail
ASP	: Application service provider
ASS	: Allocation de solidarité spécifique
ASSEDIC	: Association pour l'emploi dans l'industrie et le commerce
AT	: Analyse transactionnelle
ATT	: Aménagement du temps de travail
BIT	: Bureau international du travail
BS	: Bilan social
BTS	: Brevet de technicien supérieur
CAC 40	: Principal indice de la Bourse de Paris, composé des 40 entreprises ayant les plus grosses capitalisations boursières
CCE	: Comité central d'entreprise
CCI	: Chambre de commerce et d'industrie
CDD	: Contrat à durée déterminée
CDI	: Contrat à durée indéterminée
CE	: Comité d'entreprise
CFA	: Centre de formation des apprentis
CFDT	: Confédération française démocratique du travail
CFTC	: Confédération française des travailleurs chrétiens
CGC	: Confédération générale des cadres
CGT	: Confédération générale du travail
CHSCT	: Comité d'hygiène, de sécurité et des conditions de travail
CIE rénové	: Contrat initiative emploi rénové
CIF	: Congé individuel de formation
CIRMA	: Contrat d'insertion – Revenu minimum d'activité
CNAMTS	: Caisse nationale d'assurance maladie des travailleurs salariés
CNE	: Contrat nouvelles embauches
CRDS	: Contribution au remboursement de la dette sociale
CRP	: Convention de reclassement personnalisé
CSE	: Comité social et économique
CSG	: Contribution sociale généralisée
CSRH	: Centre de services ressources humaines
CV	: *Curriculum vitae*
DADS	: Déclaration annuelle des données sociales
DARES	: Direction de l'animation de la recherche, des études et des statistiques
DDTEFP	: Direction départementale du travail, de l'emploi et de la formation professionnelle
DPE	: Déclaration préalable à l'embauche
DRH (la ou le)	: Direction des ressources humaines, ou directeur des ressources humaines
DRIRE	: Directions régionales de l'industrie, de la recherche et de l'environnement
DS	: Délégué syndical
DUE	: Déclaration unique d'embauche
DUT	: Diplôme universitaire de technologie
ERP	: *Enterprise resource planning*

ETAM	: Employés techniciens agents de maîtrise
ETP	: Équivalents temps plein
FAH	: Fournisseur d'applications hébergées
FCPE	: Fond commun de placement d'entreprise
FO	: Force Ouvrière
FONGECIF	: Fonds de gestion des congés individuels de formation
FRH	: Fonction ressources humaines
GCT (effet)	: Glissement vieillesse technicité
GPEC	: Gestion prévisionnelle des emplois et des compétences
GRH	: Gestion des ressources humaines
IAS	: Indice de l'actionnariat salarié
IFRS (normes)	: *International financial reporting standards*
IHM	: Interface homme – machine
INRS	: Institut national de recherche et de sécurité
INSEE	: Institut national des statistiques et des études économiques
IRP	: Instances représentatives du personnel
MS	: Masse salariale
MSA	: Mutuelle sociale agricole
NRE (loi)	: Nouvelles régulations économiques (loi sur les)
OIT	: Organisation internationale du travail
ONU	: Organisation pour les Nations unies
OPA	: Offre publique d'achat
OPACIF	: Organisme paritaire agréé au titre des congés individuels de formation
OPCA	: Organisme paritaire collecteur agréé
OST	: Organisation scientifique du travail
PDG	: Président-directeur général
PEE	: Plan d'épargne entreprise
PEI	: Plan d'épargne interentreprises
PERCO	: Plan d'épargne pour la retraite collectif
PGI	: Progiciel de gestion intégré
PME	: Petite ou moyenne entreprise
PNL	: Programmation neuro-linguistique
PSE	: Plan de sauvegarde pour l'emploi
QE	: Quotient émotionnel
QI	: Quotient intellectuel
RMI	: Revenu minimum d'insertion
RNCP	: Répertoire national de la certification professionnelle
ROME	: Répertoire opérationnel des métiers et des emplois
RSE	: Responsabilité sociale de l'entreprise
RSP	: Réserve spéciale de participation
RTT	: Réduction du temps de travail
SBF 120	: Indice de la Bourse de Paris, composé des 120 entreprises ayant les plus grosses capitalisations boursières
SBF 250	: Indice de la Bourse de Paris, composé des 250 entreprises ayant les plus grosses capitalisations boursières
SFC	: Société française de coaching
SICAV	: Société d'investissement à capital variable
SIRET	: Numéro à 14 chiffres attribué à chaque établissement ou entreprise française par l'INSEE
SMIC	: Salaire minimum interprofessionnel de croissance
TBS	: Tableau de bord social
TMS	: Troubles musculo-squelettiques
TWY	: *Training within industry*
UE	: Union européenne
URSSAF	: Union de recouvrement des cotisations de Sécurité sociale et d'allocations familiales
VAE	: Validation des acquis de l'expérience
VRP	: Voyageurs représentants placiers

COVID 19 et GRH

Les (D)RH face à la crise du COVID-19

- 35 % sont concernés par la fermeture des établissements « non-essentiels ».
- 89 % indiquent qu'une cellule de crise a été constituée au sein de leur organisation en appui d'un plan de continuité d'activité (PCA) dans 72 % des cas.
- 95 % des organisations ont eu recours au télétravail.
- 41 % ont eu recours au dispositif d'activité partielle.
- 82 % ont pu fournir du matériel d'hygiène et de protection (masques, gels hydro-alcooliques, vitres de protection etc.).
- 77 % des organisations ont intensifié le nettoyage et la désinfection de leurs locaux.
- 64 % des espaces de travail ont été réaménagés.
- 57 % du temps de travail a été réaménagé.
- 88 % des (D)RH dont le personnel est présent sur site ont indiqué ne pas avoir recours aux dérogations en matière de temps de travail ou de temps de repos.
- 41 % des organisations ont maintenu le salaire de leurs équipes placées en chômage partiel.
- 32 % des (D)RH maintiennent ou envisagent de maintenir la prime sur objectifs malgré une baisse d'activité.
- 36 % vont ou réfléchissent à verser la prime exceptionnelle de pouvoir d'achat.
- 14 % des (D)RH ont été confrontés à l'exercice de droit de retrait ou de droit d'alerte, majoritairement isolés et réglés grâce au dialogue avec les IRP.

D'après l'enquête « Flash ANDRH » (réalisée du 26 mars au 6 avril 2020 auprès de 550 répondants), www.andrh.fr

La crise : et après ?

La crise du coronavirus entraine une évolution des priorités RH pour 2020 :
- 76 % des répondants anticipent le retour à l'activité normale ;
- 33 % anticipent une digitalisation accélérée de l'entreprise comme conséquence positive de cette crise ;
- 35 % des organisations prévoient un gel ou une baisse des recrutements pour 2020 ;
- 12 % misent sur la formation à distance.

Cette crise en modifiant profondément l'organisation du travail mobilise toute l'énergie, les compétences et la créativité des (D)RH pour faire face aux impacts sociaux et organisationnels de la crise tout en préparant un retour « à la normale ». La reprise d'activité mettra au jour non seulement de nouvelles pratiques de communication et de collaboration mais également un nouveau rapport au travail qui rendra le travail des RH toujours plus central et essentiel dans les organisations.

Source : Enquête « Flash ANDRH » (réalisée du 26 mars au 6 avril 2020 auprès de 550 répondants), www.andrh.fr

Nouveaux métiers RH

Scientifique des données RH / directeur de la technologie

Les données et les analyses dirigeront de plus en plus le travail des RH – et c'est la personne qui dirigera l'effort.

Spécialiste de l'expérience des employés

Ce professionnel des RH se concentrera sur l'ensemble de la relation de travail avec l'entreprise, des avantages sociaux à la formation en passant par le parcours professionnel.

Responsable de la sélection des technologies d'acquisition de talents

De nouvelles plateformes d'acquisition de talents émergent et évoluent. Ce spécialiste les explorera pour trouver celles qui conviennent le mieux à l'organisation.

Responsable expérience candidat

Le processus d'embauche devrait fournir aux candidats à l'emploi toute la rapidité, la commodité et l'efficacité des meilleures expériences de consommation en ligne. Cette personne supervisera cet effort, s'assurant que les candidatures ne vont pas simplement dans une « boîte noire ».

Coach de performance

Ce spécialiste des RH contribuera à maximiser les contributions individuelles des cadres et des non-cadres.

Psychologue organisationnel

Bien que n'étant pas techniquement un poste RH, les psychologues organisationnels ou industriels utilisent les principes de la psychologie pour développer une approche plus holistique des RH, du marketing et des ventes.

Source : *HR 2025: 7 Critical Strategies to Prepare for the Future of HR, SHRM*, www.shrm.org

Lexique

Absentéisme (taux d') : indicateur permettant de mesurer l'absentéisme du personnel (heures d'absence pendant une période P / heures théoriques de travail pendant la même période) × 100.

Accident du travail : accident survenu par le fait ou à l'occasion du travail et qui touche toute personne accomplissant un travail pour le compte d'un employeur.

Accueil : phase clé lors de l'arrivée d'un nouveau collaborateur, consistant à lui permettre de découvrir l'organisation, son service, ses interlocuteurs, ainsi que les conditions matérielles dans lesquelles il sera amené à exercer ses fonctions. L'accueil est facilité par des supports spécifiques (livrets d'accueil, site intranet, visite des locaux, etc.).

Aménagement du temps de travail : dispositif mis en place par les entreprises pour aider les salariés à mieux concilier vie professionnelle et vie privée.

Animation d'équipe : fait pour un manager d'utiliser des techniques de conduite d'une équipe favorisant la participation des membres.

Annualisation : organisation flexible, sur l'année, du temps de travail des salariés, afin d'adapter au moindre coût le volume des heures travaillées aux besoins de l'organisation.

Bien-être au travail : état d'épanouissement et de confort physique et mental provoquant la satisfaction du salarié.

Bilan de compétences : prévu par le Code du travail, il répond au besoin du collaborateur de construire ou consolider un projet de formation ou d'évolution professionnelle en lien avec ses aspirations personnelles. D'une durée de 24 heures, il est réalisé en dehors de l'organisation, à l'aide d'un conseiller spécialisé.

Bilan professionnel : diagnostic effectué dans le cadre de dispositifs spécifiques (bilan d'étape professionnel, entretien professionnel) portant sur les compétences professionnelles des individus à des moments clés de leur vie professionnelle (dès deux ans d'ancienneté, à 45 ans et plus…).

Bilan social : document annuel synthétisant les principales données chiffrées permettant d'apprécier la situation d'une organisation dans le domaine social.

Climat relationnel : qualité de l'ambiance de travail et des échanges ressentie par les membres d'une équipe ou d'une organisation.

Cohésion : lien de solidarité unissant les membres d'un groupe en vue de la poursuite d'objectifs communs. La cohésion au sein d'un groupe s'accompagne d'une attraction des individus les uns par rapport aux autres, associée à un sentiment d'appartenance et d'attachement au groupe.

Communication interne : ensemble des échanges entre les différents membres de l'organisation. La communication interne peut être descendante (du haut de la hiérarchie vers les subordonnés), ascendante (du bas de la hiérarchie vers le sommet) ou transversale (entre collègues).

Communication opérationnelle : ensemble des moyens par lesquels une organisation indique à ses acteurs, de manière plus ou moins impérative, ce qu'ils ont à faire ou ce qu'ils ne doivent pas faire dans le cadre de leur activité professionnelle.

Compétences : combinaison de savoirs théoriques (connaissances), de savoirs pratiques (techniques, méthodologiques…) et de comportements (gestuels, relationnels…) mobilisés de manière efficace dans un contexte précis.

Compte épargne-temps (CET) : mécanisme permettant au salarié d'épargner des temps de repos et des sommes d'argent en vue d'une utilisation ultérieure.

Conflit : situation d'opposition entre des personnes ou des groupes, résultant de la rencontre de sentiments ou d'intérêts contradictoires.

Conformisme : attitude consistant à adhérer au point de vue supposé majoritaire dans un groupe et à adopter ce que l'on croit être l'opinion de tous.

Décision de groupe : acte par lequel le groupe opte pour une solution ou choisit des orientations.

Démotivation : sentiment de ne plus être reconnu à la hauteur attendue, de ne plus appartenir à une équipe, de ne plus inspirer confiance.

Dépassement de conflit : attitude des acteurs dans un conflit visant à l'affronter le plus sereinement possible, à en parler, en vue de mettre en place une situation nouvelle acceptée par les parties.

Dialogue social : ensemble des relations et interactions entre direction, représentants du personnel et salariés au sein de l'organisation.

Dynamique de groupe : ensemble des interactions qui se produisent et se développent entre membres dans les groupes restreints.

Épargne salariale : épargne que les salariés peuvent se constituer au sein de leur entreprise avec l'aide de celle-ci et visant à renforcer l'attachement du salarié à son entreprise (ex. : plan d'épargne entreprise, plan d'épargne pour la retraite collective).

Ergonomie : science qui étudie l'adaptation du poste de travail à l'homme.

Évaluation des compétences et du potentiel : processus fondé le plus souvent sur des entretiens périodiques avec la hiérarchie, visant à dresser le bilan du travail de la période écoulée, fixer les objectifs pour la période à venir, définir les axes de formation professionnelle et orienter la carrière du collaborateur.

Facteurs de cohésion des groupes : ils sont internes ou externes ou groupe, liés à sa composition ou à son mode de fonctionnement.

Fréquence (taux de) : indicateur mesurant le degré d'exposition des salariés aux risques d'accidents avec arrêt de travail : (nombre d'accidents du travail avec arrêt / nombre d'heures travaillées) × 1 000 000.

Formation professionnelle continue : ensemble de dispositifs réglementés, individuels ou collectifs, visant à actualiser et développer les compétences professionnelles et/ou renforcer la qualification des individus.

Gestion de carrière : ensemble d'actions initiées par l'entreprise ou par l'individu, ayant un impact direct sur sa trajectoire professionnelle, ses différentes expériences et statuts professionnels.

Gravité des incapacités temporaires (taux de) : indicateur mettant en évidence le nombre moyen de jours d'arrêt par millier d'heures travaillées : (nombre de journées perdues par incapacité temporaire / nombre d'heures travaillées) × 1 000.

Groupe de projet : ensemble de personnes réunies pour répondre à un besoin précis, temporaire et concernant un objet unique.

Handicap : altération d'une ou plusieurs fonctions physique, sensorielle, mentale ou psychique réduisant les possibilités pour un individu d'obtenir ou de conserver un emploi.

Horaire fixe : horaire de travail imposé par l'employeur et commun à un groupe de salariés.

Horaire variable : ensemble de plages fixes durant lesquelles tous les salariés doivent être présents, et de plages variables permettant de choisir les heures d'arrivée et de départ à l'intérieur de créneaux horaires déterminés.

Incapacité temporaire : impossibilité d'exercer une activité de travail pendant un laps de temps plus ou moins long.

Indicateur social : donnée objective reflétant la situation sociale de l'organisation en termes de conditions de travail.

Individualisation de la rémunération : introduction d'une part personnelle et variable dans la rémunération des salariés pris individuellement, généralement fondée sur leur performance et dépendant des objectifs atteints ou dépassés.

Influence : capacité d'une personne à faire adopter un point de vue à une autre personne ou à un groupe de personnes.

Intégration : phase succédant à l'accueil et permettant au salarié d'être rapidement opérationnel dans ses nouvelles fonctions. Selon les organisations, des parcours d'intégration (incluant des périodes de formation, des stages internes, des entretiens) et un tutorat peuvent être mis en place.

Intéressement : dispositif facultatif associant les salariés aux performances ou aux résultats de l'entreprise, généralement calculés à partir des résultats financiers.

Leader : personne qui influence le groupe du fait de son statut ou de sa capacité personnelle à entraîner les autres.

Leadership : influence qu'un individu (le leader) exerce sur un groupe.

Maladie professionnelle : maladie résultant de l'exposition à un risque physique, chimique ou biologique présent dans l'environnement de travail, ou liée aux conditions dans lesquelles le salarié exerce son activité professionnelle.

Mobilité professionnelle : changement de poste ou d'environnement de travail, à l'intérieur de l'organisation ou en dehors de celle-ci.

Motivation : état intérieur propre à chaque individu et qui le pousse à agir.

Motivation externe : motivation résultant des interactions entre le management et les collaborateurs.

Motivation interne : motivation liée à l'individu lui-même et à des facteurs tels que l'identité, la personnalité, la culture, la vie personnelle et intime, la situation familiale.

Participation : dispositif obligatoire dans les entreprises de 50 salariés et plus, permettant d'associer les salariés aux résultats annuels de l'entreprise par la redistribution d'une partie des bénéfices qu'ils ont contribué à générer.

Potentiel : ensemble des ressources dont dispose un individu mais qui ne sont pas encore mobilisées dans l'activité de travail. Les organisations s'intéressent à plusieurs dimensions du potentiel des collaborateurs : potentiel d'adaptation, de commandement, d'évolution… Les collaborateurs cherchent à exprimer leur potentiel à travers les évolutions professionnelles.

Qualification : la qualification professionnelle valide un ensemble de compétences reconnues à partir d'un niveau de formation attesté par un certificat ou un diplôme, d'une expérience professionnelle, du contenu de l'emploi et/ou du niveau de rémunération.

Recrutement : ensemble d'opérations encadrées par le droit du travail, mises en œuvre par l'organisation ou par un tiers spécialisé et visant à rechercher les compétences dont l'organisation a besoin.

Règlement intérieur : document obligatoire affiché au sein de l'entreprise et synthétisant les règles découlant du pouvoir de direction de l'employeur dans certains domaines définis par la loi : discipline, hygiène et sécurité, droits des salariés.

Remue-méninges : technique de créativité visant à obtenir le plus grand nombre d'idées. Cette technique se fonde sur l'hypothèse selon laquelle, dans le flot d'idées exprimées, quelques-unes pourront être retenues.

Rémunération : contrepartie financière de l'activité de travail fournie par le salarié à l'organisation dans laquelle il travaille.

Responsabilité sociétale d'entreprise (RSE) : déclinaison du concept de développement durable au sein de l'organisation et s'appuyant sur trois volets : environnemental, économique et social. Elle traduit la volonté de l'entreprise d'assumer les conséquences de ses actes vis-à-vis de l'ensemble de ses parties prenantes.

Risques psychosociaux : probabilité qu'apparaissent chez un salarié des signes de nature psychologique (stress, angoisse, agressivité…), engendrés, en partie ou totalement, par l'activité professionnelle.

Rotation du personnel (taux de) : indicateur permettant de quantifier la proportion de salariés ayant quitté l'organisation : (nombre de collaborateurs partis durant l'année / nombre de collaborateurs présent au 1er janvier) × 100.

Souffrance au travail : état de mal-être plus ou moins profond ressenti par le salarié dans son environnement professionnel.

Crédits iconographiques

Intérieur : p. 5 : © Espaces Archives - CRI-Nancy-Lorraine ; p. 33 : © FMEF CH-Sion/Casal-NF Sion ; p. 49 : © cooptin.com ; p. 89 : © Gabs ; p. 113 : © msdonline.org ; p. 115 : © M. Chalvin.

Édition : Magali Hubert
Maquette intérieure : T. Méléard, K. Fleury
Iconographie : G. Mary, L. Poirier
Photocomposition-Photogravure : PCA-CMB

Impression & brochage SEPEC - France
N° de projet : 10263147
N° d'impression : 066011200627 - Dépôt légal : août 2020